古代出雲繁栄の謎

山陰文化ライブラリー　12

川原　和人

ハーベスト出版

JN146093

巻頭言

篤き心を熱弁する人～川原さんの挑戦的な仕事を祝す

二〇数年来、折にふれて川原さんの仕事や熱弁に接してきた。知己の関係は、平成二年～三年、彼が文化課係長で私が課長補佐の時にスタートした。当時の文化財課には、そこまでの島根県文化財行政を担ってきた四人の係長がいた。川原和人、卜部吉博、松本岩雄、宮沢明久である。また課長補佐の勝部昭がいた。高速道路（山陰自動車道、浜田道）などの大型公共事業に伴う発掘調査が何か所も同時進行で行われ、考古の専門員を採用増する傍ら、現場での人材不足を教員籍のスタッフでまかなっていた。同様の調査のニーズは市町村にも発生しており、その指導・アドバイスもあったし、同時並行では埋蔵文化財調査センターの建設業務や住宅団地造成で見つかった古曽志古墳を記録保存する公園の整備も進めていた。

また、それまでの文化財保護を至上命題とする行政を「文化財の保存と活用」に舵を切ったときであったし、美術館、博物館、古代文化センターの建設を構想から具体化へ進める業務もあった。今思い出せば、よくもまあこれだけの仕事が同時並行で進められたものだと〝楽屋誉め〟にはなるが、驚嘆をもって回顧する。

その〝超〟多忙な時期に、一緒に仕事をして諸事業の検討や議論をしたのが、彼や島根県考古学関係者と私の縁の始まりだ。

とはいっても、考古学には門外漢の私が、専門書、しかも川原さんが積み重ねてきた研究の集大成ともいえる本書に巻頭言を書くことには躊躇したが思い切って引き受けた。その引き受けた理由がここまで書いた〝同志的な連帯意識〟である。

そして、本書は、「今までの研究をもととしてかなり大胆な仮説も書いた」「考古の研究者に限らず広く一般の歴史に興味を持っている人にも読んでほしい」のだという。それならば、素人の考古学好きに過ぎない私が巻頭言を書くことが、本書を手にした方に「専門書とは違う?」と思ってもらうことで、一般の人に読んでもらいたい彼の思いに多少は寄与できるかもしれないと考えるからだ。

本書は縄文時代から出雲国風土記が編纂（天平五年 七三三年）された頃までの通史として書かれている。しかし、無味乾燥の通史ではない。

① 出雲が古くから栄えたのは日本列島の中での地の利をいかした大陸との交易でありその主要な輸出品に漆があったこと
② 銅剣は切っ先を上に向けて立てて使い、切っ先は天の神が天降りるところや厄払いの霊力があったとの仮説
③ 風土記編纂の頃から、現在の玉造温泉や県内のあちこちの温泉で湯につかり宴を楽しんだことなどが興味深く書かれている。

したがって通史として通して読むも良し、興味を引いたところを事典のように読むのも良しである。このことは通常の論文集にはあまり例を見ないコラム二〇点を散りばめ、①縄文から稲作に変わるときに塩の確保が居住地を選定する要因になったこと、②律令時代の須恵器の蓋は硯に使用されたこと、などを紹介した彼の意図から汲んで取れよう。

さて、彼の「人となり」を後世に残すためには、これは書き落とすわけにはいかない。彼を知っている者が異口同音に言うあのことだ。そう！彼との会話では、彼の類稀《たぐいまれ》な饒舌にどう割って入るか、ずっと機会をうかがって、やっと口をはさんだかと思いきや、またしばらくはタイミングを失してしまうというエピソードだ。

よどみなく話す中身は、篤い考古学についての思い、松江城の石垣の特徴、保存と活用のバランスの考え方、「古代出雲文化の郷」構想、サンショウウオや浜田の千畳敷の文化財保全…それらが次から次へと変幻自在に発せられる。

その熱く語ってくれる川原さんの話は、私にとっては面白く勉強になったし、本音を言えば忙しい時には結論だけが欲しい時もあった。現場にも何回も案内をしてもらった。平成二年の一九号台風で被害を受けた松江城天守閣の瓦修理では足場を昇り、鯱《しゃちほこ》と並んで写真を撮った。

縁があって、私は平成一八年から二一年、教育長の任に就き、一九年三月の島根県立古代出雲歴史博物館開館、七月の石見銀山世界遺産登録に関わった。

この博物館建設や世界遺産登録に至るまでには、前述の先駆的な職員をはじめとした、とても努力や苦労などという月並みな一言では言い切れない仕事があった。予算も人も限られていた。地道な調査や広い視点からの整備構想の構築があった。厳寒酷暑の日も現場での作業があった。

道路整備の後進県島根にあっては、「文化財では食っていけない」との開発圧力に抗して、調査・保存を説明・説得する苦労もあった。だからこそ、保存から一歩踏み出した「文化財の保全と活用による地域振興」の理念が必要だった。このことに、現在のように予算や人員が整い、また古事記一三〇〇年事業などで〝飢えを知らない〟今の考古の職員や博物館の職員は思いを馳せてほしいと強く思う。

本書にはそうした回顧が書かれているわけではないが、ハングリーな精神で島根考古学を担い引っ張ってきた川原さんとその同世代の「気迫」、「気概」、「熱情」、「感性」と「篤学」が感じられる。

終わりに、本書を手にすることなく逝かれた川原さんの最愛の人、そして彼を最も理解する人であった久美子さんの事である。おそらく、彼はずっと久美子さんと対話し、彼女に励まされ、彼女に説明するような心の作業で本書を書き上げただろうと推測する。久美子さんが運転して、毎年四月初旬には決まって浜田のタケノコを初物として届けてくれたことを報告し、巻頭言の務めとする。

島根県教育委員会 元教育長
藤 原 義 光

目次

コラム

はじめに

出雲地方は神話の国、神の国と称されることが多く、神秘的なところとして知られている。出雲神話に「いずも」が治めていた地上界を天上界にゆずる、いわゆる国譲り神話があることから、古くから「いずも」王朝があって、それが大和政権により滅ばされたというストーリーが一部の人たちによって語り継がれてきた。ところが、それを証明する資料がなかったため、考古学研究者の大半は大和政権による作り話しと考えていた。それが、三〇年前に荒神谷遺跡から三五八本の銅剣が見つかって、出雲地方の弥生時代は栄えていたと思われるようになった。そして一〇年後に加茂岩倉遺跡で銅鐸三九個が発見され、それが確信に変わってきたのである。しかし、その後、青銅器だけに目が向けられてきたため、多量の青銅器を保有することができた当時の社会状況については研究されてこなかった。

そのころ、出雲平野周辺では、王の墓と言われている西谷墳墓群を島根大学が調査を行うとともに、開発に伴う発掘調査が頻繁に行われ、重要な事実が次から次に見つかっていた。その調査結果を検討したところ、当時、倭国と朝鮮半島との間で行われていた「日本海交易」で出雲は碧玉《へきぎょく》と漆《うるし》を交易品として取り扱うようになって、活性化して栄え、「くに」と呼ばれるまとまりが存在していることが判明したのである。碧玉は松江市玉湯町の花仙山から採集されるものであるが、漆は縄文時代に遡って当時の状況を把握しないと、弥生時代に廃れてしまった漆文化がなぜ出雲だけに残ってきたのか明らかにならない。一方、奈良時代になって古事記、日本書記に出雲神話が数多く出てくることから、古代出雲の繁栄を解明するには、縄文時代から奈良時代まで通して検討することによって初めて可能になるものと思われる。最近の考古学の研究は「時代」が限定され、土器等の遺物によって考察することが多いため、時代の流れと幅広い総合的な視点に欠けている。

そのため、本書では時代ごとの文化をしっかり押さえ、その時代がどのような特色を持っていて、次の時代にどのように受け継がれ変わってきたのか検討し、繁栄の謎にせまりたいと思う。

縄文時代後晩期の出雲地方は、朝鮮半島の孔列文土器が九州より早く伝わり、全国でも最も早く陸稲を行った地域である。また、後期には出雲山間部で他の地域から石材を調達して、農耕用の石器等を制作した工房が出現している（第1章）。それが平野部の晩期や弥生時代の遺跡に受け継がれ、弥生時代前期の拠点集落では道具や日常生活品の製作を行うとともに飢饉対応の食料を管理してきたから、安定した弥生社会を形成することができたのである。そのため三〇年たって牛乳瓶一本分しかとれない漆栽培を引き継ぐことができたと思われる。拠点集落がまわりの集落から信頼を受け弥生時代後期まで連綿とその役割を果たしてきたことが出雲発展の礎となっている（第2章）。そして、弥生時代中期に楽浪や朝鮮半島の人が当時、大変貴重であった漆に目を付け、日本海交易が開始されると出雲は大きく変わってくる。この交易で、大陸から鉄の素材をはじめ、信仰まで出雲に伝わり、多量の銅剣や銅鐸を使った「モノ」による祭祀から神に代わって「ヒト」が祭祀を行うようになったため、他の地域より早く青銅器を埋納し「いずものくに」が誕生するのである。天から神が降りてきて、神に代わってまつりごとを行ったのは卑弥呼が最初といわれているが、出雲では弥生時代後期前半には既に行っていたと思われる。それは、神話で天孫降臨より早く天上界からスサノオノミコトが出雲に降りてきている話にも矛盾しない。また、国譲りの神話では天上界から派遣されたタケミカズチの神が稲佐の浜でオオクニヌシノミコトと対談するとき、剣の切っ先を上に向け、その上にあぐらをかいて行ったと出てくる。それから考えられることは、天上界が地上界より上位で天には天帝という絶対的な神がいて、それを呼び寄せるため多量の銅剣を用いたと言うことである。中国では古くから地上界を治めた者が天帝を奉仕するという信仰が行われており、それが交易を通して出雲に入ってきてもおかしくない。また、須勢理毘売《スセリヒメ》との物語ではオオクニヌシノミコトは、八千矛神《ヤチホコノカミ》の名で登場しているが、これは出雲の首長が数多くの銅剣を保有していたことを示唆するものである。このように多量の銅剣については、神話がその謎を解くカギをにぎっていると考えられる（第3章）。

日本海交易で力をつけた「いずものくに」は北九州の糸島で碧玉を使った玉作を共同経営で行うようになる（第4章）。その頃、倭国は人口が増えるとともに農業に専任出来ない人も多くなったため、食料が不足し拠点集落が維持出来ない状況になっていた。そのため、集落の解体と大陸の情勢から、倭国が一つになることが急務な課題であった。そして、現状を把握している出雲や吉備、北九州が中心になって大和に政権をつくることになる。しかし、北九州は都を奈良に置くことに反対していたのか、当初、参加していなかったので、伊都国《いとこく》と親しかった「いずものくに」が説得する等、何らかの重要な役割をはたして大和政権が誕生するのである。そして、出雲は政権維持に必要な武器等を製作するため、大勢の人が大和に移り裏方に徹した。その事実が古事記編纂時に再評価され神話として描かれたものと思われる（第5章）。

古墳時代の中央政権と地方はゆるやかな関係であったから、中央から強制的な命令を出すことがなかった。そのため、漢字が普及せず、中央集権化が遅れたものと考えられる。ただ、古墳時代中期の朝鮮半島遠征で、大和政権と地方の有力者との関係ができ、渡来系の人々が地方に派遣されることによって、地方の産業や農地開発が進み発展してくるのである（第6章）。出雲地方は磐井の乱後、中央から派遣された日置氏の助言をうけて部民制が確立されるとともに玉及び須恵器生産の集中化を行い、六世紀後半〜七世紀前半にかけて全国の玉作を独占するようになる（第7章）。そして、七世紀になると初めて大和政権から強い規制がかかり、律令社会にむけて体制強化が図られる。それは、戸籍をつくるため一般庶民に対して耕作地を与え、一定の場所に墓や集落を造らせ、支配体制を強化していったものである。また、出雲では七世紀末から新たな国造が天皇の面前で天皇家の安寧を祈願した「神詞奏上儀礼《かみよごとそうじょうぎれい》」を行うようになる。この儀礼や奈良時代の古事記等で出雲が再評価されると、新羅土器を模倣した須恵器や新羅系の瓦を造り、出雲は他の地域とは違う独特の文化を持つのである。そして、出雲国造は八世紀末に政治の舞台から退き、出雲大社の神事に専任するようになり現在に至っている（第8章）。

以上のように出雲の歴史は弥生時代から律令時代まで繋がっており、複雑な様相を呈していることがお分かりいただけると思う。連綿と続く歴史の中で独自の文化を持つ出雲がなぜ、どのように繁栄していったか、この本によって少しでも多くの方に古代出雲繁栄の謎について理解してもらえれば幸いである。

古代出雲繁栄の謎

第1章　稲作が行われていた出雲の縄文農耕

1　縄文後晩期に急増した集落

出雲地方の縄文時代は、平成元年以降に出雲山間部で行われたダム・高速道路等の建設工事に伴う発掘調査で明らかになってきた。今まで、数例しか見つかっていなかった住居跡や墓が、この調査で飛躍的に類例が増加するとともに、土器、石器、祭祀遺物等も多量に出土し、生活の様子が分かってきたのである。

平成二五年の時点で、県内の住居跡は、縄文時代早期～中期五遺跡一二棟、後期から晩期一六遺跡三二棟確認されており、後期以降集落が急増している。その時期の集落は山間部の河岸段丘に存在しているものが大半を占め、平野部は三遺跡四棟が知られているにすぎない。これらからみて、縄文時代の人は平野部より山間部の方が生活しやすかったものと思われる。集落の周辺には、サケ、アユの漁労やイノシシ、シカ等の狩猟、それに木の実の採集ができる自然環境が整っていた。遺跡からは魚を捕る網の石錘《せきすい》、動物捕獲用の弓矢の石鏃《せきぞく》等の道具が見つかっている。

また、集落の規模は、大規模集落が多い東日本とは大きく異なり、一集落あたり一棟ないし二棟で、時代が新しくなってもさほど変わっていない。それは、一集落一五人程度になることから年間を通して食べ物を確保するのには充分な人数といえよう。動物の肉・魚は燻製ないし乾燥させて保存を図り、ドングリ、くり、イモ類等は掘った穴や粉状にして保管をしていたと考えられる。このように、山間部は生活していく上に必要なものを調達することができ、現在では想像できないほど快適な生活の場であった。

後晩期になると、収穫具である石器や土掘り用の扁平打製石器が増えるとともに米の籾痕《もみこん》が付いている土器が現れ、陸稲や畑作等の農耕を行っていたと思われる。さらに、土偶等祭祀用の遺物や朝鮮半島の土器が出土しており、他地域との交流も盛んに行っていた。

これらのことから、出雲地方の縄文後晩期の集落は、生活が安定し、同じところを拠点に生活していたと推測される。集落跡についていつくかの調査例を見てみよう。

2　山間部の集落

1．五明田《ごみょうだ》遺跡

飯南町頓原《とんばら》の河岸段丘に存在する縄文時代後期の集落跡である。ここでは円形の竪穴住居跡が四棟確認されている。それらは直径二・八m〜三・八mで、柱は壁際に沿っているものや不規則なものがある（**図1**）。後期初頭の二棟と前葉の二棟に分けられ、同時期の住居跡は比較的近くに存在し、物を保管していたと思われる穴も複数見つかっている。それに、いずれの時期にも東日本に存在する柄鏡《えかがみ》形をした庇《ひさし》付きの入り口を持つ特殊な建物跡があることから、同一集団によって建て替えられたものと思われる。そして、この遺跡からは出雲地方で最も古い収穫具である左右にえぐりが入った打製の石包丁状石器（一二点）や、土堀用の打製石斧（九点）が出土した。また、植物の葉に含まれるガラス質を調べるプラントオパールという分析方法で、キビの繊維が検出されていることから縄文時代後期前葉には簡単な農耕文化が東日本から入ってきたものと考えられている。

2．貝谷《かいだに》遺跡

飯南町志津見の丘陵先端部に営まれた集落跡。この遺跡からは縄文時代後期前半と後

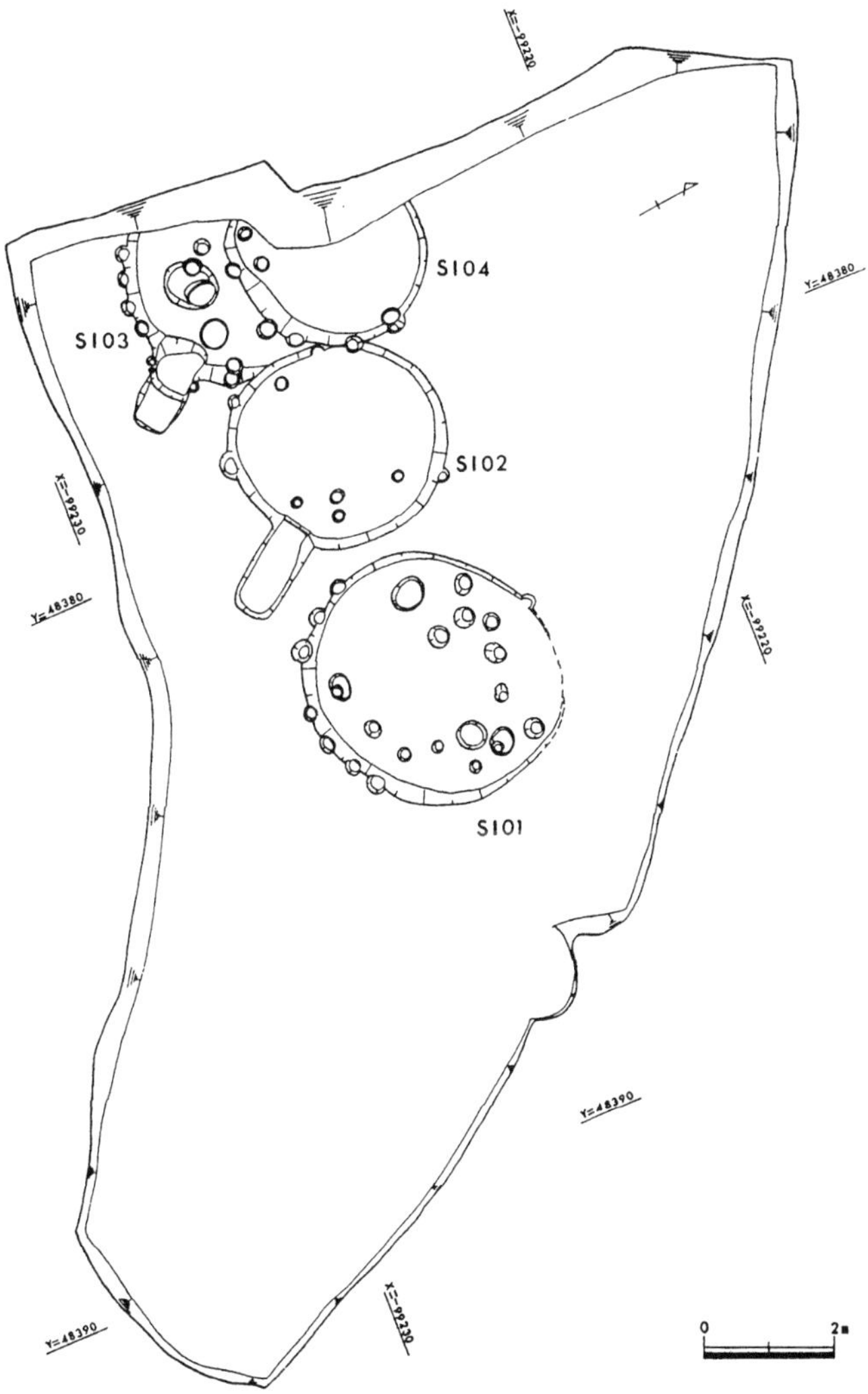

図1　五明田遺跡遺構配置図

半の竪穴の住居跡が二棟検出されている。L字形に掘った後期前半の住居跡は、壁際に複数の柱穴が存在し、床面中央付近に炉と思われる焼けたところがあった。その焼土面の炭化物を放射線炭素年代測定にかけた結果、この建物は約三七〇〇年前のものと判明。ここからは深鉢や浅鉢の土器片とともに人の形を模した岩偶が出土した。後期後半の住居跡は床面東側に焼土面が残る六・五m×三・六mの長方形を呈し、壁際に沿って礫が敷かれ、土器片や磨製石斧・石錘が見つかっている。墓は二つの住居跡の間に五~六基、不規則に存在していた。それらは長さ一・五m~二m　幅〇・九m~一・三mの長方形で、壁際に礫がめぐらされているものもある。このように、建物の近くに墓が造られていることは、この集落がある程度定着して人が生活していたことが伺え、岩偶を使用した新たな祭祀も注目される。

3. 原田《はらだ》遺跡

奥出雲町佐白《さいろ》に存在する旧石器時代~近世の複合遺跡。ここは、斐伊川が大きく蛇行する内側の河岸段丘上にあたり、その面積は三haにも及ぶ大規模な遺跡である（写真2）。縄文晩期の住居跡及び墓は南側の川に近いところから検出された。晩期前半の住居跡四棟、晩期前葉から中葉にかけての墓一八基が見つかっている。この集落で注目されるの

写真２　上空から見た原田遺跡

は五〇ｍあまり離れた二つのグループによって集落が形成されていることである。上流側のＡグループでは二棟の住居跡と四基の墓が見つかっている。住居跡は円形ないし楕円形にまわる複数の柱跡だけが残るもので、炉は住居の外側に設けられ、墓は住居跡北側に土器棺が一直線上に造られていた。一方、下流側のＢグループは直径六ｍあまりの円形と不正円形に掘った住居が造られている。それらは、いずれも六本柱で住居内に炉を持ち、床の中央に穴を掘っているものがある。またＡグループにはない配石墓一三基と土器棺五基が散在的に存在していた。このように、二つのグループは住居跡・墓地とも異なり注目される。また、住居跡周辺からは収穫具（一五点）や土掘りの道具である扁平打製石斧（二二点）が出土していることから、農耕を行っていたものと考えられている。さらに、日本最古の孔列文土器（口縁部内側に棒状のもので刺突した朝鮮半島の土器）も出土しており興味深い。

3　平野部の集落

1．面白谷《おもしろだに》遺跡

松江市湯町の丘陵裾部にある遺跡で、縄文時代後期前半の住居跡が検出されている。この住居跡は三・三m×三・〇mの方形に穴を掘った竪穴式住居跡。床面中央に炉が施けられ、壁際には柱の穴が二七個あまり存在していた。また、住居内の床面には全面にわたって炭化物が散在し、完形の特殊な壺が置いてあったことから住居を廃棄する時に祭祀を行ったと考えられている。それらの炭化物を土壌洗浄したところサンショウ・ヤマブドウ・トチノキ・マメ科・キビ・ヒエ・イネ等の植物種が見つかった。その内三点をAMSという年代測定で計測した結果、約四四〇〇年前という数値がでている。これにより、少なくとも、この時期にキビ・ヒエの栽培を行っていたものと思われる。問題はイネらしい炭化物三点である。一粒はイネ、二粒は残り具合が悪くはっきり断定できなかった。これらは木の根や小動物によってもたらされた新しいものと判断された。

2．勝負《しょうぶ》遺跡

松江市東津田町の丘陵斜面に存在する勝負遺跡から縄文時代後期の住居跡が二棟検出

されている。その内、注目されるのが三・六二m×二・六mの「コ」の字形をした竪穴住居跡である（写真3）。主柱は六角形で建物の壁になる小さな柱穴が掘方の奥壁及び側壁に残っていた。主柱は奥壁の中ほどにちょうど六角の角がくることから、この住居跡は棟持ち柱がある建物で、四方の梁《はり》からのびる垂木《たるき》が壁と接している構造を持つものと考えられる。床面の中央には炉があり、建物の外側に二重の柵がめぐる。住居内からは狩りをする石鏃・魚を捕る網の石錘の他、農耕用の打製石斧、収穫具、それに生活用具である石皿・磨石・石錐が出土している。このような状況はここで定住していたことを示すものと思われる。

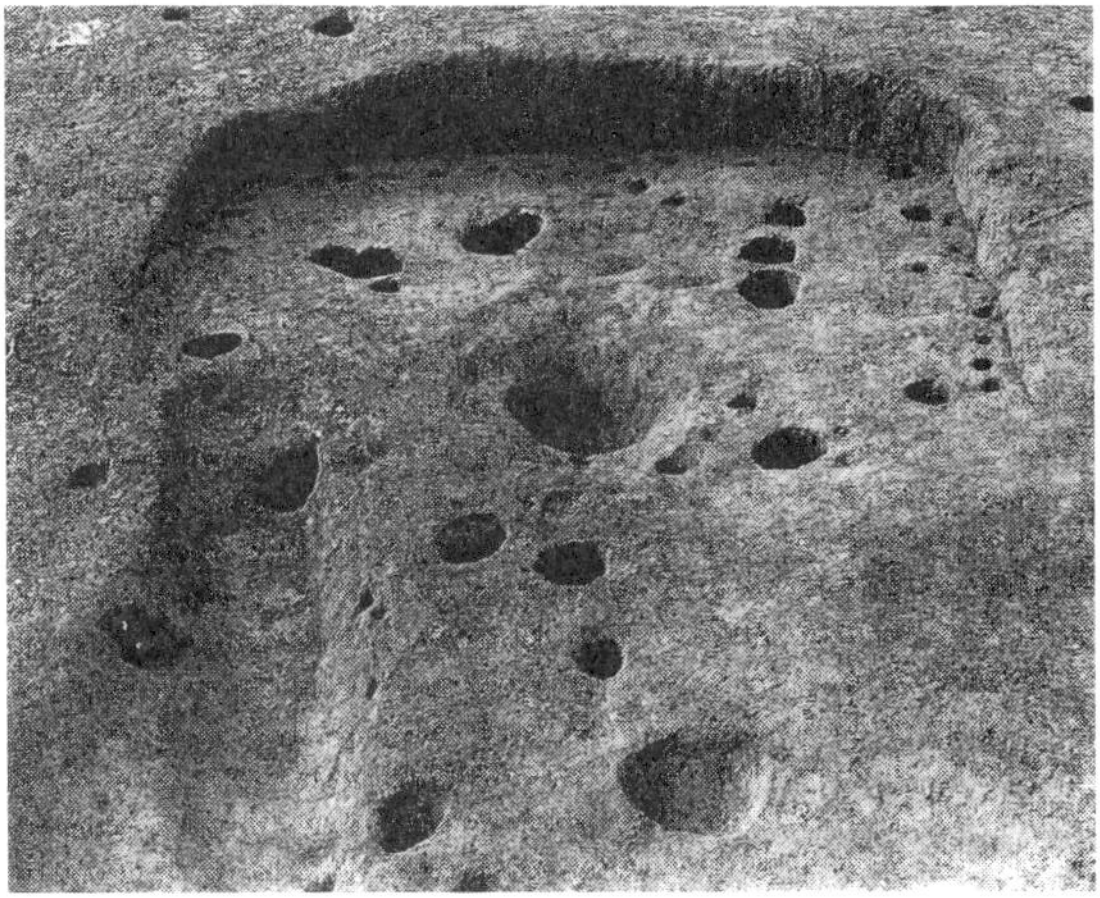

写真3　勝負遺跡の縄文住居跡

4　縄文後晩期の祭祀文化

縄文後晩期には集落が増えるとともに、祭祀関係の遺物が多く出土してくるようになる。その代表的なものが土偶で、現在のところ九遺跡二三点が知られている（写真4）。それらは後期前半に出現する胴部がくびれ、手足が省略された扁平な分銅形土偶と後期後半の人形土偶に分けられる。前者は一遺跡から複数検出される傾向があり、奥出雲町北原本郷遺跡四点、同林原遺跡七点が見つかっている。後者で注目されるものは、飯南町下山遺跡から出土した人形土偶である。頭や手足を欠くが、もともとは、手を組んで両足を折り曲げて座っ

写真４　土偶

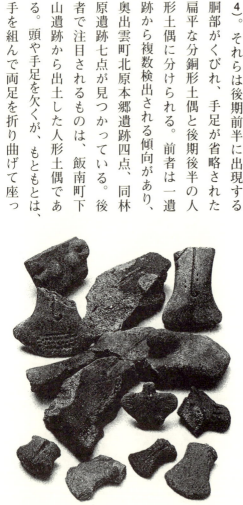

た姿勢をしており、東北地方から運び込まれたものと考えられている。その他、不明瞭な後期前半の岩偶が三遺跡四点ある。

祭祀遺物で出土例の多い後期から晩期の石棒は、四五点あまりが確認されている。そのほとんどが晩期のものである。石材は流紋岩・頁岩・凝灰岩・結晶片岩等で、奥出雲町原田遺跡からは長さ四二cmの大きな石棒や上部がえぐれて男性性器に似た形状を持つもの等二二点あまりが出土しており注目される（写真5）。土偶や石棒は縄文時代後期になって出現していることから、農耕の始まりとともに生産を祈願した祭祀道具と考えられている。その他の祭祀遺物としては独鈷石《どっこいし》と呼ばれる石を加工したものや円礫に浅めの線刻を施した線刻石がある。そして、この時期には土製耳飾り、玉類、土製円盤の装飾品も多く出土するようになり、農耕の普及で生活が安定してきていることが伺える。

写真5　石棒・線刻石等

5　朝鮮半島の土器と稲作の伝播

深鉢の口縁部付近に孔列文と呼ばれる文様を持つ土器は、今まで朝鮮半島から北部九州に入り、宮崎周辺や山陰地方に伝わったと考えられていた。ところが、最近の研究で出雲地方の出土品は九州地方のものとは異なり、朝鮮半島の東南海岸地域から直接伝わっていることが明らかになった。しかも、九州地方より早く入っているのは驚きである。出雲地方で最も古い孔列文土器は奥出雲の原田遺跡・板屋Ⅲ遺跡から出土している。それは、深鉢口縁部内側から外側にむかって棒状のものを押し当てて列状に文様をつけている縄文時代晩期中葉の土器である（写真6）。孔は貫通していなく、外側がやや出張るが、それが新しくなるにつれて、文様を押して引くような付け方に変わり、外側の出っ張りも消える（図7）。この段階では出雲平野部の佐太講武貝塚・西川津・タテチョウ遺跡でも出土するようになる。それは本格的な水稲耕作が始まる弥生時代前期

写真6　孔列文土器

の遺跡につながるもので、それ以降、平野部で朝鮮半島の土器が増えてくる。

出雲地方の縄文時代晩期で最も注目されることは、朝鮮半島の孔列文土器が入ってくる時期に日本最古のイネの籾痕土器が奥出雲の板屋Ⅲ遺跡で見つかっていることである。それは、孔列文土器とともに稲作の文化が九州より早く、朝鮮半島から直接出雲地方にもたらされたことを示しており、日本の稲作文化伝播を考える上にきわめて重要なことと思われる。

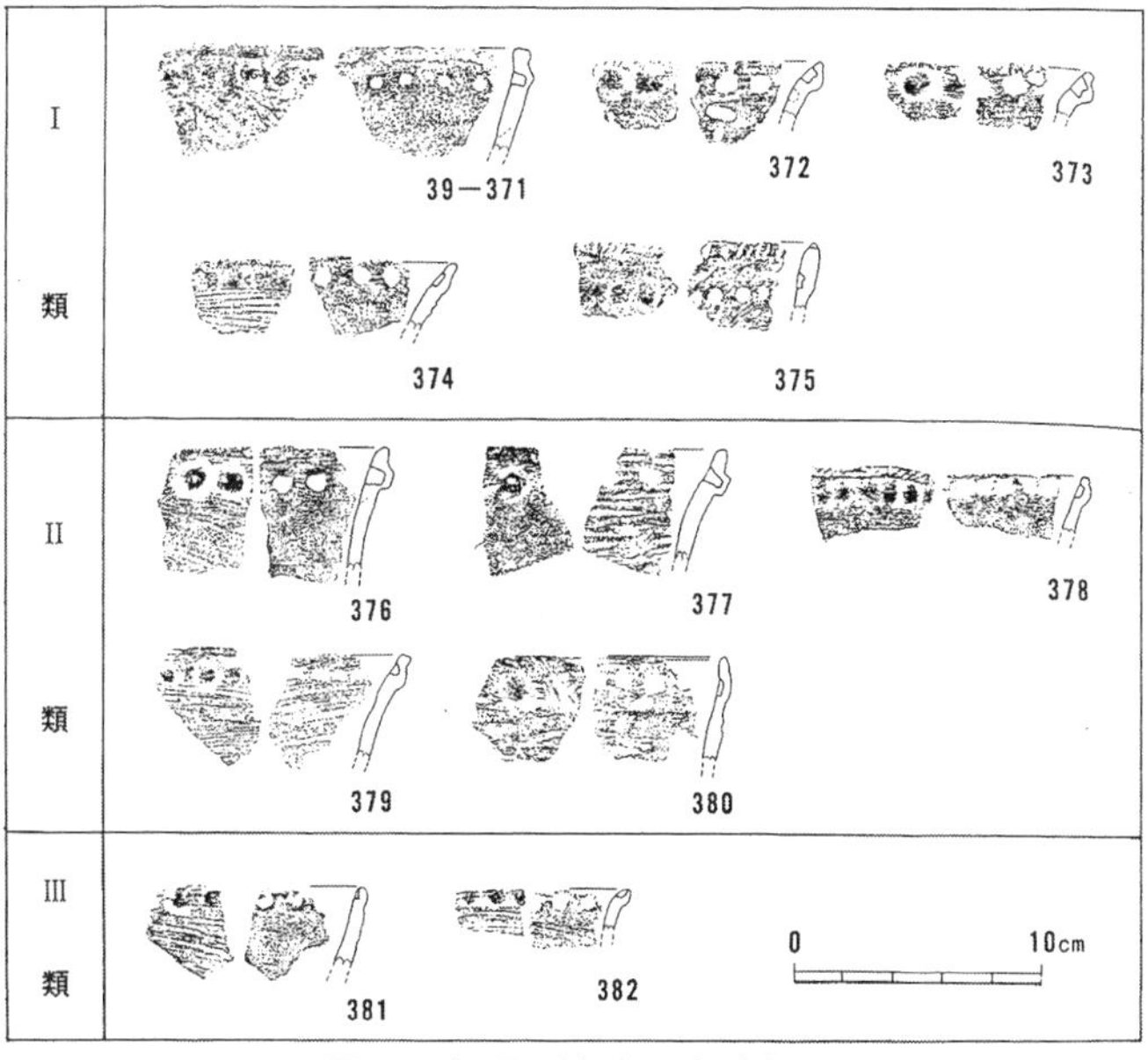

図７　板屋Ⅲ遺跡の孔列土器

6　縄文農耕について

1．農耕用の石器を作る工房集落の出現

出雲地方では縄文後晩期にアワ・ヒエ・イネ等の農耕が広く行われていたと思われ、後期前葉には土掘り具の扁平打製石斧が奥出雲で十数点が出土している。そして、後期後半になると、農耕の土掘り具等の石器を作る工房集落が出現して、奥出雲地方で急速に農耕文化が広がっていった。

雲南市木次町平田遺跡は縄文時代後期後半の石器製作工房跡である。二〇ｍ×一六ｍの調査区から土掘り具の打製石斧六四点、石鏃一八七点が石くずや作業台と思われる石とともに見つかり、石器を製作していたことが確認された。しかも、石斧の石材である玄武岩や結晶片岩は近くになく、斐伊川下流域から持ち込まれていた。この遺跡は斐伊川の中流域の北岸に存在し、石材の調達が安易な場所であるとともに、奥出雲の縄文集落に石器を供給しやすい所でもある。打製石斧は長方形に近い短冊形が大半を占め、全てが全長一三㎝以下の小形品である。刃は直線的、一方の面を剥いで刃先を尖らせている。また、石斧の縦方向の断面を見ると柄に装着しやすいよう片面がふくれて山形を呈

するものが出てくる。

縄文時代晩期には出雲平野南側の三田谷《さんただに》Ⅰ遺跡で石斧を作るようになる（図8）。この遺跡からは近くに露頭する安山岩・流紋岩を使った扁平打製石斧一三三点あまりが出土している。石斧はしゃもじに似た撥《ばち》形と長方形の短冊形があり、刃先は丸いものが増えるとともに一三㎝以上の中形・大形品が大半を占める。大形品は弥生土器と縄文土器の突帯文土器が一緒に出土した出雲市の保知石《ほちいし》遺跡で見つかっていることから、水田耕作用に使われ、小形品は陸稲ないし畑作に用いられたものと思われる。このように扁平打製石斧は農耕の発展とともに種類が増え用途に応じて使いわけていた。出雲地方では、弥生時代に入ってもこの石器を使い続け、前期の後半になって扁平片刃石斧が出現し木製農耕具が作られるようになると衰退してくる。

2．縄文農耕の痕跡

縄文時代後晩期に農耕を行っていたことを証明するものとしては、土器に付着したイネ等の痕跡、炭化した種子、それにプラントオパールという腐りにくい葉っぱのガラス質を分析する方法等がある。籾痕土器は日本で一番古いといわれている縄文晩期中葉の奥出雲の板屋Ⅲ遺跡やそれより若干新しい平野部の松江市石台遺跡のものが確実な痕跡

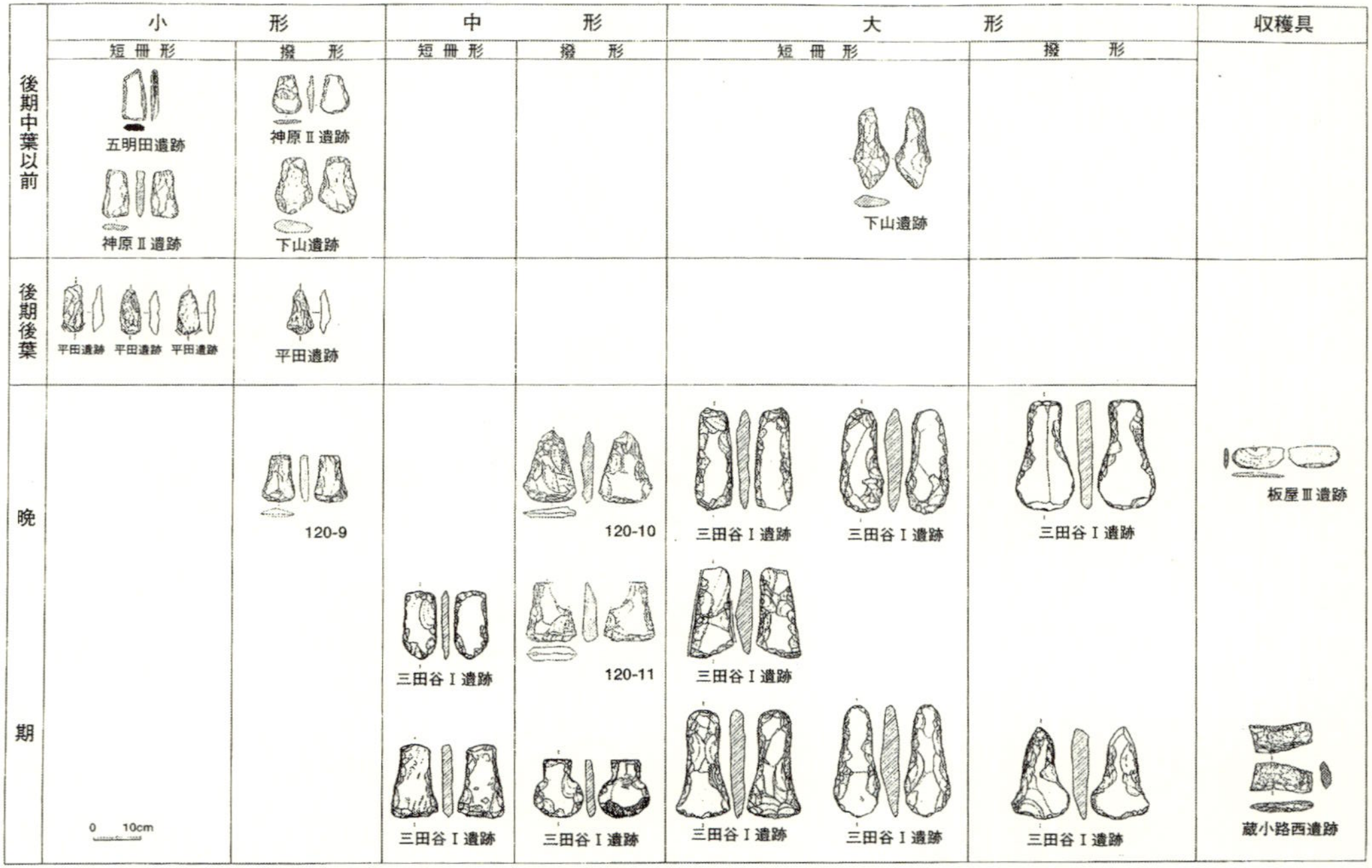

図８　出雲平野及び出雲山間部における扁平打製石斧変遷図

として実証されている（写真9）。その他、縄文時代晩期末の森遺跡（山間部）・北講武《きたこうぶ》氏元《うじもと》遺跡（平野部）にもある。炭化した種子は面白谷遺跡からトチノキ・キビ・ヒエ（後期前半）が、プラントオパール法では、奥出雲の五明田遺跡からキビ（後期前半）、板屋Ⅲ遺跡・森遺跡からアワ・キビ・シコクヒエ（晩期）がそれぞれ検出されている。また、収穫具と思われる石器は後期前半から晩期にかけて五明田・板屋Ⅲ・林原遺跡等多くの遺跡で見られる。

　このように、出雲地方は縄文後期に農耕が盛んに行われていた。そして晩期になると、朝鮮半島から孔列文土器とともに稲作が日本でも最も早く伝わった地域として注目される。

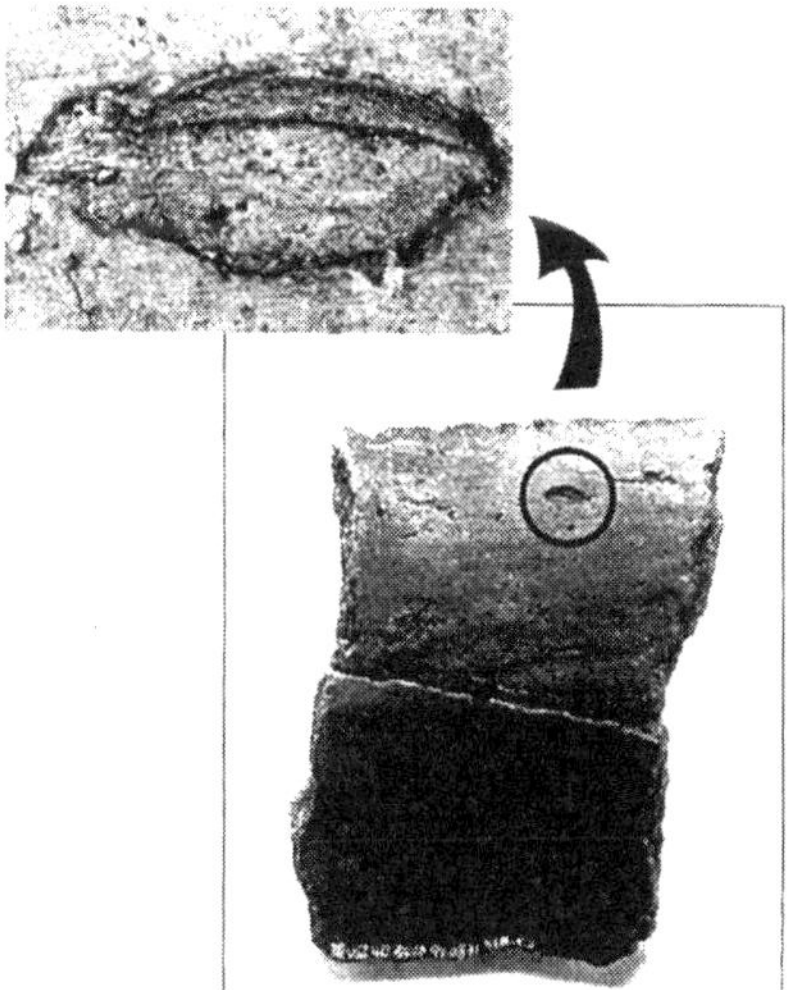

写真９　稲の籾殻痕が残る土器（板屋Ⅲ遺跡）

コラム1

「考古学と埋蔵文化財」

考古学と埋蔵文化財はよく似た言葉である。その違いについて述べておきたい。

考古学は、人が作った土器・石器等の遺物（動産）と大地に築造された住居や墓等の遺構（不動産）である人類が残した痕跡を研究し、人の活動やその変化を通じて、人間を知る学問である。日本の考古学は明治一〇年にアメリカ人の動物学者であるエドワード・モースが大森貝塚の調査を行ったのが始まりと言われている。このように、対象が痕跡や物であるので、それがどういうものか多くの研究者があらゆる角度から検討してきた。その積重ねによって徐々に正確なものとなり現在に至っている。そのため、遺跡から見つかる遺構や遺物の大半は時代や性格等が分かってきているのである。

一方、埋蔵文化財は昭和二五年に施行された文化財保護法で地中に埋蔵された文化財と規定されている。よって、この言葉は有形・無形・民俗等の文化財の一つで、主に行政が使うものである。島根県では法に基づく埋蔵文化財行政を教育委員会文化財課で行い、その他、「埋蔵文化財調査センター」をはじめ「古代文化センター」や「古代出雲歴史博物館」、「八雲立つ風土記の丘資料館」等が設置されている。それらは、調査、研究、普及・活用を分担して業務を行っており、これだけの施設が整っているのは全国的にも少なく注目されている地域である。

コラム2

「縄文人は塩分をどうして摂っていたのか」

縄文時代の集落は食べ物が豊富な山間部に集中しているが、気になることがある。

それは、どうして塩分を摂取していたのかという問題である。日本では岩塩が取れるところがないので、塩は海水から作っていた。もっとも古い製塩は縄文時代後晩期に東北地方で作り始め、西日本では弥生時代中期からなので、縄文時代の出雲地方には塩がないのである。塩分は乾燥した海藻を用いたか、食べ物から摂取していた。山間部で手に入れることができる塩分を含む食べ物としては動物や魚類の血があげられる。その他、タラの芽等の木の新芽にも少量の塩分を含んでいるようである。出雲山間部の縄文集落は一ないし二棟で構成されており、一集落あたり一五人程度の人が住んでいたと考えられている。人が少ない事からわざわざ海岸部から藻を求めるより、塩分を摂取するため生の肉を食べるか、動物の血を飲んだ方が簡単である。それが、弥生時代になると無塩である米主体の食生活になるので、塩分が不足するようになる。そのため、西日本で製塩が広まっていったが、出雲地方では製塩が始まるのは古墳時代以降である。

当地方では、長い間、動物や藻から塩分を摂っていたものと考えられ、米が主食になる弥生時代以降、山間部ではなく海岸近くに集落が集中しているのは藻を手に入れやすいことが関係していると思われる。

コラム3

「縄文人から学ぶ家族とは」

縄文人は自然のサイクルの中で生活していた。そのため、自然についての知識がないと食料を確保することができず死につながる時代でもあった。だから親から子に伝えていく生きるための教育は自然に関するものが大半であったと推測される。子供は、一人前の大人になるために食べられる植物や動物の習性等必要な知識と生活に関わる技術を親から必死で学ぼうとした。家族は炉を囲み、炉の火のあかりのもとで生活をしていたが、そこには、親を尊敬する子供と子供の成長を願っている親がいて、家族の絆を深めていったに違いない。

また、食べ物の確保は人間にとって生きていく為に最も大事なことである一方、争いの原因にもなる。そのため、村での決まりごとは、食べ物に関するものが最初にできたと考えられる。村の人々は協力して獲物を確保し、それを狩りに出られない病人やケガ人まで公平に分配してきたからこそ、村人の結束が深まり、人は生き延びてきた。人間は他の動物と比べかなり体力が劣っているので、頭を使って皆で力を合わせて獲物を捕獲しなければならなかったことが、共同意識を高めたものと思われる。

このように縄文時代は家族の絆、集落の絆なくしては厳しい自然の中で生活できなかった。そこには、人間の生活の原点があり、現代人は縄文人から学ぶことが多々あると思われる。

第2章　弥生社会を形成した二つの拠点集落

1　北九州から伝わった水稲耕作の伝播

出雲地方の稲作は全国で最も早く縄文時代晩期に朝鮮半島から伝わり、陸稲栽培をほそぼそと行っていた。その後、本格的な水稲耕作が、大陸系磨製石器とともに朝鮮半島から北九州に伝播し、それが全国に広まった。当地方でも、弥生時代前期の遺跡から北九州の土器が出土しているので、水稲耕作は九州地方から伝わったと考えられている。ところが、出雲地方では既に稲作が行われていたためか、水稲耕作が入ってきたころには縄文時代から使っていた打製石器を用い、木製の農耕具は、前期後葉になってやっと使われるようになるのである。しかも収穫具の磨製石庖丁は弥生時代を通して出土例が少なく、他のもの（方法）で収穫していたと推測されている。

現在のところ出雲地方では弥生時代前期の水田跡は見つかっていない。しかし、西川津遺跡の前期の溝から多量の炭化米が出土しているので水稲耕作を盛んに行っていたと思われる。さらに、注目されるのが、この時期に地域の拠点となる大規模な集落が出雲平野と松江平野にそれぞれ出現していることである。これらの拠点集落は、水稲耕作の普及・発展を考える上で欠かすことのできない重要な鍵をにぎっている。

2 二つの拠点集落の出現

1．出雲平野の拠点集落矢野遺跡

出雲平野の拠点集落は、当時、平野部に入り込んでいた入海（神門水海）の奥部に存在する矢野遺跡である。弥生時代前期の遺構は土坑一七基と溝二条が検出されている。墓と考えられる土坑は長さ二m前後、幅一mあまりの長方形を呈する。また、遺物としては出雲地方で最も古い九州系の弥生時代前期中葉から後葉の土器をはじめ・石器・木製品・動物の骨等が数多く見つかっている。土器には黒漆等で黒くした器面にベンガラで文様を描いた四〇点あまりの彩文土器や朝鮮半島の無文土器それに漆をいれた底部片等がある。

石器は縄文時代から使われている打製石器が多いが、前期後葉になると、扁平片刃石

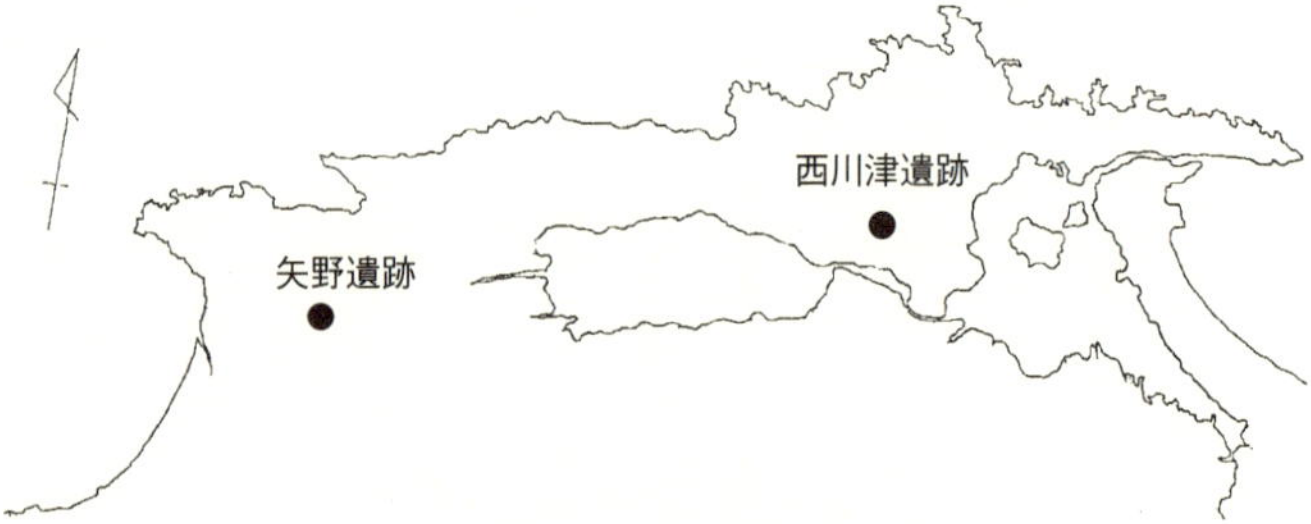

図１　弥生前期の拠点集落

斧、石包丁等、大陸系磨製石器が出現してくる。これにより、木製品が作れ、広鍬の未製品が出土するようになる。また、この遺跡で注目されるのは、木製品以外に土器、石器の生産を行っていることで、ここで作ったものを、周辺の集落に供給していた。以上のことからこの集落は出雲平野の拠点的役割を持っていたと考えられる（図１）。

2．松江平野の西川津遺跡

西川津遺跡は松江平野北側を流れる朝酌川の両岸に所在する縄文時代から中近世にかけての大規模な遺跡である。河川改修等に伴う発掘調査が幾年にもわたって行われ、多量の土器とともに木製品・石器・自然遺物や溝等が検出された（写真２）。弥生時代前期の遺構としては朝酌川西岸で大きな溝、東岸から木製品の製作に関わる貯木場や貝塚が見つかっている。溝は集落の西端を示すものと考えられおり、この溝からは土器の他、炭化米やトチ

写真２　西川津遺跡出土の土器

写真３　西川津遺跡で発見された炭化米

ノミも出土した（写真３）。非常食として縄文時代から食べていたトチノミも採集していたことは、危機管理の意識が高かったと考えられる。また、貯木場は杭を円形や方形に打ち込み、その中に木製品を造る木材を水漬けして、加工しやすくした施設で、この周辺から未製品が数多く見つかった。さらに、この遺跡では木製品の他、石斧・石包丁・玉類・骨角器・漆製品等、様々な物を作っていることが知られている。それらは周辺の集落に供給していたと思われ、西川津遺跡は道具・日用品等の生産拠点であった。

3．拠点集落の役割と重要性

矢野遺跡・西川津遺跡はともに四万㎡を超える大集落で、弥生時代前期の中心的な集落である。出雲平野部の東西にそれぞれ存在し、弥生時代を通して拠点的役割を連綿として担ってきた。出雲地方で最初に水稲耕作の文化を取り入れた集落は大社湾から入ってきた矢野遺跡、それより若干遅れて恵曇《えとも》湾から伝わってきたのが西川津遺跡の集落である。水稲耕作は水を引くための灌漑や耕作・脱穀等専用の道具が必要で誰でも作れるものではない。稲作に伴う技術や知識について、道具を作っていた拠点集落が中心となって指導したことにより稲作が普及していったと思われる。

出雲地方では縄文時代に農耕用の石器工房集落が奥出雲の平田遺跡・出雲平野の三田谷I遺跡で出現している。それが弥生時代の拠点集落に引き継がれ、生活に必要な石器、木器、骨角器、玉類の装身具などを作るようになる。周辺の集落にそれらを供給し、代わりに収穫した米の一部を拠点集落に納め、その米を物作りの職人や飢饉に対応する為に分配・保管していたと考えられる。

このように、出雲地方の弥生時代前期の拠点集落は周辺の集落に木器・石器等を供給するとともに、稲作の技術指導を行うことにより水稲耕作の普及と弥生社会の体制を確立していった。そして、拠点集落と周辺の集落との役割をはっきりと分担したことが、社会全体が安定化し、他の地域で廃れてしまった漆木の栽培が出雲地方だけに残った大きな要因と考えられる。

3　朝鮮半島の文化が浸透

出雲地方では縄文時代晩期に朝鮮半島から直接、孔列文土器とともに稲作が伝わった。それ以降、朝鮮半島系の土器は弥生時代前期から古墳時代初頭まで途切れることなく、北九州を経て入ってきた。それは出雲地方と北九州・朝鮮半島との関係の深さを物語っているといえよう。朝鮮半島の無文土器前期（縄文時代晩期）の孔列文土器、それに続く中期の松菊里《ソングンリ》土器は松江市の掘部第一遺跡・古浦砂丘遺跡から弥生前期の土器とともに出土している。そして後期の水石里《スソンニ》式土器になると出雲平野の矢野・山持・里方本郷遺跡、松江の西川津・タテチョウ遺跡等（弥生時代前期中葉〜前期末）出土例が増えてくる。この土器は、地元で作られた模倣品が多い。

その後に出てくるのが勒島式《ヌクト》（弥生時代中期初頭〜後半）で出雲市山持遺跡から見つかっている。無文土器の後は三韓土器・初期陶質土器（弥生時代中期後半〜古墳時代）である。これらの土器も出雲平野を中心に出土している。弥生時代前期の水石里式土器は水稲耕作の文化導入時に伝わり、それ以降の土器は日本海交易に伴って出土したものと思われ、北九州以外では唯一、楽浪土器も検出されている。

土器以外では西川津遺跡の弥生時代前期の緑色凝灰岩を使った管玉の制作技法や松江市掘部遺跡の木棺上に石を方形に敷き並べた配石木棺墓等が半島からの影響で出現したものと考えられる。中期になると鋳造鉄斧、後期では鉄の素材が半島からもたらされ、出雲地方は朝鮮半島との交流・交易によって弥生社会が繁栄していくのである。

4　出雲地方だけに残った漆の文化

弥生時代前期の拠点集落では色々なものが生産されている。その中で注目されるのが「漆」である。西川津遺跡では赤漆を塗った木製櫛《くし》片が一二一点あまり出土した。その他、木製のかんざし、腕輪等の漆塗り装飾品、漆を入れた小形の壺、それに漆を採集したかき傷のある漆の木等が見つかっている（写真4・写真5）。この集落では漆の栽培、採集、製品の製作を一環して行っていたものと思われる。櫛は頭部を糸で硬くしばり、黒漆で固めた後、赤漆を塗っているもので、東日本の縄文時代の櫛と共通する。漆塗りの櫛は松江市のタテチョウ遺跡や、堀部第一遺跡二一号墓からも検出された。矢野遺跡では漆を入れたパレット状の土器や黒漆を塗ったと思われる彩文土器が出土している（図6）。このように出雲地方では縄文時代の漆文化が弥生時代になっても引き継がれているのである。

写真4　西川津遺跡前期漆関係遺物

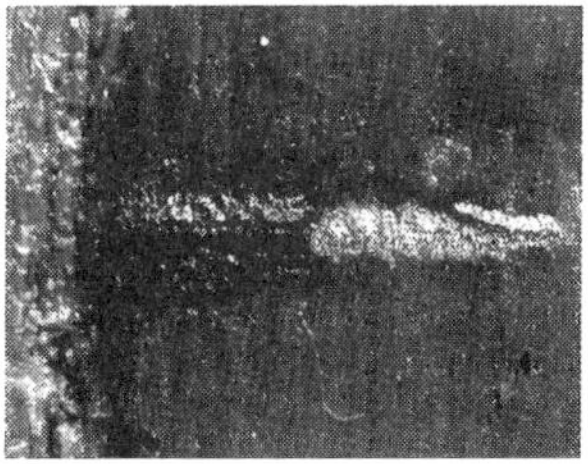

写真5　掻き傷のあるウルシ材

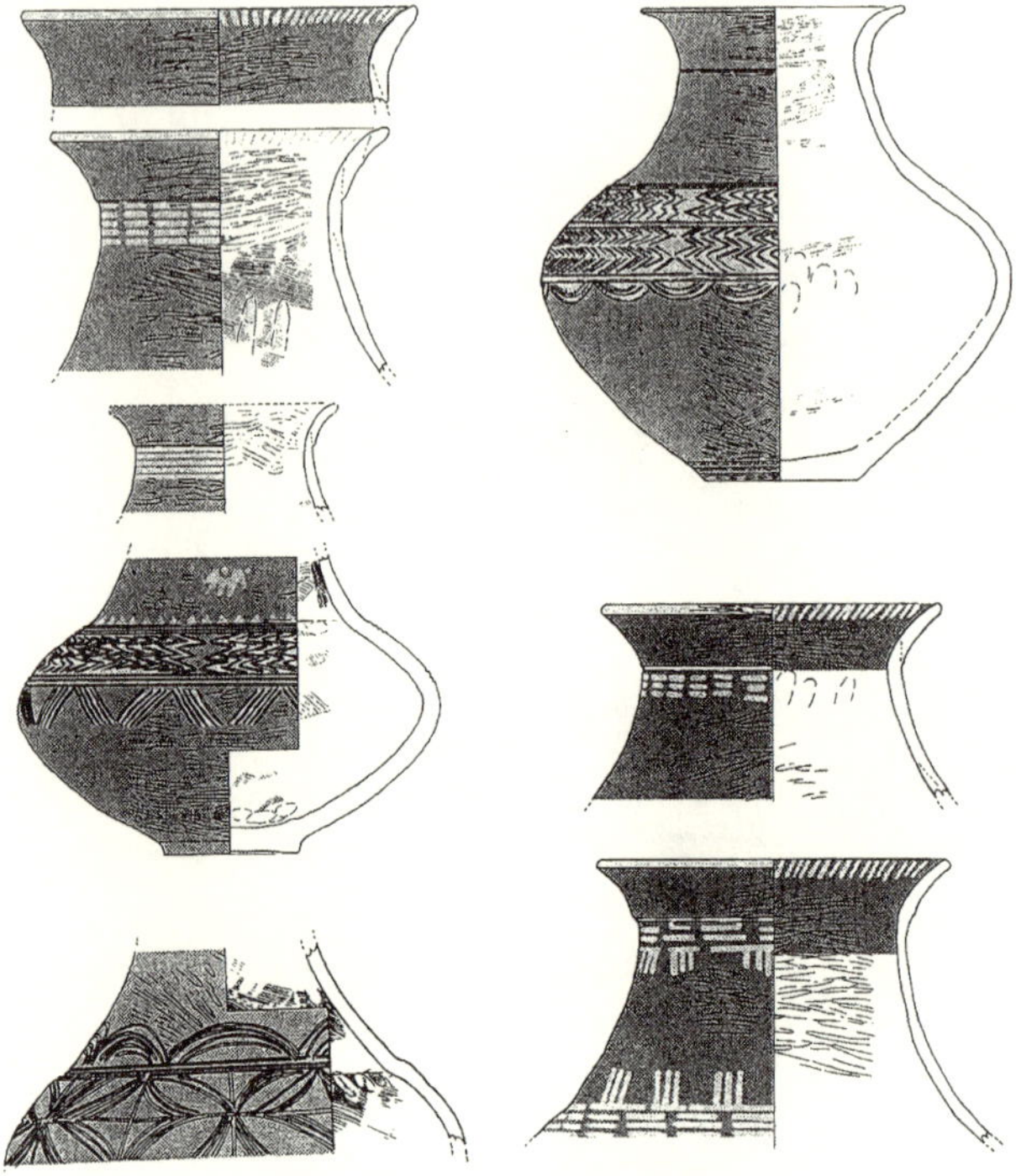

図6　矢野遺跡出土彩文土器

漆は三〇年たった木から牛乳瓶一本分の生漆を採集でき、採集した後は枯れてしまうので、栽培には安定した管理が必要とされている。そのような理由で、縄文時代に東日本を中心に盛んに行われてきた漆の生産が弥生時代になると行われなくなり、出雲地方を除いて廃れてしまう。出雲地方だけに漆の栽培が残ったのは、安定した拠点集落の存在が大きく関わっていたものと思われ、道具や日常生活用品を作っていた西川津遺跡や矢野遺跡の集落が弥生社会の中でいかに重要な存在であったかを示している。そして、この漆が出雲地方の発展に大きく関係してくるのである。

5 海岸部に存在する渡来系の墳墓

弥生時代前期の墳墓としては松江市堀部《ほりべ》第一遺跡がよく知られている（図7）。この遺跡は長者の墓と呼ばれている独立丘陵の裾をめぐるように配石木棺墓が造られているもので、東側から北東にかけて四一基、西側に二〇基が存在していた。配石は木棺を入れる穴の外側に石を巡らせ、その内側に石を一列敷いたものやぎっしり石を敷きつめたものなどがある。

木棺の大半は杉が占め、その他、カヤ・キハダ・クスノキ・シイもある。短い方の小口板を長い両側板で挟む組み合わせ式で、東ないし北東に頭を向けたものが多い。人骨は仰向けに寝かせて膝を曲げた状態で葬られており、残っていた人骨は成人一四人に対して子供一一例と子供の比率が高い。子供の墓は成人墓の近くに寄り添うように配置さ

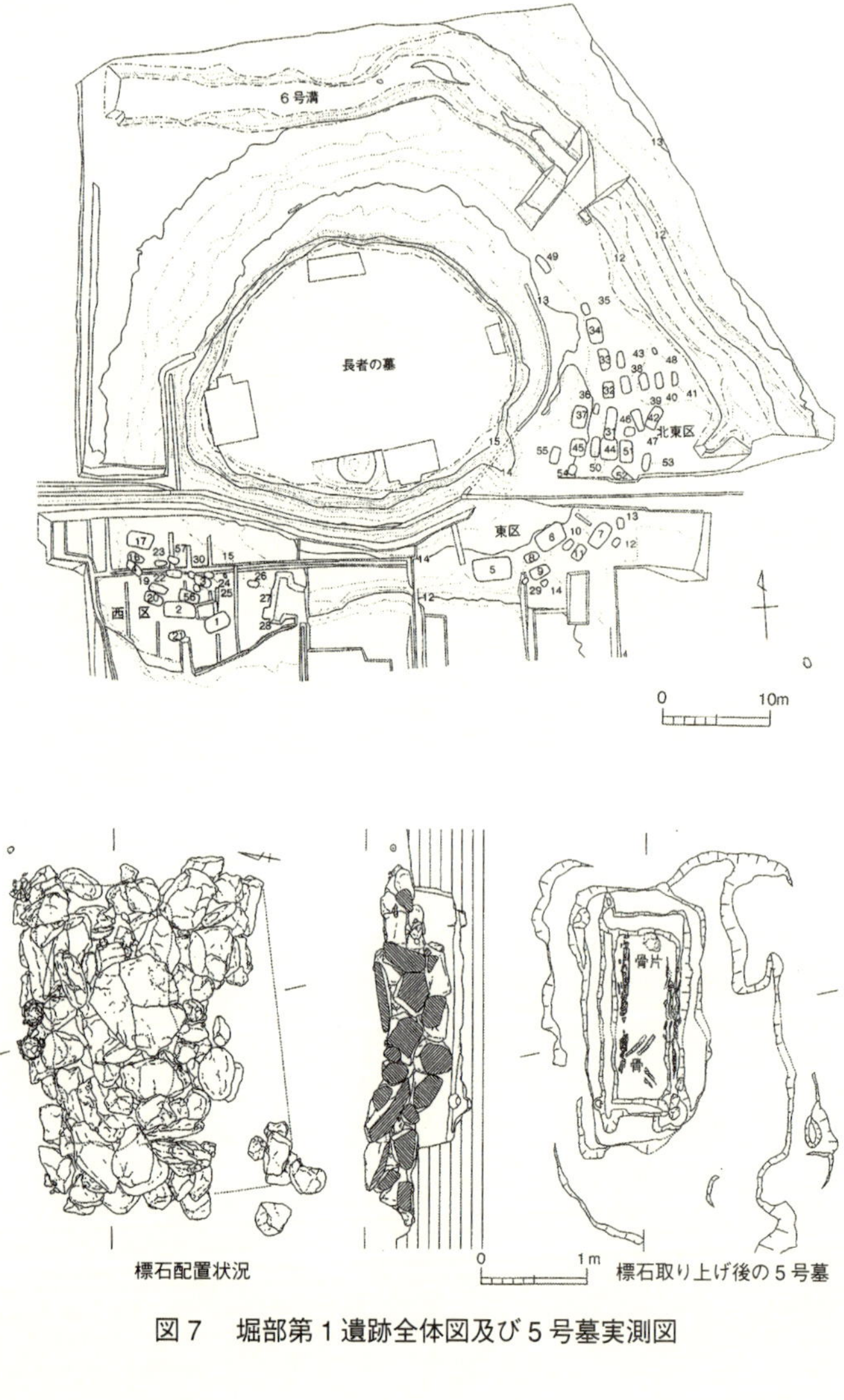

図7　堀部第1遺跡全体図及び5号墓実測図

れていた。

副葬品には管玉、石鏃　漆塗りの櫛等がある。その他、配石の周辺から九州系の土器、扁平打製石斧、土笛、イノシシの歯牙等が出土した。また、この遺跡からは朝鮮半島の松菊里式土器が見つかっていることから方形に石を敷いた墓は朝鮮半島の支石墓の影響があると考えられる。

出雲市の原山遺跡も方形に石を配している墓が数基確認されているが、内部についでは調査が行われていないので不明である。その他、この時期の墓としては松江市の古浦砂丘遺跡がある。人骨の残りはよく、四四体の弥生人骨が発見されている。弥生前期の人骨は堀部第一遺跡と同じ仰向けで足を曲げており、死体を埋めた上に石が置かれているものもある。その他、四九号人骨にはヒスイの勾玉、管玉の副葬品を持ち、幼児には貝輪や貝小玉を伴っていた。ここから出土した人骨は身長が高く、扁平で面長な顔立ちを持つ「渡来系」の人と言われている。このように、弥生前期の墓は海岸近くに造られ、朝鮮半島との関係を伺えるものが多いことから、出雲地方は渡来系の人と在地の人が融合して新しい弥生社会をつくっていったものと思われる。

コラム4

「縄文人の美的感覚」

縄文人は自然とともに生活していたので、力強い感性と伸びやかな精神を持った人があふれていた。燃え盛る炎を表現した火焔土器は、近代の芸術家にも影響を与えており、芸術は「爆発だ」で有名な岡本太郎をはじめ、鬼志野の月形邦比古がよく知られている。その他、縄文人が作った芸術品に土偶と漆の文化がある。目の大きなみみずく形土偶の愛狂わしい表現は現在の彫刻美術にも通じ、また、黒と赤の幾何学的な文様を描いている漆製品は高い芸術性を感じ取ることができる。これらは、現代人にも感銘をうける芸術品である。このような優れたものを創り出す縄文人の感性は、人間が自然の中に溶け込んで生活して居たからこそ生まれてきたものであろう。

ところで、東京のスカイツリーを監修した澄川喜一氏（彫刻家）は幼少期に石見山間部の自然の中で過ごしたことが自分の感性に大きく関係していると言っておられた。石見地方の自然は人間をはねのける壮大なものではないが、自然と人間の関係がとても心地よい地域である。そのためか、人口の少ない石見地方から今まで日本画家の橋本明治や蝶のデザインで有名な森英恵の他、俵国一（日本刀の科学的研究者）三ケ月章（法学者）等、県内の五人中四人もの文化勲章受賞者を輩出しているのは偶然とは思われない。

現在も文学・絵画等の分野で活躍している人が多い。

コラム5

「日本食の原点は弥生食?」

中国の『魏志倭人伝』には弥生人について「倭の地は、冬も夏も野菜が豊富で、生の野菜を食べている。」「人生酒を楽しむ」「海に入って魚・貝をとる」と出てくる。世界遺産にもなっている日本食は米・野菜・魚が主な食材で、その原点が弥生時代にあり、それが現在まで続いているのである。二〇〇〇年前から試行錯誤して残ってきた現在の食べ物は、日本人にとって最も重要な文化遺産と言えるのではないだろうか。

弥生時代には魚から作っている魚醤・塩辛のほか味噌の原型(豆醤)みたいな発酵食品が出てくるとともに、ネギ・ダイコン・レンコン等の野菜それにサンショウ・ワサビ等の薬味や塩も作られている。また、ブタ・鶏の家畜がおり米からお酒も作っていた。主食はもち米を蒸したもので、おかずとして塩焼きの魚にゆでた野菜それにわかめの汁物等が献立として考えられる。主食の米に魚・肉・野菜等のおかず、それにお酒つきとは現在とさほど変わらない食文化である。おもしろいことに、日本の伝統文化として祝いの行事に赤飯を食べる慣習があるが、この赤飯こそ古代の主食であり、古代に食べていたものを忘れないように、このような風習が残っているものと思われる。現代の食文化はある意味では弥生時代の延長と言えるかもしれない。

コラム6

「私と考古学との出会い」

私は小学校四年の時、郷土学習で担任の高野先生から芋代官こと井戸平左衛門や江津市の海岸に松の木を植林した横田・千代延氏等、郷土の偉人達の話を聞いたことから歴史に興味を持つようになった。そして、中学時代、夏休みの自由研究で、当時、住んでいた江津市渡津町に存在している長田遺跡について調べたのが考古学との出会いである。このころ、クラブ活動の教師である今田英雄先生と益田市のスクモ塚古墳を見に行き、益々関心を持つようになった。高校に入ると浜田市の図書館で山本清先生の教え子である桑原韶一先生と知り合いって、先生から石見地方の考古学について学び、各地の遺跡を訪ねて回るようになる。そして、高校三年の時に石見山間部で門脇俊彦先生が行っていた順庵原墳墓の調査に参加し、本格的な考古学に触れるのである。

当時、考古学に興味を持っている若者は私だけであったので、桑原先生や門脇先生をはじめ、郷土史を研究している多くの先生方から力強い励ましを受け、大学で考古学を専攻するようになる。そして、小田富士雄先生に考古学を学んだ後、昭和四九年に県の教育委員会に入り、以後三七年間あまり文化財行政に携わってきた。今の自分があるのは、今まで出会った人々の指導・鞭撻があったからだと思っている。特に桑原先生をはじめ私が生まれ育った石見の人々に感謝の気持ちでいっぱいである。

第3章　漆の交易と青銅器文化

出雲地方では弥生時代前期に西川津遺跡・矢野遺跡といった拠点集落が形成されていた。その集落は生活に必要な道具を作るとともに、周辺の集落と共同して地域社会の秩序を構築し、安定的な社会を作り上げていった。そのことが、弥生時代中期になって稲作の普及にとどまらず出雲独自の文化を花開かせることになる。

本章では漆による交易で入手した多量の青銅器を使った統一的な祭祀を行うことにより、出雲西部が一つの地域としてまとまってくる様子をみてみよう。

1　出雲平野と松江平野の集落

弥生時代前期には拠点集落を中心に弥生共同社会が形成されていったが、中期になると集落の様相が出雲平野と松江平野で異なってくるようになる。

出雲平野では矢野遺跡を中心に前期から引き続いて浅柄・三田谷・中野美保・山持・青木遺跡等の集落が存在している。それに、古志本郷・下古志・知井宮多門院・天神等といった新たな集落が中期に出現してくる。このように、中期になると集落が増大するとともに、これらの集落は後期まで連綿と続き、「くに」へと発展していくのである。

それに対して松江平野では弥生時代を通しての集落は西川津遺跡・タテチョウ遺跡があり、前期から中期にかけては法吉《ほっき》遺跡、寺床遺跡、布田遺跡が存在するにすぎない。また中期になって新たに出現してくる集落も磯辺遺跡、石台遺跡と特殊な集落の田和山遺跡等しかなく、出雲平野と比べはるかに少ない。このように、青銅器が埋められる中期末から後期初頭にかけては大きな社会変動があった時で、出雲平野は集落が増大し、松江周辺では集落が消滅していくのである。それは漆を中心とした大陸との交易拠点が松江周辺から出雲平野に移っていったことを示しているものと思われる。後で詳しく述べるが、当時、すでに両地域は一つの地域としてまとまっていたため、その中心移転にともなう争いごとはなかった。それが、その後の大きな発展につながっていったものと考えられる。

2 区画された墳墓の出現

弥生時代前期の墳墓は死骸を埋めた穴の上方や周りに石を置いたものが主であったが、中期になると墳丘を持つ区画された墳墓が築造されるようになる。このような墳墓は北近畿地方で弥生時代前期末に台状墓と呼ばれる墳墓が出現し、それが、中期中葉に石を貼った方形の墓になる。出雲地方では、北近畿地方に遅れることなく方形貼石墓が松江市の友田遺跡や出雲市の中野美保二号墓で造られる。

友田遺跡は丘陵地に中期前葉から後期初頭にかけての墳墓を数多く造っている遺跡である（図1）。そのうち中期中葉の方形貼石墓は南北二列に六基存在するが、お互いの溝を共有していることから、同族集団の墓と考えられている。この墳墓は地山を切削加工して墳丘基盤と溝を造り、墳丘斜面にやや小さい石を張った長辺約一二m、短辺九m前後の墓である。土器は溝から出土し、副葬品としては六号墓の第二主体から管玉一が見つかっている。死体を埋めた穴は六号墓のみ横方向、他は縦方向に造られ、一つの墓に多いもので六～七体の木棺が埋葬されていた。

出雲市の中野美保二号墓は平野部に造られた五・七m×四・五mの小規模な方形貼石

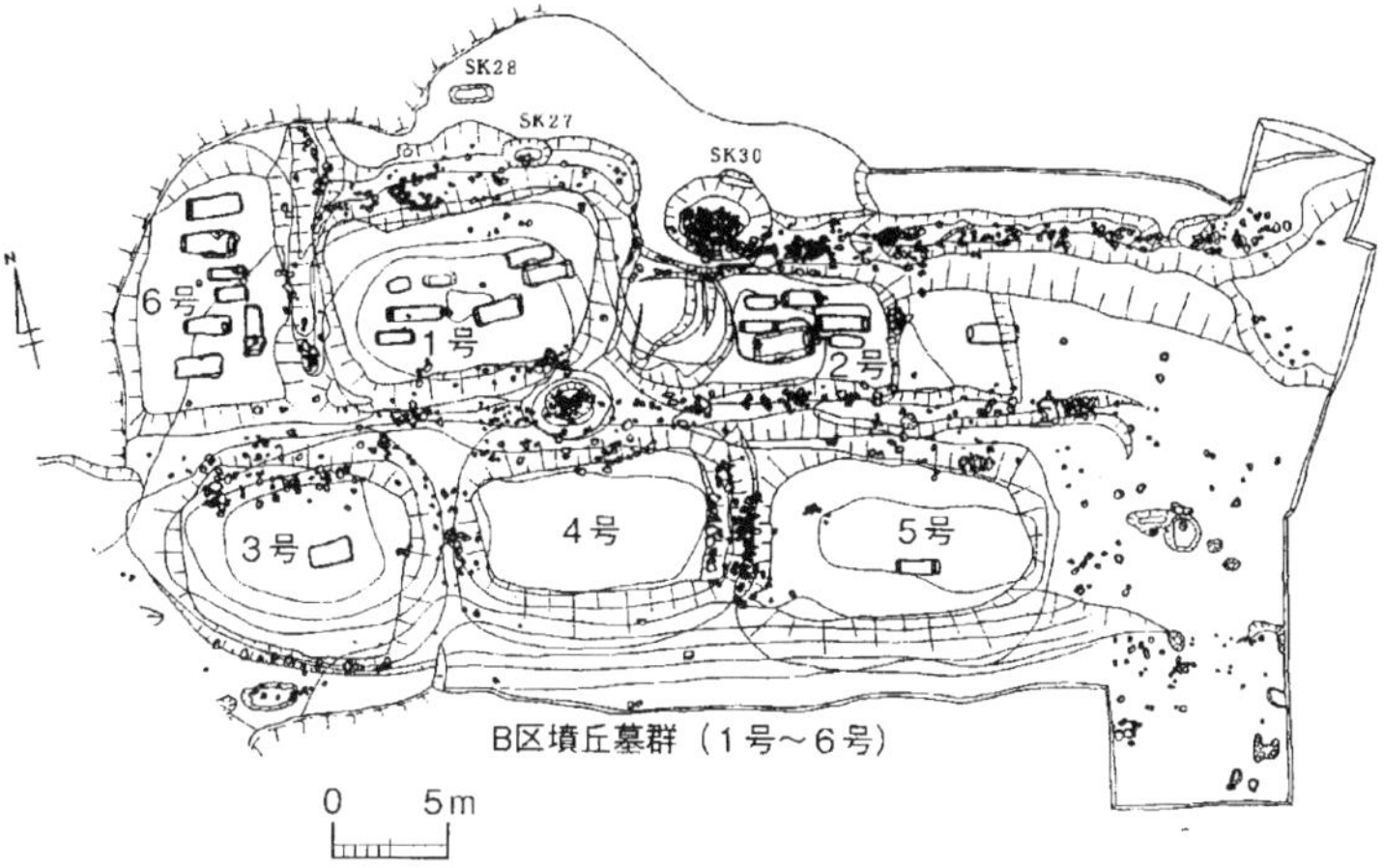

図1　友田遺跡実測図

墓で、斜面は四段あまりにわたって石が貼られ、南西隅には「配石列」と呼ばれる四つの石を二列並べていた。この墳墓の真上には弥生時代後期の四隅突出型墳丘墓が造られている。また、出雲平野の青木遺跡では中期後半の方形貼石墓四基を検出したが、保存状態が悪く、規模等の詳細は不明である。ただ、この遺跡でも、その後、隅の一部が突出している墳墓や四隅突出型墳丘墓が出現してくる。このように出雲平野では弥生時代中期中葉ころから拠点集落の近くに首長等の墓地が造られ、それが弥生時代後期まで続くのである。

3　漆文化の発展と交易の開始

出雲地方では、第二章で記したように全国的に廃れてしまった漆文化が残っていたが、それが中期になるとますます発展する。漆を入れた小形の壺が数多く出土するようになるとともに漆塗りの装飾的な土器、それに杓子《しゃくし》・舟形容器等の漆塗木製品が出てくる。漆入れの小壺は全面に黒漆を塗っているもので、「く」の字をした口縁部を持つものと、くびれのない卵の上を切ったような形をしたものの二種類がある。高さは一四㎝～一八㎝あまり、口縁部付近に小さな穴が開いている。穴は蓋にもあり、漆が外にこぼれないように紐で固定するために開けたものと考えられる。この漆を入れた容器は松江市の西川津遺跡や布田遺跡から五〇点あまりが出土しており、漆生産の中心が松江平野であることが伺える（**写真2**）。

漆生産が活発になったこの時期は、田和山遺跡の環壕が築かれた時期と重なる。この遺跡からは楽浪の硯《すずり》が出土しており、このような施設は朝鮮半島でも多く確認されていることから、この時期に大陸から人が往来していたと推測される。当時、朝鮮半島の漆容器は、希少価値が高く、楽浪漢墓から出土している漆製品は約二〇〇〇㎞離れた中国の江南地域からわざわざ取り寄せている。そのような状況のなか、朝鮮半島の人は、出雲の漆を見た時に大きな驚きであったと思われ、すぐに交渉がまとまり交易が始まった。以後、出雲地方は交易品として漆を生産することで、大陸から色々なものがもたらされ、繁栄していくのである。またこの交易が発展するとともに地域をまとめる権力者が出現し、出雲独自の文化を創造するようになる。

写真２　西川津遺跡出土漆塗土器と櫛（海崎地区出土）

4　環壕を持つ田和山遺跡の謎

1．遺跡の概要

田和山遺跡は松江市立病院脇の丘陵に存在する。この遺跡は丘陵の頂上部から少し下がった所に三本の溝が環状に巡っているが、いわゆる環壕集落とは全く異なるものである。溝の内側にあたる山頂部の平坦面は幅一〇m長さ三〇mとさほど広くなく、この平坦面にややいびつな九本柱の特殊な建物（二間×二間）と直線的な柵列があり、それらを取り巻くように山頂部全体を柵が廻っていた（図3）。また、丘陵の南側には三日月形の加工段、南西に五本柱の建物（一間×一間）、溝の外側からは竪穴

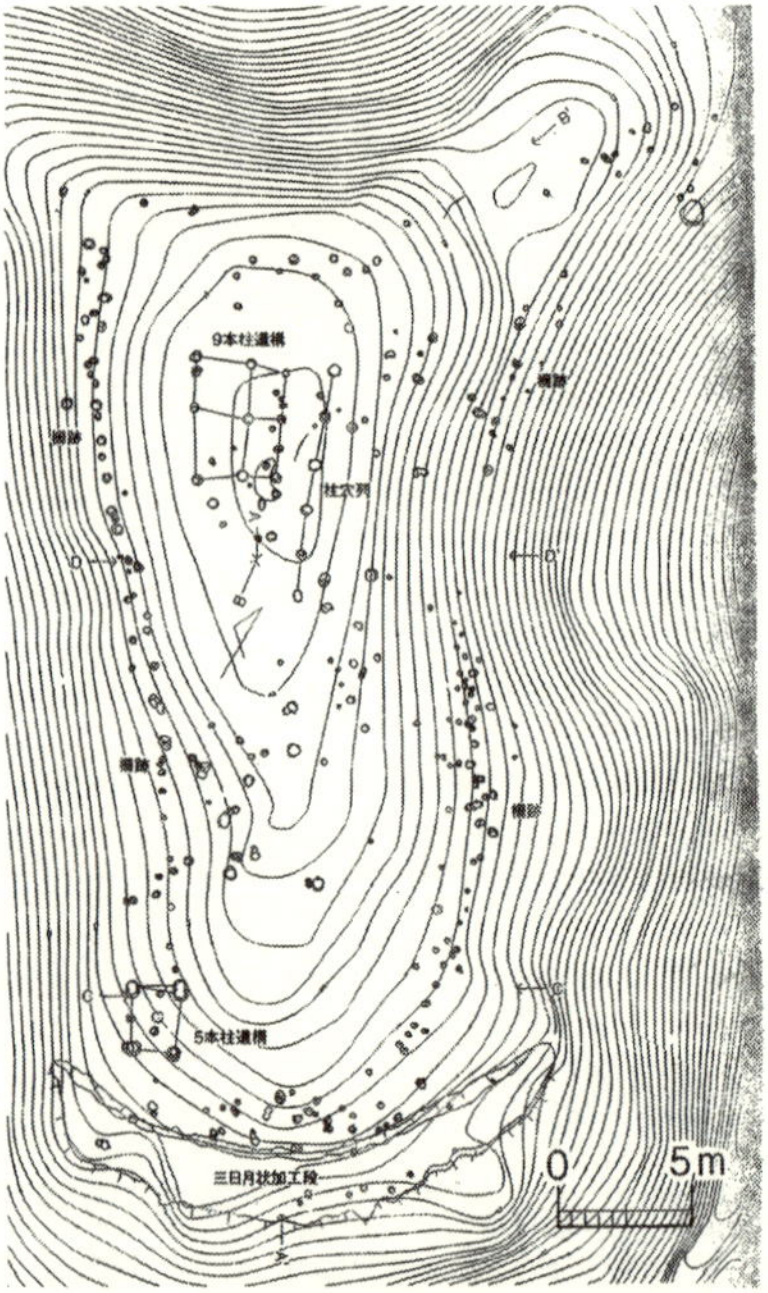

図３　田和山遺跡山頂部遺構配置

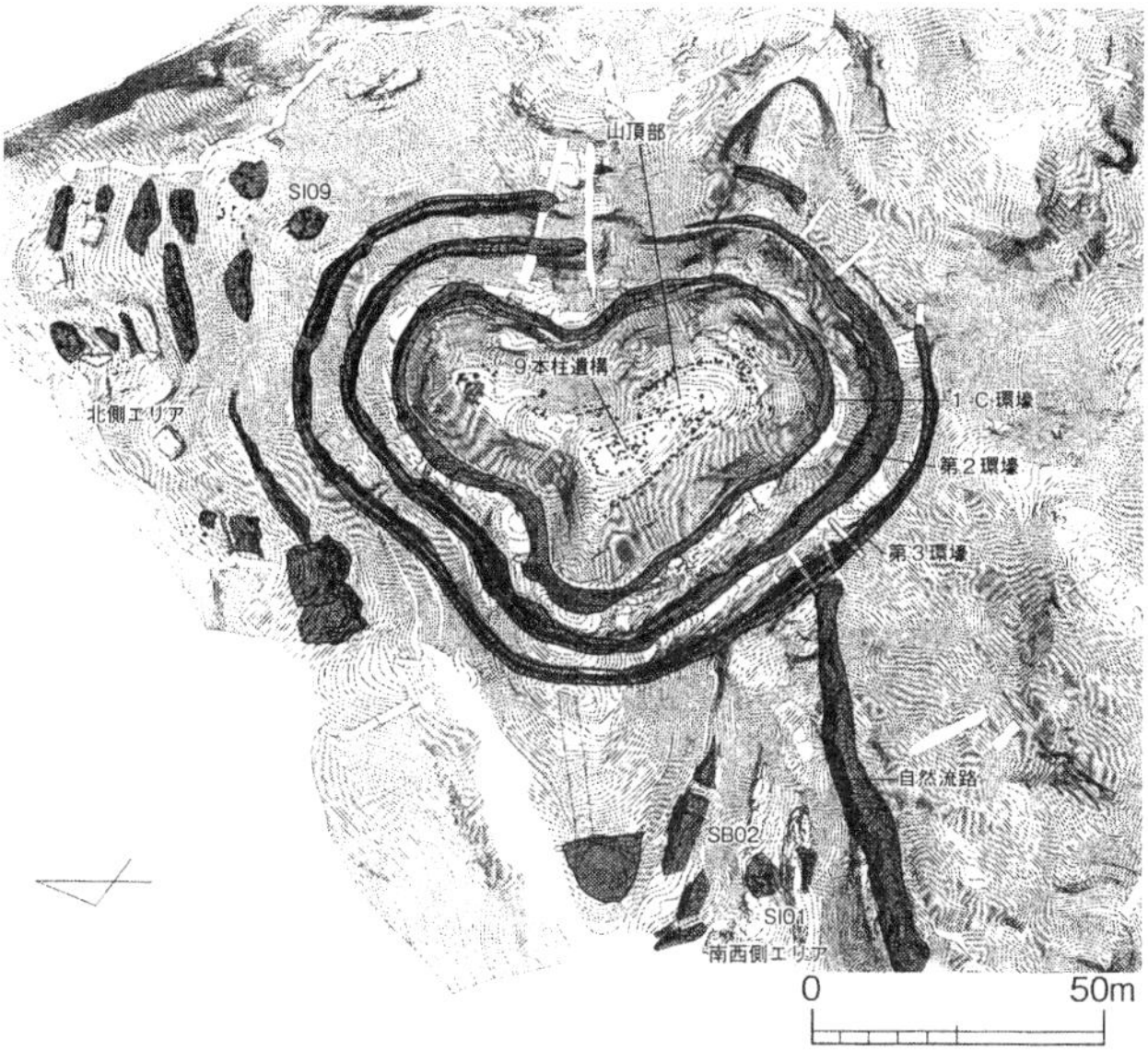

図4　田和山遺跡遺構全体図

住居跡九棟、掘立柱建物一六棟が検出されている。遺跡全体の面積は一・六haにもおよぶ。この遺跡は前期末から溝を掘り始め、中期中葉~後葉に本格的な環壕と建物が造られる（図4）。

　出土遺物には石斧（環状・扁平片刃・柱状片刃・蛤刃）・石庖丁・砥石・硯等の道具類や勾玉（未製品）・分銅形土製品・磨製石剣・土玉の祭祀関係遺物、それに礫石・石鏃等がある。農耕や祭祀に関する遺物の大半は破損品で、磨製石剣は荒神谷遺跡出土の中細形C類の銅剣を模倣したもの、硯は中国の楽浪製と考えられている。田和山遺跡のような環壕遺構は朝鮮半島忠清北道の安城盤諸里遺跡やソウル近郊の富川古康洞先史遺跡、それに最近では、半島南部の蔚山広域市蓮岩洞遺跡で確認されていることから大陸の影響が強いと思われる。

2. 田和山遺跡は何をしていたところか

このような特殊な遺跡はどのような目的で造られたのであろうか。発見当初は、防御的な役割が中心の遺跡とされていたが、今では祭祀関連の施設と考えられている。しかし、どのような祭祀を行っていたのか具体的なことは何も分かっていない。

田和山遺跡は出雲地方で青銅器を使っていた時代とほぼ重なり、造られている地形から見て天を意識している祭祀場と推測される。この遺跡は、農耕に使った道具（欠損したもの）や磨製石剣・勾玉（未成品）等を供え、天の神に祈りを捧げるとともに、太陽を崇めた生産・生活に関わる祭祀を行った場所ではないだろうか。また、斜面に廻っている三本の環壕は、神社の玉垣的な意味合いを持ち、祭祀を行う丘陵頂上部を神聖な場所にするため俗世界と区分をしたものだろう。ちなみに、我が国最古の和歌である「八雲立つ　出雲八重垣妻ごみに　八重垣つくる　その八重垣を」の八重垣はこの環壕と同じような性格を持っていると思われる。

さらに、この遺跡の注意すべき点は通常、戦闘に使用する「つぶて石」と呼ばれる礫や石鏃が多量に出土していることである。礫は環壕の底より少し上部から見つかっているので、頂上の端に敷かれていたものが転落したか、溝が少し埋まった段階に礫を敷き詰めている可能性がある。ここが、前述したような性格を持つ場であるとすると、その礫は現在の出雲大社本殿のまわりに敷いている石敷と同じような役割を持っていたと思われ、戦闘に使ったものではない。また、石鏃についても、この時期に戦闘用として弓を使うのであれば鉄鏃・銅鏃を用いたはずである。弓矢は現在の神事で厄払いに使用されていることから、殺傷能力の少ない石鏃は、邪気・悪霊を払うために弓矢を頂上部に立て並べるか、空に向かって弓を放つなど儀式用に使ったものと思われる。

このように、田和山遺跡は天を意識した祭祀場で、天から神が降りてくる中国の道教の影響で出現したと推測される。

3. 天的宗義と地的宗義について

三品彰英氏は古代の祭祀が地的宗義から天的宗義へ発展しており、銅鐸は地的宗義の呪器すなわち地霊・穀霊の依り代とした地中保管説を唱えた。そのため、天的宗義は青銅器を使わなくなった弥生時代終末の卑弥呼か大和政権誕生後の沖ノ島の国家的祭祀が最初と考えられている。しかし、縄文時代には自然崇拝である地的宗義が主に行われてきたが、弥生時代に入って稲作を中心とする農耕社会が定着するようになると、天を意識した祭祀が出現するものと思われる。それは、弥生時代の人々にとって、生きていく上で米が必要不可欠な食べ物として定着していたからである。米の栽培は天候に左右されるため、雨ごい神事や豊作祈願の祭祀は一般的に行われていたと考えられる。そのため、祭祀は太陽を中心とする「天」を意識したものが多くなってくるのも当然の結果であるといえよう。現在信仰されている田の神信仰は先祖の霊が山から下りてきて、田の神（サ）となるもので、各地で行われている。この信仰形態は仏教の影響もあり、それほど古く遡らないものであるが、今も昔も豊作になるように祈願していることには変わりない。弥生時代に農耕が定着すると太陽（天）を意識した祭祀及び農耕歴なるものが必要となり、天体観測も取り入れられていた可能性がある。弥生時代前期から中期にかけては、村落ごとにささやかに天を崇めた祭祀を行っていた。それが、出雲地方では日本海交易を通して中国の天帝・天子の考え方が早く伝わり、広域を対象にした大がかりな出雲独自の祭祀が出現したと思われる。ところが、田和山遺跡と同じ朝鮮半島の環壕遺構は、天を祀るものとは現在のところ考えられておらず、天的宗儀に関しても弥生時代中期に遡る考え方は今のところないのである。しかし、農耕祭祀を考えてみると、天を崇めた祭祀形態は弥生時代前期に既にあったと考える方が理解し易く、日本海交易で楽浪や朝鮮半島から色々な情報、知識、技術、物等が入ってきやすかった出雲の状況も併せて考えると、出雲地方でいち早く天の神を祀る広域的な信仰が出現してもおかしくないと思われる。

5　出雲地方独自の青銅器文化について

1．荒神谷遺跡

昭和五九年農道の建設予定地から銅剣が三五八本出土し、その翌年には、銅鐸六個、銅矛一六本が発掘調査で検出された。これまで、青銅器は偶然に発見することが多かったため、正式な調査で出土したことは画期的な出来事であった。しかも、全国で確認されていた数を上回る銅剣が見つかったということで、発見当時大騒ぎになったのである。銅剣は標高二八mの丘陵斜面に掘りこまれた二・六m×一・五mの底面に四列並べた状態で検出された（写真5）。一番西側のA列は剣先を一本ずつ互い違いに三四本置き、そ

写真５　荒神谷遺跡（銅剣埋納坑と加工段）

の隣のB列は南端の四本を除きA列と同じで一一一本、C・D列はすべて東方向に一二〇本と九三本並べている。銅鐸・銅矛は銅剣が見つかった場所の谷奥七mから出土。ここは金属探知器や地下レーダーで反応があったところで、斜面をカットした二・一m×一・五mの平坦面に埋納されていた。銅鐸六個は中央部に銅鐸の左右に付いている鰭《ひれ》を立てて、頭の吊り手を向き合わせて置かれ、銅矛一六本は東寄りから手元の袋部と刀先を交互にし、刃を立てた状態で見つかった（写真６）。

銅剣は長さ五〇㎝前後、山陰地方に多いことから「出雲型銅剣」と呼ばれている「中細形銅剣c類」。刃は一本を除き研

写真6　荒神谷遺跡（銅鐸・銅矛出土状況）

磨によって付けられ、三四四本の茎《なかご》にはタガネ状の工具で「×」が刻まれていた。また、赤色顔料（水銀朱）を塗っているものが八本あった。これらの銅剣は弥生時代中期に出雲で造られた可能性が高い。

銅矛は長さ六九・四㎝～八四・一㎝で中細形銅矛a類二本（中期中葉）中広形銅矛a類二本、中広形銅矛b類一二本（中期後葉）である。意図的に研ぐ方向をかえている研ぎ分けが七本、赤色顔料（水銀朱）がついているもの二本で、北九州で制作されたと考えられている。

銅鐸は頭の吊り手の形態からⅠ式（菱環式）、Ⅱ式（外縁付鈕）、Ⅲ式（扁平）、Ⅳ（突線）に分けられているが、荒神谷の銅鐸はⅠ式一体（五号）、Ⅱ式三体（二一・三二・六号）不明二体である。四区袈裟襷文《けさだすきもん》を持つⅡ式の二一・三二・六号銅鐸は近畿地方作と考えられており、今まで、二二号銅鐸が京都府梅ケ畑四号銅鐸、三号銅鐸が伝徳島県出土の銅鐸と同笵《どうはん》（同じ型で作ったもの）であることが知られていた。そして、最近見つかった兵庫県淡路島の松帆五号銅鐸が六号銅鐸と同笵であることが分かり、Ⅱ式の三体の銅鐸はいずれも畿内で制作されたものを入手していることが確実となった。

2. 加茂岩倉遺跡

加茂岩倉遺跡は、一九九六年に農道建設の工事中に三九個の銅鐸が偶然見つかった遺跡である。ここは雲南市加茂町岩倉の丘陵南東斜面に位置する。遺構の大半は破壊されていたが、埋納した穴の北と西の一部が残存していた。その底は一・八m×〇・八mあまり、入れ子構造になった二九号（三〇号）と三一号（三二号）の四つの銅鐸と三つの銅鐸の圧痕が検出された。銅鐸は鰭を立てた状態で、裾を接するように置かれ、工事中に発見されたものを含めすべての銅鐸が入れ子状態で埋納されていたようである（**写真7**）。

銅鐸は小型銅鐸（三〇・〇cm～三一・三cm）と中型銅鐸（四三・五cm～四七・七cm）

写真7　加茂岩倉遺跡（銅鐸出土状況）

があり、吊り手の形態は外縁付鈕式と扁平鈕式。文様には銅鐸でよく見られる袈裟襷文、流水文の他、シカ、カメ、トンボ、顔等がある。その内カメや入れ墨のある顔は他に類例がない吊り手に描かれていた。また、「×」の記号を鋳造後に刻んだ銅鐸が一四個確認されている。

加茂岩倉遺跡から出土した銅鐸は畿内のものによく似た袈裟襷文・流水文と畿内では見られないトンボ、カメ、四足獣等があり、後者は生産地が定かでない。同じ鋳型で造られたものは鳥取、岡山、兵庫、大阪、徳島、和歌山、福井、岐阜でそれぞれ見つかっている。

3. なぜ出雲は多量の青銅器が出土するのか

①三五八本の出雲型銅剣とは

以上のように荒神谷遺跡の銅剣三五八本は、加茂岩倉遺跡の銅鐸三九個とともに、我が国の中で最も出土数が多い。大陸から銅剣・銅矛・銅戈等の武器型青銅器が伝わった北部九州の銅剣は、死者の副葬品として使われ、大陸の青銅器の形を踏襲して作られていた。ところが、倭国独自の形態への模索がはじまり、ある程度定型化したのが中細形である。この段階になると祭祀に伴う埋納が始まるが、使い方としては祭祀と副葬品が半々の状況で、弥生時代後期になっても銅剣は首長の副葬品として用いられる。北九州より出雲地方の方が古いと考えられている祭祀用の銅剣は「出雲型銅剣」と呼ばれている中細形銅剣C類で、荒神谷遺跡から見つかったものである。それは、一つの鋳型で二本以上作ったものが一七五本、一本だけが一八三本確認されており、いずれも出雲地方で作られたと言われている。また、荒神谷の銅剣は形式が同じなので、一括発注して手に入れたものと思われ、多量の青銅器を保有し、使用した期間は比較的短かった。それは、銅剣を使う新しい青銅器祭祀が弥生時代中期後半に出雲地方で出現したが、「いずものくに」の誕生した後期には、これらの青銅器を神聖な山である仏教山近くの山裾に埋納しているからである。

②多量の銅剣はどんな祭祀に用いられたのか

荒神谷遺跡の三五八本の銅剣はどのような祭祀に用いられたのであろうか。まずは、多量の銅剣を地中に埋納することによって、地霊の神に集落の安寧を祈願したという地的宗義の考え方がある。調査報告書には荒神谷遺跡の銅剣の成分を分析した結果、A列の銅剣は原料の鉛がなくなってきた段階のもので、スクラップを混ぜる割合が増えるとともに、鉛の成分が徐々に少なくなっている順に並べているため、銅剣を作ってすぐに埋納したという見解が記載されている。しかし、同じ鋳型から作った銅剣がばらばらに埋められていることや、刃を付け、「×」印が刻まれているとともに、水銀朱を塗っているものがある等の理由から否定的な意見も多く、ある程度使用して埋めたという考えが大半である。

それでは、どのような祭祀に銅剣を使ったのであろうか。民俗的な事例を見てみると京都八坂神社の祇園まつりの山鉾《やまぼこ》巡礼が興味深い。この巡礼の起源は全国的に疫病が流行った平安時代初期、平安宮で国の数である六六本の剣を逆さまに突き立て切っ先に悪霊を集め厄払いをしたことである。また、出雲大社の吉兆行事では鉾を幟の先端に取り付け、切っ先を天に向けた祭りが行われている。さらに、神話では、天上界からタケミカズチの神が降りてきて稲佐の浜で剣を逆さまに立て、切っ先の上であぐらをかきオオクニヌシノミコトと国譲りの対談をしており、別の神話ではオオクニヌシノミコトが別名ヤチホコノカミとでてくる場面もある。

このように、剣の切っ先には悪霊を引き寄せたり、天の神を引き寄せたりする効果があると信じられてきた。そこで、気になるのが松江市の田和山遺跡である。この遺跡は天・太陽を意識した祭祀場であると述べた。中国では天上の最強神が天帝で、地上を治めた天子が天帝を祀ることが義務化されている。その考え方が日本海交易で交流のあった楽浪の人によって伝わり、田和山遺跡の頂上で荒神谷の銅剣が使われていたかもしれない。この遺跡の柵木に切っ先を天に向けた銅剣を取り付け、その内側で地域を統括していた首長が祭祀を執り行うと、一度に多量な銅剣が必要になり、多量の銅剣の使い方としては理にかなったものとなる。後で詳しく述べるが加茂岩倉遺跡の銅鐸祭祀から弥生時代中期には出雲平野から松江平野までを統括していた権力者が既に存在していたと考えられ、その権力者が天帝を崇めた祭祀行っていた可能性は十分あるものと思われる。

荒神谷遺跡の銅剣は常識を超える数が出土しているので、常識を超えた発想で考えなければ、どのような祭祀を行っていたのか真実に迫られないと思い、大胆な考えの一案を提示することにした。

③なぜ多量の銅剣を持つことができたのか

次に、多量の銅剣を出雲地方で持つことができたのはなぜだろうか。まず、漆による大陸との交易で経済力が増してきたことが大きな要因である。漆は松江周辺で採集されていたが、朝鮮半島との交易が盛んになるにつれて、松江周辺は地理的に不便であるため、出雲西部の出雲平野に交易の中心が移った。ここは日本海流が島根半島にぶつかるところで、当時、出雲平野には入り江が入り込んでいたため湊《みなと》として最適な場所である。そして、漆生産も松江周辺から広範囲の地域で行われるようになり、多量の漆を交易品として大陸に輸出したと思われる。この交易によって、数多くの銅剣を入手するだけの経済力を持つとともに、地域をまとめる権力者が出現してきたのである。

そして、その権力者は地域の一体感と結束を図るため、出雲ならではの新しい祭祀形態を創出したと考えられる。それが、交易によって大陸から入ってきた情報をもとに銅剣を用いた地域全体の祭祀と大小二つの銅鐸を使った拠点集落ごとの統一された祭祀である。それは、漆による大陸との交易がないと誕生しなかった出雲独自の青銅器祭祀である。

④加茂岩倉遺跡の銅鐸は、なぜ数が多いのか

難波洋三氏は、石の鋳型で造られた銅鐸の総数が三〇〇〇個あまりで、拠点集落に平均三個持っていると推測した。一方、島根県では浜田市上府鍛冶屋の丘、邑南町矢上仮屋遺跡の銅鐸埋納地から、それぞれ二個出土している。それらから出雲地方では拠点集落に二から三個の銅鐸を持っていたものと思われる。

加茂岩倉遺跡から出土した銅鐸は同じ鋳型で造られたものが八府県で見つかっていることから、生産地から供給された銅鐸はかなりの範囲に及んでいる。また、入れ子の小さい銅鐸はいずれもⅡ―一様式で同じ時代に造られているが、外側の大きい銅鐸はⅡ―一からⅣ―一の時期で時期幅がある。もともとⅡ―一型式の入れ子銅鐸は三組であった。その後、意図的に大きさがそろう銅鐸を集めたものと思われ、大小二つがセットとなって埋納されていたことから二〇余りの拠点集落が使用していた銅鐸を一括して仏教山東側の大山という山の南向き斜面に埋納したのである（写真8）。

荒神谷遺跡出土の銅剣と加茂岩倉遺跡の銅鐸はそれぞれに「×」の刻線が見られることから、銅鐸は荒神谷の青銅器を埋納した中心的な集落（権力者）が入手したものと思

われる。

出雲を統括していた集落（権力者）は銅鐸を拠点集落に配分し、統一した銅鐸祭祀を行っていたからこそ、一括して埋納できたのである。それは、すでに、「くに」的なまとまりが存在していたことを示していると考えられる。

出雲地方では、弥生時代中期後半に大小二つの銅鐸を使った統一的な銅鐸祭祀を行うとともに、田和山遺跡のようなところで多くの銅剣を立て、天の神を祭った祭祀を創出した。そして、銅鐸の埋納数からみて「くに」的なまとまりは広大な範囲におよび、それは出雲平野にとどまらず、松江平野や雲南地域までも含んでいたものと考えられる。

このように、出雲地方では青銅器を埋納する以前から拠点集落を掌握していた首長がすでに祭祀権を握っており、独自の青銅器祭祀を行っていたため、「くに」の誕生がスムーズに行われたと思われる。

写真8　加茂岩倉遺跡（入れ子状態の35・36号鐸）

⑤青銅器の埋納地と埋納理由

出雲の青銅器について、近藤喬一氏は銅鐸と武器形青銅器がセットで使用された古段階から新しい青銅器を選択した新段階へ発展していると述べている。荒神谷遺跡の銅矛・銅鐸や志谷奥の銅剣・銅鐸は古いタイプの青銅器祭祀で、荒神谷遺跡の銅剣・加茂岩倉遺跡の銅鐸が新しい祭祀である。これらの青銅器は弥生時代後期初頭には使われなくなり埋められた。

『出雲国風土記』には神が宿る山として四つの山が記載されているが、朝日山の下に佐太大神の社があり、仏教山の項上には伎比佐加美高日子《きひさがみたかひこ》の社があると記載されている。古いタイプの青銅器は、仏教山北東側の山裾にある荒神谷遺跡と朝日山東側裾の志谷奥遺跡に埋納していた。これらは、いずれも、近くに古い社があり、おおよそであるが青銅器を使っていた集落の方向側の山裾に埋められていた。また、銅戈と勾玉が出土している出雲市の命主神社付近も神聖な山の御弥山南側裾にあたる。ここも、やはり古い神社が存在し、集落側を向いているところである。

一方、新しいタイプの祭祀である加茂岩倉遺の銅鐸は仏教山東側の大山という山の南斜面に埋められていた。島根県で銅鐸の出土地がはっきりしている他の二ケ所の遺跡も山頂の南側にある。このことから銅鐸は集落側の方向でなく太陽がよく当たる南側を意識して埋納したと思われ、それは、農耕祭祀に銅鐸が使われていたからと推測される。一方、古いタイプの青銅器及び荒神谷遺跡の銅剣は集落方向なので、集落を意識している。ただ、武器型青銅器と銅鐸が出土している荒神谷や志谷奥遺跡は山の頂からみて集落側に存在しているが、埋納地は南向きの斜面であることは注目される。また、出雲の青銅器が神聖である山の付近に埋めているのは、地上では使わなくなった祭器を地的宗義的な考えに基づいて埋納していると思われる。

最後に、なぜ、青銅器を埋納しなければならなかったのかという問題が残る。それは、「くに」が誕生し、首長が新たな祭祀形態を採用したため不要になったからだと推測される。出雲地方では、天から神が下りて来る天的宗義に多量の銅剣を使用していた。それが、青銅器の物を中心した祭祀から神子として人が天の神を奉仕する祭祀形態に代わって、神に仕える者（神官）が誕生し、神社等の祭祀形態に変遷したと推測される。出雲地方では弥生時代中期にすでに天や太陽を意識した祭祀が見られ、比較的スムーズに「モノ」から「ヒト」が中心となる祭祀に変遷していたことが、他地域より早く青銅器を埋納した原因と考えられるのである。

コラム7

「出雲地方で見学できる整備された遺跡」

昭和四一年に文化庁が風土記の丘整備構想を発表し、点から面への史跡整備と資料館を併設することで総合的な史跡の活用が図られるようになってきた。島根県でも、この構想を受け、昭和四七年に松江市意宇平野を中心とした八雲立つ風土記の丘を設置した。ここでは、現在、国庁跡、出雲国分寺、山代郷北新造院、山代郷正倉跡等の奈良時代の史跡や山代二子塚古墳、岡田山古墳、岩屋後古墳、安部谷横穴群等古墳が整備され見学出来るようになっている。また、風土記の丘地内から出土した遺物を展示している資料館もある。

この整備をきっかけに玉湯町（現松江市）の出雲玉作史跡公園が資料館とともに造られ、それ以後、各市町村の史跡整備事業が活発化してくる。多量の青銅器が出土した斐川町（現出雲市）荒神谷遺跡や「いずものくに」の王

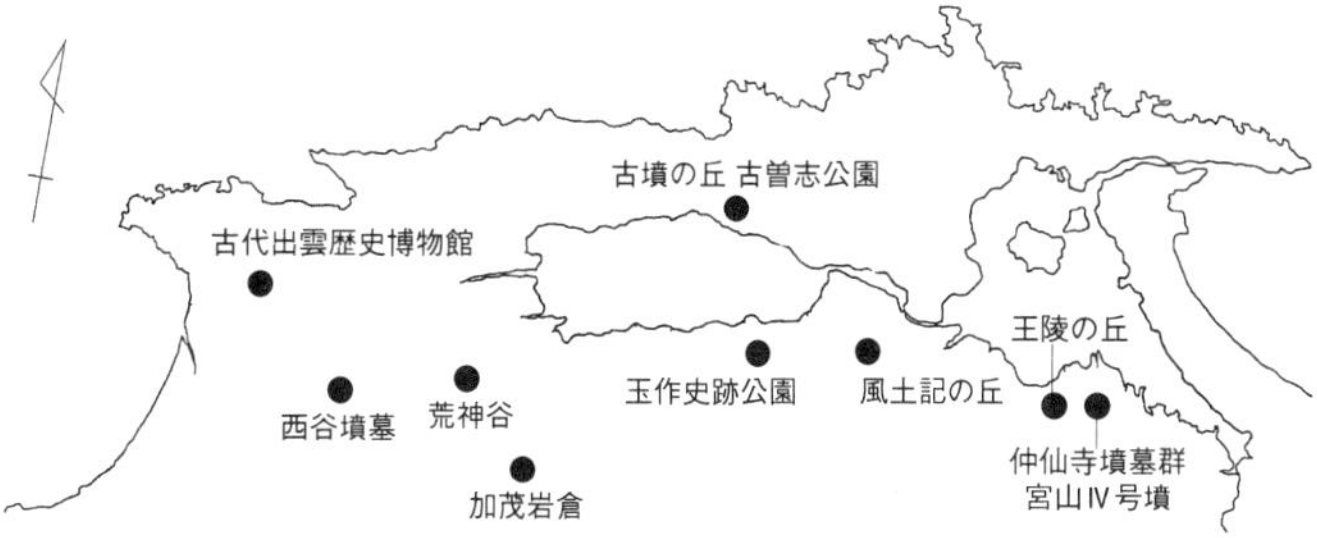

出雲地方で見学可能な史跡

墓と考えられている出雲市西谷墳墓群それに雲南市加茂岩倉遺跡がある。いずれも学芸員等が配置された資料館等が近くに併設されている。遺跡だけのものとしては四隅突出墳丘墓の安来市仲仙寺墳墓群、宮山Ⅳ号墓がある。その他、安来市に「王陵の丘」と呼ばれている出雲を代表する前期古墳群を整備した公園が造られている。さらに、松江市には宍道湖が一望できる古墳の丘古曽志公園が存在する。ここは、宍道湖周辺の歴史が分かる野外博物館的な施設と古墳が整備され、日本で最も多くの陶板を使った説明板が設置されている。このように出雲地方には数多くの遺跡が整備されて見学できるようになっており、その活用の拡大が期待される。

コラム8

「宍道湖は神が降りてくるところ?」

出雲地方は平野部の東側に中海があり西側に宍道湖が広がっている。宍道湖は東西一七㎞、南北六㎞、周囲四七㎞の全国七番目の面積をほこる汽水湖である。ここには数多くの水鳥や、ススキ等の魚、シジミ等が生息している。現在のような地形になったのは二〇〇〇年前の弥生時代である。最も深いところで六・四m平均の深さは四・五mあまりと全体的に浅いが、この湖が出雲らしさを演出している。光・風・温度・水の流れ等の自然現象が日々違う景色を醸し出し、特に夕日の景観は有名である。この、夕日は立ち止まるのではなく、動いて見ると、湖上に映る光の線が自分だけに当っていることが分かる。このように広大な水の空間が人に癒しをもたらせてくれるのである。

この地方の人は宍道湖を囲むように山裾や平野で弥生時代からひっそりと

生活してきた。その歴史的景観は宍道湖のお陰で現在までも保たれている。また、雲の間から筋状の線となって太陽の光が湖上に照らす光景はまさに神の「くに」を彷彿する風景である。これは天から神が地上に降りてくる様を連想させるもので、太陽の神を祭った松江市田和山遺跡が宍道湖の東の端に存在しているのは、偶然ではないと考えられる。太陽が西側に沈む時、田和山遺跡に一筋の光の線が当たっており、弥生時代から神を身近に感じる空間として宍道湖があったものと思われる。

コラム9

「古代における石見と出雲の違い」

益田市出身の田畑修一郎は昭和一八年の著書『出雲・石見』で石見と出雲との文化の違いについて、こう述べている。「石見の持つ古さは単純だ。むき出しであり、古さのまま枯れ、そこに何か頑固な強さがある」「出雲は首都的な匂いを持ち、時代の変遷を閲しながら、磨きを加え、変化している。そういう積み重なった感覚的な古さがある」

出雲地方は弥生時代中後期に日本海交易で栄え、大和政権成立時に大きな役割を果たしてきたが、その功績が奈良時代になって神話という形で再評価されるようになる。そして、今でも出雲国造家が神の国を受け継いでいるという、古代の歴史性を持っている特異な地域である。田畑が感じていた出雲を適格に表現している。一方、石見地方は歴史的な物語性を持っていない。弥生時代中期以降、江津市波来浜遺跡の墳墓や浜田市周布平野の周布古墳、大田市仁摩の明神古墳等重要な遺跡が突如出現するが、後につながっていなく単発的である。また、石見の国府が置かれた浜田市国府地区も七世紀後半以前の遺跡がほとんど知られていない。このように石見地方の古代遺跡は連続性がないので、田畑が言うように「石見の持つ古さは単純だ」なのである。ただ、石見地方には世界遺産になっている石見銀山や石州半紙をはじめ三瓶山の噴火による縄文時代の埋没林など自然系の遺産が多い。このように島根県には歴史的な文化遺産の出雲と自然遺産の石見があり、それぞれの特性を生かした地域づくりが期待される。

第4章 「いずものくに」の成立

1 弥生時代後期の出雲

出雲地方の弥生時代後期は、青銅器を中心とした「モノ」による共同祭祀から、「ヒト」が神をまつる祭祀を行う社会に移って、「くに」が誕生する時代である。それは、日本海交易が益々盛んになるにつれて農業に係わらない人が多くなるため、食料を分配する人や交易の代表が必要となり、特定の人（集団）が地域をまとめる時代に変わっていったことを示している。出雲平野では、この交易で新たな産業が生まれ、朝鮮半島をはじめ北九州・吉備・畿内・北陸の地域の人が集まる国際交易都市としての様相を呈するようになる。それにともない社会体制を整えて「いずものくに」が誕生し、西谷の丘陵には「王の墓」である巨大な四隅突出型墳丘墓が造られるのである。そして北九州の「伊都国」と共同で玉作を行い、この共同経営をとおして「いずものくに」は倭国統一にむけて大きな役割を果たすことになる。この時代は出雲にとって最も栄えた華々しい時代であった。

2 「いずものくに」の誕生

1・出雲平野の拠点集落とその役割

出雲平野の拠点集落は、いずれも八万㎡以上の面積を持ち、川や入江の近くで、舟による交通の便利がいい四ケ所に存在していた。それらの集落は、北部九州・朝鮮半島をはじめ他地域の土器が出土し、農業生産を主体とする集落とはかけ離れた地区である。手工業や物資の運搬、管理といった、第二次、三次産業を行っており、都市的機能をもった集落といえる。また、これら四つの集落の連携が一つの「く

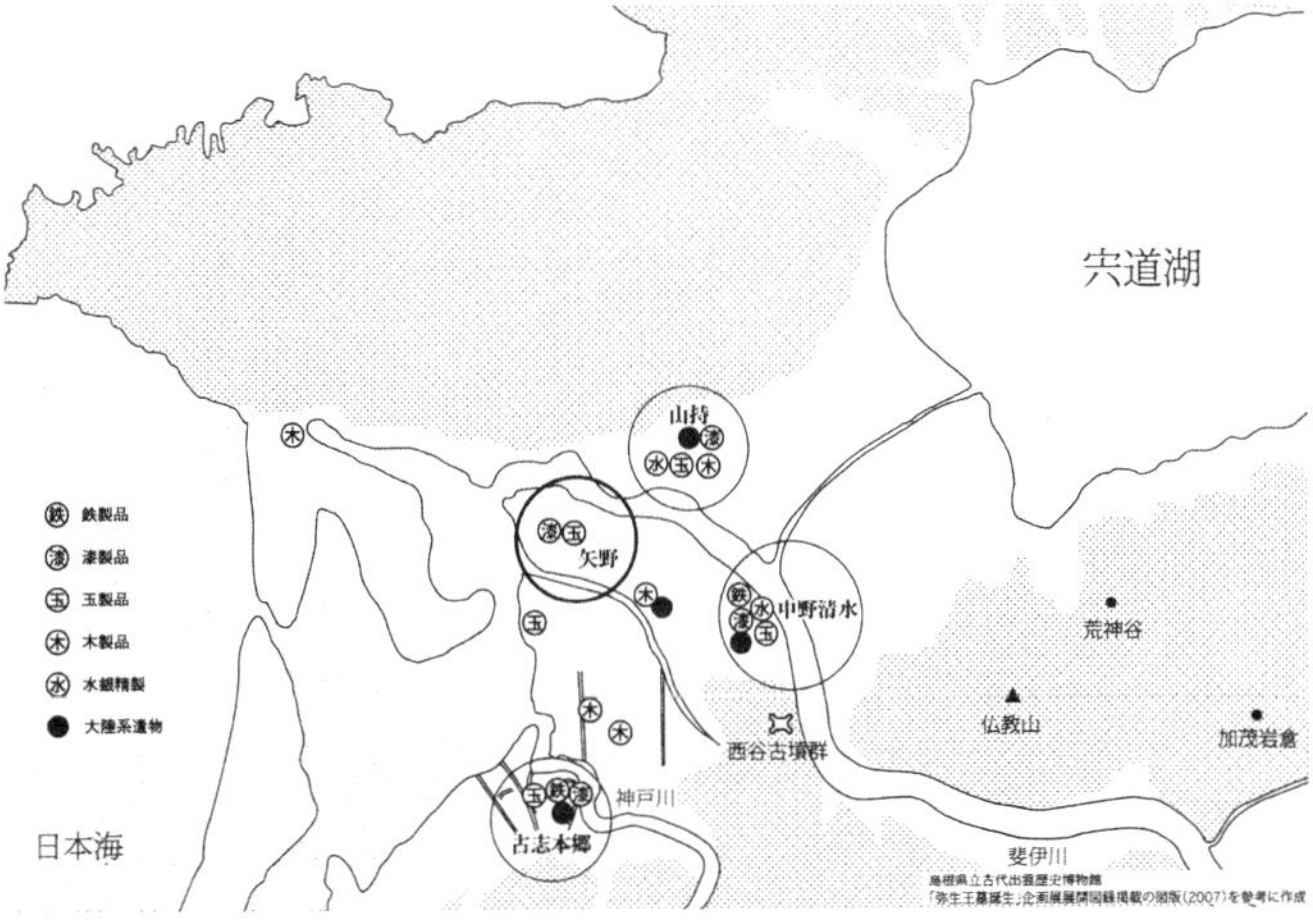

図1　出雲平野の拠点集落

に」としてまとまった社会を構成していたと考えられる（図1）。

①矢野《やの》遺跡

この遺跡は神門水海の奥まった旧斐伊川の川口付近に位置する弥生時代前期から後期まで連綿と続く大規模な集落である。弥生時代中期には緑色凝灰岩で管玉を製作するとともに、九州地方との交流を示す須玖式土器が出土し、後期の遺物には、吉備地方の土器や鉛ガラス製の勾玉、生漆採集容器、漆塗りの高坏等が見つかっている。当時、遺跡の南側には、小さな川が東西に流れ、木製品の工房集落である姫原西遺跡や蔵小路西遺跡等のいくつかの集落と川を通して繋がっていた。また、この場所から旧斐伊川を遡ると、後述する山持遺跡、中野清水遺跡があり、入江から神門水海に出て、神戸川を少し上った所には、古志本郷遺跡が存在している。このように、矢野遺跡は、入江の奥部に当たることから、舟が付きやすく、防御的にも適したところで、出雲平野全体を管理しやすい場所に当たる。この集落は「いずものくに」の中心として三つの拠点集落と連携してくに全体の統括を行っていたと思われる。それは食料の分配をはじめ交易の交渉や運河・道路の整備、治安の確保等を荷ない、木製品の工房集落である姫原西遺跡・五反配遺跡の管理運営も携わっていた可能性がある。

②山持《ざんもち》遺跡

この遺跡は、出雲平野の北側に位置する集落跡で、旧斐伊川および神門水海に繋がる大きな自然河道跡が見つかっている。集落はこの川沿いに営まれ、遺跡の東側から遺物が多量に出土した。遺物の中には、朝鮮半島の水石里式土器、勒島式土器、楽浪土器・三韓土器をはじめ北九州・吉備・畿内等の他地域の土器が数多くあり、出雲平野の中でも早くから朝鮮半島との関係があったことが伺える。また、水銀朱・漆の精製・木製品・玉製品の製造等の手工業に関する遺物も多く検出されるとともに、倉庫と思われる建物が見つかっている（**写真2・写真3**）。これらのことから、この集落では手工業地域と商業地域に分けられ、国内外の人が行き来していたと思われる。山持遺跡は北陸まで延びる日本海交易の中継基地的な性格と漆を積

写真２　倉庫と思われる建物跡（山持遺跡）

写真３　建物の地下構造（山持遺跡）

み出す湊としての役割を持っていたと考えられる。

③中野清水《なかのしみず》遺跡

この遺跡は、出雲平野東側の旧斐伊川近くに存在している。弥生時代末期から古墳時代前期初頭が最盛期の集落である。ここから朝鮮半島の陶質土器をはじめ北部九州、西瀬戸内、近畿、北陸等の土器が出土している。その中で注目されるのは福岡県糸島地方の福井式甕棺片である。最近この地方から玉の工房跡が出雲の土器とともに見つかり、両地域の関係が深いことが知られるようになってきた。また、ここでは、漆及び水銀の精製や玉作、鉄製品の加工も行っていた。鉄製品に関しては、鋳造鉄斧をはじめ、鉄鏃、鏨《たかね》、鏨切りされた未製品や鍛冶滓《かじさい》・羽口《はぐち》等が出土している。

この集落は東側の宍道湖周辺および斐伊川流域の物流センター的役割を持っていた所で、鉄製品の工房がある松江市上野遺跡、雲南市平田遺跡に鉄素材を供給するとともに花仙山の碧玉を積み出していた鉄及び玉に関する拠点的集落と思われる。

④古志本郷《こしほんごう》遺跡・下古志《しもこし》遺跡

出雲平野南側の神門水海から少し内陸に入った旧神戸川の西岸に位置している弥生時代中期～古墳時代前期に営まれた集落である。朝鮮半島の三韓式土器や九州の須玖式土器をはじめ中国山間地の塩町式土器、西瀬戸内・吉備・畿内など各地の土器が出土している。古志本郷遺跡は弥生時代中期後半に、神戸川から二五〇mあまり西側に寄った所に集落を造るが、それが、後期になると集落が分解して、神戸川よりの古志本郷遺跡と、西側の下古志遺跡の二ケ所に分かれる。前者は神戸川に向かって長さ二四〇mあまりの大溝が数本並行して築かれ、その溝を挟み、掘立柱建物や竪穴住居跡が一〇数棟見つかっている。この集落では、川から物資の荷揚げ等を行うために、大規模な溝が掘られたものと推測される。

後者の下古志遺跡は、出雲平野の中でも、弥生時代の建物跡が最も多く検出されている所で、竪穴住居跡九棟・掘立柱建物跡二〇数棟が見つかっている。その中には七棟の布掘り建物（二列の溝状の穴に柱が立つ建物）があり、集落の北側に造られている径一mの大きな五本柱の櫓《やぐら》的な建物は注目される。

古志本郷遺跡は物資の荷揚げを行い、下古志遺跡は出雲平野の中で、最も地盤が安定しているため、その物資を保管、管理をしていた集落であったと思われる。そして、弥生時代後期末には山持遺跡に変わって日本海交易の湊としての役割を果たしていた可能性がある。

2.「いずものくに」の範囲と周辺の状況

出雲平野では、西谷丘陵に王墓が造られているとともに、交易を中心とした古代都市的な機能を持った集落が存在し、少なくとも弥生時代後期中葉には「いずものくに」が成立していた。出雲地方では加茂岩倉遺跡の銅鐸祭祀から、弥生時代中期後半に松江平野から出雲平野にかけて一つのまとまりがあったことが推測されるのでこの地域が「くに」の範囲であったと思われる。松江平野には拠点集落である西川津遺跡が存在しているにも関わらず、小規模な四隅突出型墳丘墓しか造られていないこともそれを裏付けている。また、斐伊川中流域にある鉄製品工房集落の平田遺跡も出雲平野の中野清水遺跡から鉄の素材を入手していることから「いずものくに」に含まれていたと推測される。

それに対し、安来平野では西谷丘陵の王墓とほぼ同じ時期に首長墓と思われる規模の大きい四隅突出型墳丘墓を築造している。それは、仲仙寺墳墓群・安養寺墳墓から宮山Ⅳ号墓と歴代の首長墓があり、弥生時代後期中葉から後期末にかけて安定した地域支配がみられることから、この地域にも「くに」が存在していたと考えられる。ここは弥生時代後期に集落が急増し、拠点集落の塩津山遺跡群も出現してくる。この集落は四〇棟あまりの竪穴住居跡からなり、鉄製品の加工を行った工房跡や掘立柱建物がある。その他、門生黒谷Ⅲ遺跡、小汐手遺跡、岩屋口北遺跡等から四棟以上の集落が見つかっている。弥生時代後期中葉になると出雲以外の地域には四隅突出型墳丘墓が造られなくなることから、安来平野の「くに」は「いずものくに」と、良好な関係であったと思われる。

なお、奥出雲地方では首長墓と思われる墳墓は検出されていない。しかし、弥生時代中期から後期にかけての集落を形成しているものが多く、雲南市北原本郷遺跡、垣ノ内遺跡、飯南町門遺跡等では一〇棟以上の竪穴住居が見つかっている。比較的に安定している地域であるが、この地域が「いずものくに」に入っていたのかは不明である。

3．手工業集落

出雲平野の拠点集落では、複数のものを生産しているが、「いずものくに」の中には、それ以外の集落で手工業を行っているところがあり、当時の産業を支えていた。

①複数のものを生産していた遺跡

手工業集落として注目されるのは、松江市の田中谷遺跡である。ここでは、吉備系の土器や、九州北部の胴部に突帯がめぐる甕が出土しており、木製品の製作の他、水銀朱の精製を行っていた。木製品には泥除け未製品、農耕具の広鍬《ひろぐわ》・狭鍬《さぐわ》・又鋤《すき》、それに、方形四脚盤・刳《く》り物桶、武器形祭祀具も作られている。また、木製蓋に赤漆を塗ったものがあるとともに、再利用された井戸枠の桶は、底の部分に漆らしいものを塗っていた。水銀朱を精製した土器は、片口で、内側に水銀朱が付き、外側はススの付着が著しい。

この集落で作られていた製品は松江平野周辺の集落で使われるとともに一部が宍道湖を経由して出雲平野の中野清水遺跡に運ばれ、日本海交易の物資として取り扱われたものと思われる。

②木製品の生産

木製品を専門に作っていた手工業集落は出雲平野に二ケ所存在する。姫原西遺跡は矢野遺跡の東側にあたり、当時は川によって繋がっている所である。発掘調査で自然河道の中から、多量の木製品や未製品が出土し、ここで生産していたことが明らかになった（図４）。遺構としては、自然河道を横断する二本の橋と一四棟の掘立柱建物跡・井戸跡三基がある。弥生時代後期末の橋は二列に並んだ杭列と細かく割った横木で構成されていた。掘立柱建物跡は木製品を保管していた倉庫や住居としても使われたと思われる。

この遺跡から出土した木製品は生産用具・日常雑器・祭祀・運搬・建築部材等その種類は多岐にわたっているが、農耕具と容器・食器類が多い。また木製品の中には、漆塗りの木製品や琴板・扇・把手付《とって》ジョッキ形容器・弩《ど》形木製品（中国の弓）・三稜鏃・箱

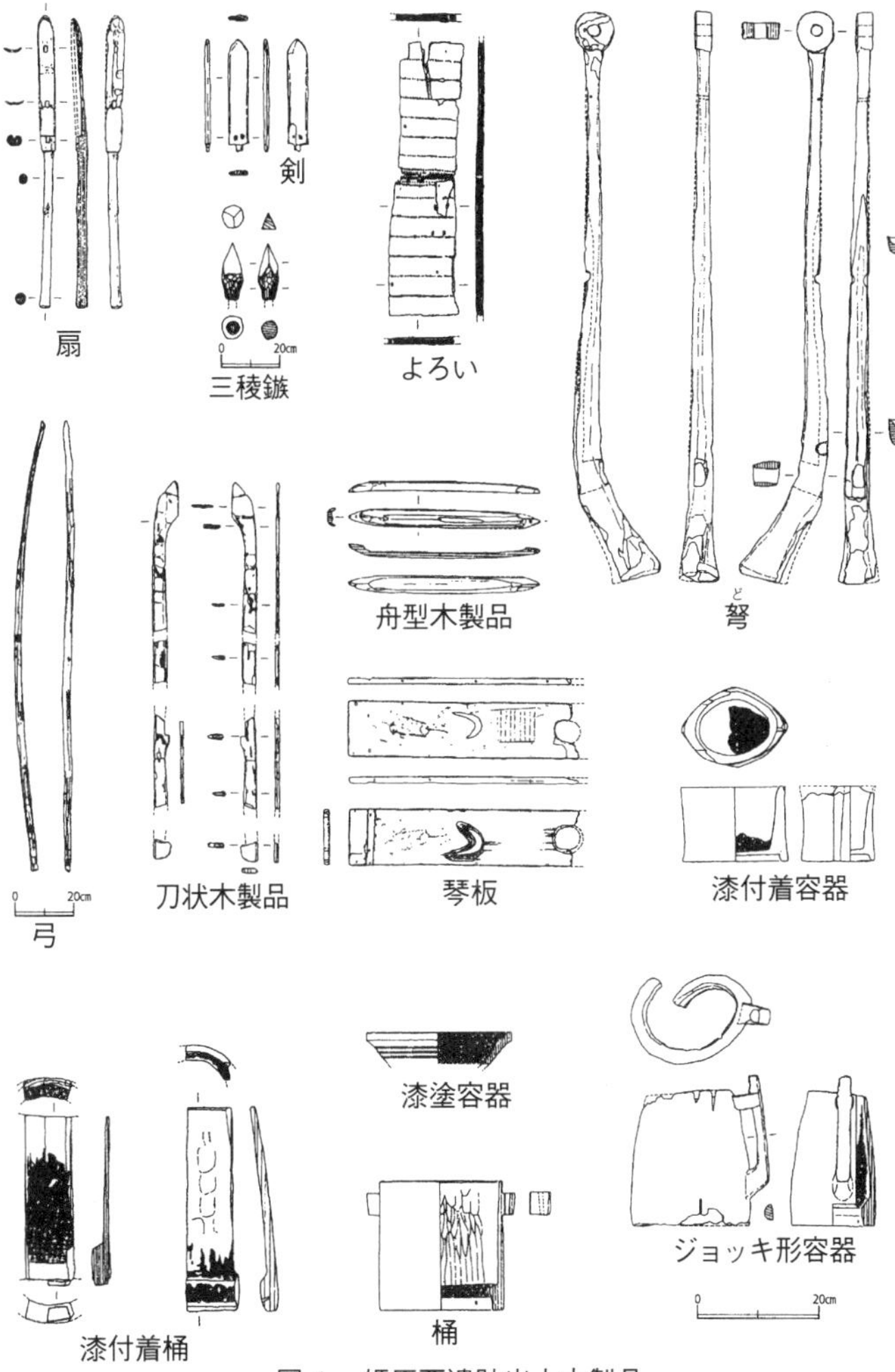

図4　姫原西遺跡出土木製品

物等特殊なものがある。これらは日本海交易によってもたらされた技術と情報をもとに作られたもので、この遺跡は特定の人が使う木製品を作っている工房として注目される。

一方、五反配遺跡は出雲平野北西部に位置し、当時は神門水海が入りこんでいた岸辺にあたり、背後には北山山系の山が連なっている所である。弥生時代後期から古墳時代前期にかけての河道跡から多量の木製品が出土した。種別が判断できるものは、建築部材が圧倒的に多く、その他、容器、農具、雑器が続く。雑器の中には漆が付着した桶四点や、漆塗りの杓子《しゃくし》、椀などがあり、漆関係の遺物と建築部材が多いのが特色である。この遺跡の東方にある山持遺跡から検出された建築材の中には、大きな木を四分割に加工したものや柱が沈まないように工夫された部材があった。これらは、専門の職人によって製作されたものと考えられ、この遺跡が関わった可能性がある。このように、五反配遺跡は、主に建築材の加工と漆関係の仕事を行っていた。

出雲平野以外に木製品を作っている遺跡に松江市西川津遺跡等がある。この遺跡は弥生時代前期から後期にわたって木製品を製作していた。農耕具が多く、広鍬や泥除けの未製品の他、鍬、斧柄・田下駄・武器形祭祀具などがある。

③玉の生産

玉作は弥生時代後期になると緑色凝灰岩製が減り、代わって碧玉・水晶製が出てくる。発掘調査で工房跡が確認されているのは、弥生時代後期前半の松江市平所遺跡だけである。平所遺跡は、隅丸方形の玉作工房跡から多量の碧玉・水晶の剥片が検出され、工具として鏨《たがね》、錐《きり》、砥石、作業台の石が見つかっている。また、中央には工作用のピットがあり、碧玉は管玉、水晶は算盤《そろばん》玉・丸玉を作っていた。その他、松江市の史跡出雲玉作跡宮ノ上地区から弥生時代後期のものと思われる碧玉製勾玉・管玉・水晶の未製品が出土している。

④鉄製品の生産

弥生時代後期の鉄製品工房集落は松江市の上野Ⅱ遺跡、雲南市平田遺跡等が知られている。

上野Ⅱ遺跡は弥生時代後期中葉～後葉にかけての工房跡四棟（円形の竪穴建物）と住居ないし作業棟である竪穴建物跡六棟が馬蹄形に存在し、中央部分に倉庫と思われる掘立柱建物跡が四棟造られた工房集落である。鉄製品としては、鏃・ヤリガンナ・刀子、剣等が見つかっており、工具も鏨《たがね》、錐《きり》が出土している。

最初に作られた工房は径八・六ｍのやや大型の建物で、内部には二種類の炉があり、別の工房でも複数の炉が見つかっている（図5）。鉄器の材料としては朝鮮半島からもたらされた板状、棒状の鉄素材や楽浪から輸入された中国東北地方の鋳造鉄斧片が出土している。

　雲南市平田遺跡の鉄製品工房跡は、弥生時代後期末～古墳時代初頭の径八・八m～九・〇mの不整形な大形竪穴建物跡で、壁際に溝を伴っていた。床面には四つの炉が存在し鉄鏃、鉄斧や、工具の鏨状鉄製品が見つかっている。また、方形・円形・三角の鉄片の他、棒状等の朝鮮半島産と考えられてい

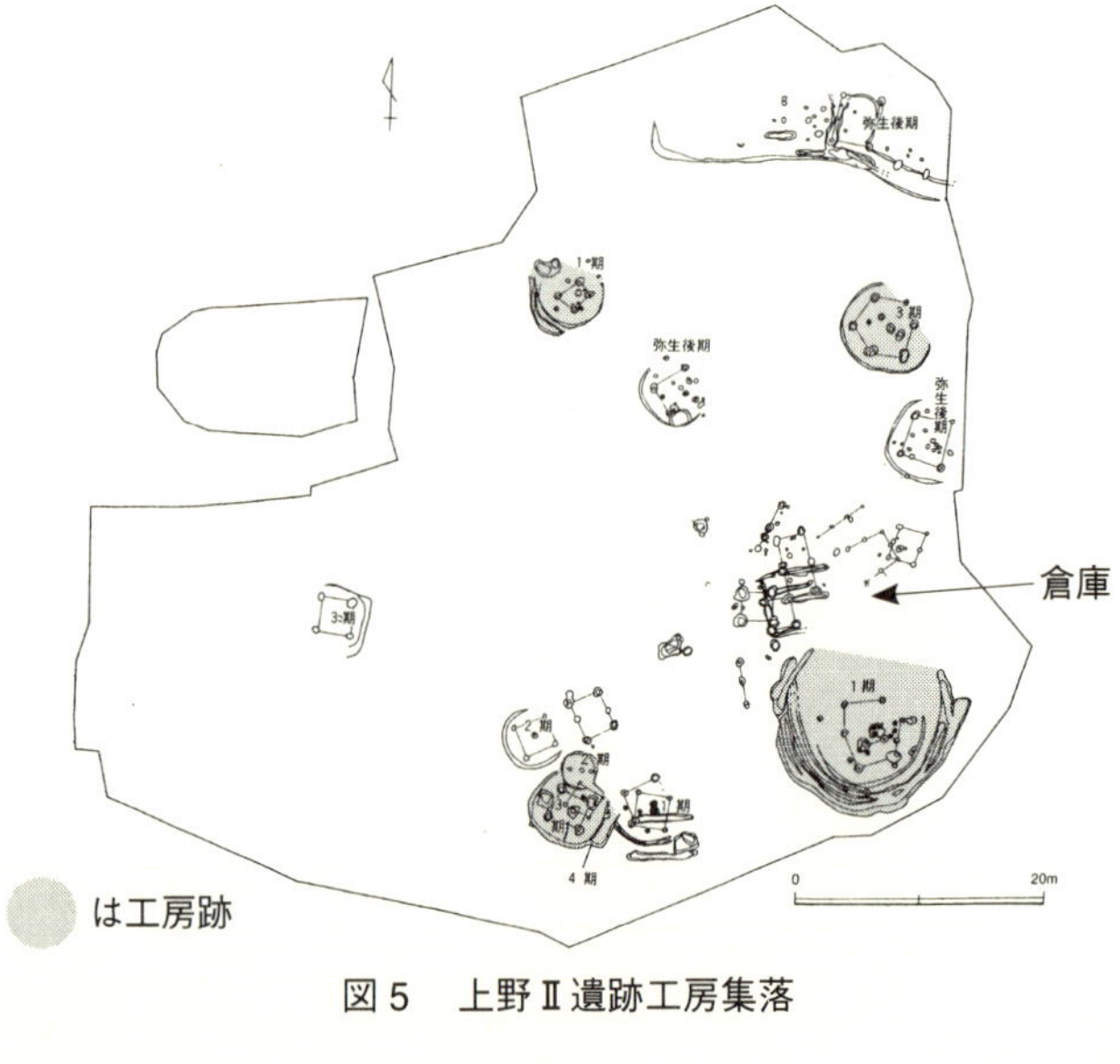

図5　上野Ⅱ遺跡工房集落

る鉄素材が検出され、鏨切りによって鉄製品を製作していた。この遺跡は、斐伊川の東岸に存在していることから、鉄の素材を入手している出雲平野とは川によって繋がっており、輸送には適した場所である。

4．「いずものくに」の職業について

国際交易都市的な様相を呈していた「いずものくに」の拠点集落は、当時、国内外の人が往来し、物流が盛んに行われて活気にあふれていた。このような状況下では、いろんな職業の人が存在していたものと考えられる。農業、漁業等の第一次産業を行っていた人たちは、農業をしない人の食べ物も確保するという重要な役割があった。弥生時代の拠点集落が古墳時代に消滅する主な原因が食料不足と考えられることから、この仕事を担っている人は、半農、半漁で狩猟や林業も割り当てられたと推測される。

稲作の他、大豆・大根・ねぎ・ニラ・レンコン等の野菜、さらに、桑・綿・果実等も栽培していたと思われる。漁労関係では、ヤマトシジミ・オキアサリ・サザエ・ハマグリ・フグ・ブリ等が貝塚から出土している。また、矢野遺跡では解体痕と加工跡のあるイノシシ、ニホンシカの骨が見つかっているので、皮製品や膠《にかわ》を作っていたかもしれない。林業に関係するものとしては、漆の栽培をはじめ、樹木の伐採・運搬や山林の管理

に携わった人が大勢おり、煮炊き用の木材・鉄製品加工用の木炭等の仕事もあったと考えられる。

農業等の第一次産業に従事できない職業としては手工業に携わる人や、物を運搬する等の第二次、三次産業の人たちである。拠点集落や工房集落では木製品・玉製品・鉄製品の生産や水銀朱の精製、土器作り等を行っており、その他の産業としては、染織・舟の製作・織物等が考えられる。そして、仕事に必要な道具や物を運ぶ時に固定する縄・入物を作った職人もいた。さらに、警備や倉庫、道路、船付き場の管理を行う人も必要で、よそから来た人の宿泊、物資の運搬等の仕事もあると思われる。

このように色々な仕事を分担することで交易都市としての機能を保つことができたと推測され、当時「いずものくに」は多くの人が行き来する活気あるところであった。

2　交易品としての漆文化

1．漆交易が繁栄の鍵

出雲地方では荒神谷遺跡・加茂岩倉遺跡から多量の青銅器が出土するとともに王の墓

と思われる四隅突出型墳丘墓が西谷丘陵に造られていることから、弥生時代中期から後期にかけて栄えていたと考えられるようになった。しかし、その繁栄の背景が何であるかは長らく謎であったが、出雲平野で道路建設等に伴う発掘調査が行われるようになると、朝鮮半島や北九州、吉備、北陸等の土器が相次いで見つかり、他の地域との交流が盛んであることが分かってきた。そして、出雲には朝鮮半島から鉄の素材を入手し鉄製品の生産を行うとともに木製品・玉製品の製作や水銀朱の精製等の手工業が発展していることも明らかになり、交易を行っているのではないかと考えられるようになった。しかし、出雲から九州や朝鮮半島に何を交易品としてもたらしたのかが新たな問題となった矢先、北九州糸島の潤地頭給遺跡で花仙山の碧玉を使った玉作が検出され、交易品の一つが碧玉であることが明らかになったのである。そして、出雲平野で出土した遺物を改めて見直してみると、生漆採集容器や漆を入れた桶が数多く出土しており、当時貴重品であった漆が交易品として取り扱われたことが分かってきた。

2. 出雲地方における漆文化の概要

出雲地方で漆が出現するのは、縄文時代前期で、松江市の夫手《それて》遺跡から日本で一番古いクロメ漆（採集した漆を漉《こ》し、攪拌しながら加熱によって水分を除去した状態の漆）

の入った土器が出土している。ところが縄文時代の漆製品の出土例は乏しく、晩期に雲南市万場Ⅰ遺跡と原田遺跡から出土した漆塗り土器が知られている程度である。

出雲地方の漆文化が発展するのは弥生時代前期になってからで、松江市西川津遺跡から漆塗り木製櫛片が出土し、同じく松江市のタテチョウ遺跡や、堀部第Ⅰ遺跡でも見つかっている（図6）。このように弥生前期の漆塗り木製品は、出雲東部の松江市周辺に集中する。それに対し、出雲西部の出雲市矢野遺跡には漆のパレットやベンガラで文様を描いた彩文土器の下地に黒漆を用いた可能性のある土器が多数出土している。また、最近の調査で、松江市の西川津遺跡からも壺の外面に漆を塗った土器が検出された。

このような漆塗り土器は、九州でも出土しておらず、東日本の縄文晩期は赤漆を使用していることからみて出雲独自のものと考えられ、縄文晩期の万場Ⅰ遺跡の彩文土器の系譜を引き継いだものと思われる（図7）。

弥生時代中期では漆塗り土器が出雲全体に広がり、松江市の西川津遺跡、タテチョウ遺跡・布田遺跡・出雲市の矢野遺跡、中野美保遺跡・青木遺跡・白枝荒神遺跡でも出土するようになる。もっとも多いのは、漆を入れた容器と考えられている蓋付きの壺で、装飾的な高杯、筒形土器に黒漆を塗ったものもある。漆を塗った木製品については、出

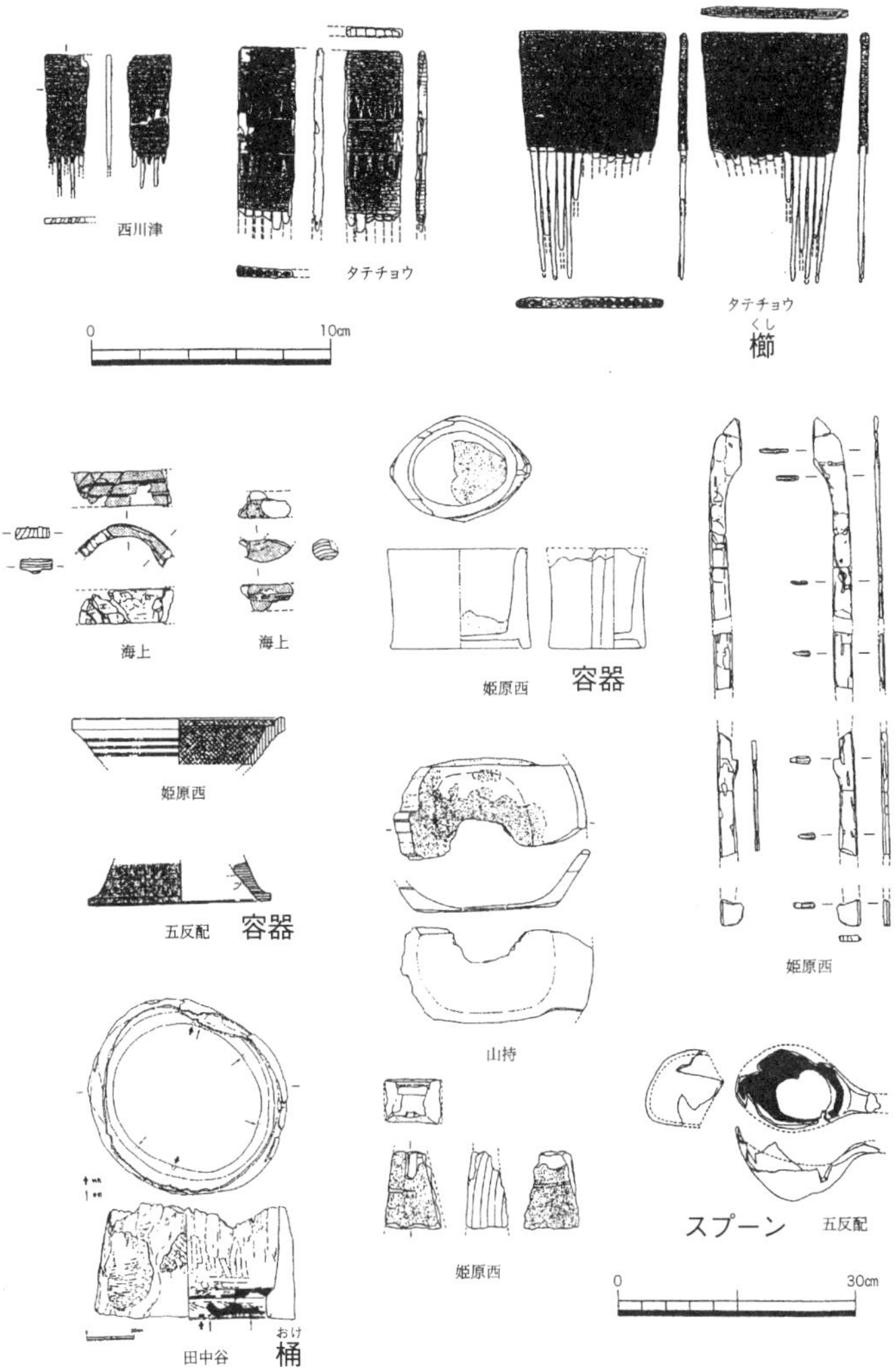

図6　出雲地方出土の漆塗木製品

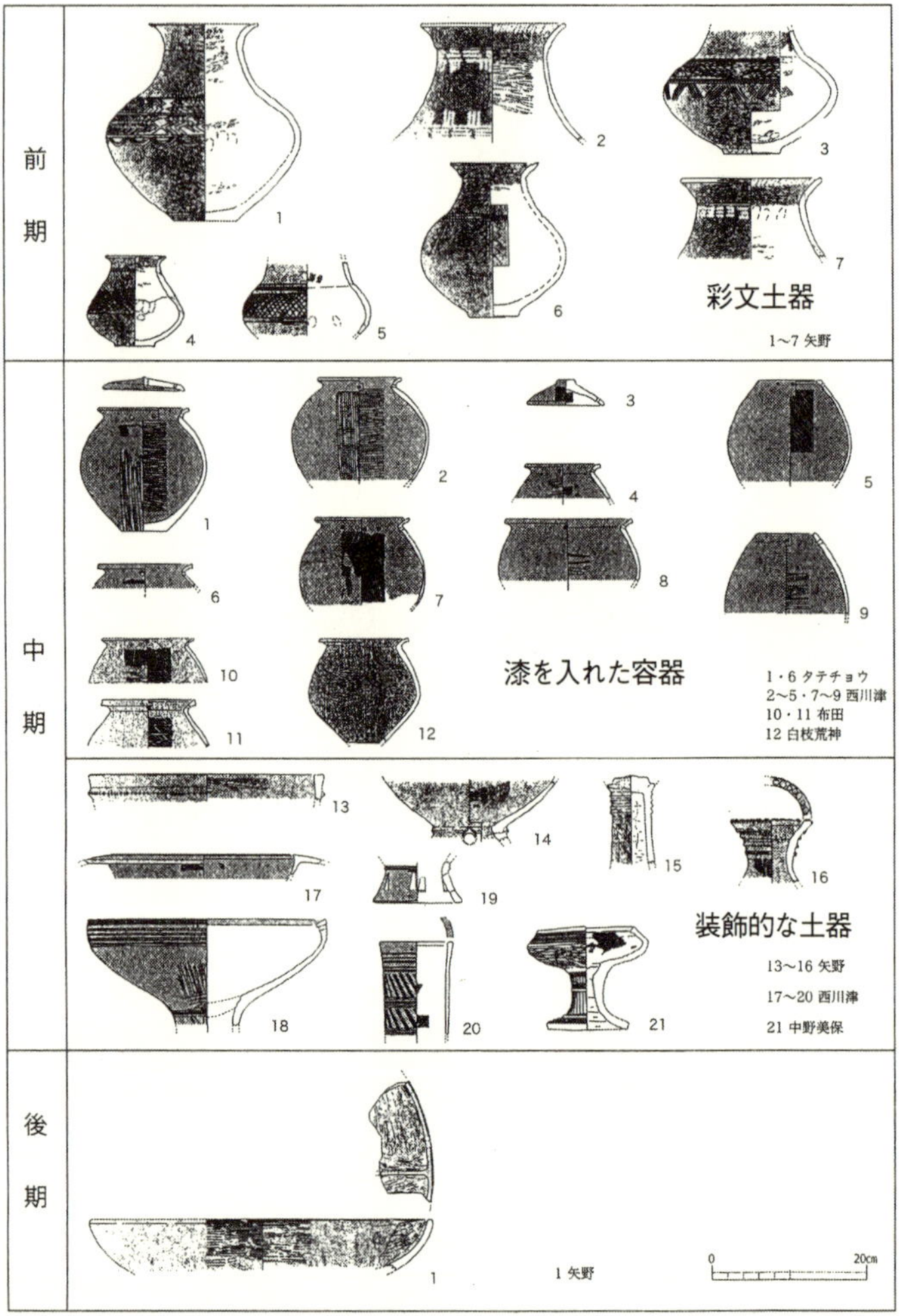

図７　出雲地方の漆塗土器

雲市海上遺跡の杓子、舟形容器が知られている。

ところが、後期になると漆塗り土器が消滅していることから、漆文化は廃れたものと考えられていたが、近年、出雲平野の弥生後期の遺跡から内側に漆が付着している木製の桶、生漆採集容器が数多く見つかり、本格的に漆生産を行なっていたことが明らかになってきたのである。

3．生漆採集容器について

生漆採集容器と最初に認識されたのは、出雲市中野清水遺跡から出土した土器である。調査者の内田律雄氏がこの漆の入った筒形土器を化学分析に出した結果、生漆が検出され採集容器と断定された。また、放射線炭素の年代測定で弥生時代後期頃、盛んに漆を採集していたことが明かになったのである。その後、出雲市の矢野遺跡、山持遺跡からこの種の土器が出土し、当地方では消費することの出来ない量の漆を栽培していたこと分かり、輸出用として取り扱っていたのではないかと考えられるようになった。

生漆採集容器は、器高が一五㎝以下で、筒形をした、口縁部の下が短く外反しているものが大半を占め、鉢形、筒型、卵形がある（図８）。これらは腰に固定して、鉄製の道具によってかきだした漆を入れたものと思われる。現在も使われている採集容器は、同じように筒型を呈しており、共通性がある。このような器形をした土器は、下古志遺跡の溝から出土したものが最も古く、弥生時代中期まで遡ることができる。この土器はきれいな鉢形を呈しており、朝鮮半島の楽浪に似た土器があり注目される。また採集容器は鉢形から筒型にかわり、古墳時代に入ると胴部が卵のように膨らむように変化しているが、定型化していないところが大きな特色と言えよう。

漆採集容器は他県でも出土している。鳥取県長瀬高浜遺跡からは生漆が検出された古墳時代前期の鉢形したやや大形のものがある。また、岡山県上東遺跡には、弥生後期の卵形をした土器から生漆が検出され、同時期の漆を入れた土器が二点確認されている。このように弥生時代後期には出雲以外の地域でも漆を生産していたことが伺える。

4．漆付着の木製桶について

出雲地方では弥生時代後期になると木製の桶の出土例が増え、その中に漆が付着しているものが、出雲平野の山持遺跡、姫原西遺跡、五反配遺跡等から一一点あまりが見つかっている。それらは、スギを刳り抜いて作っており、器高は一九㎝～三三㎝である。形態的には筒形を呈しているもの（Aタイプ）と、底の幅が広く口縁部にむかって狭くなっているもの（Bタイプ）に分けられる（**図9**）。さらに前者はやや幅のある桶状と細

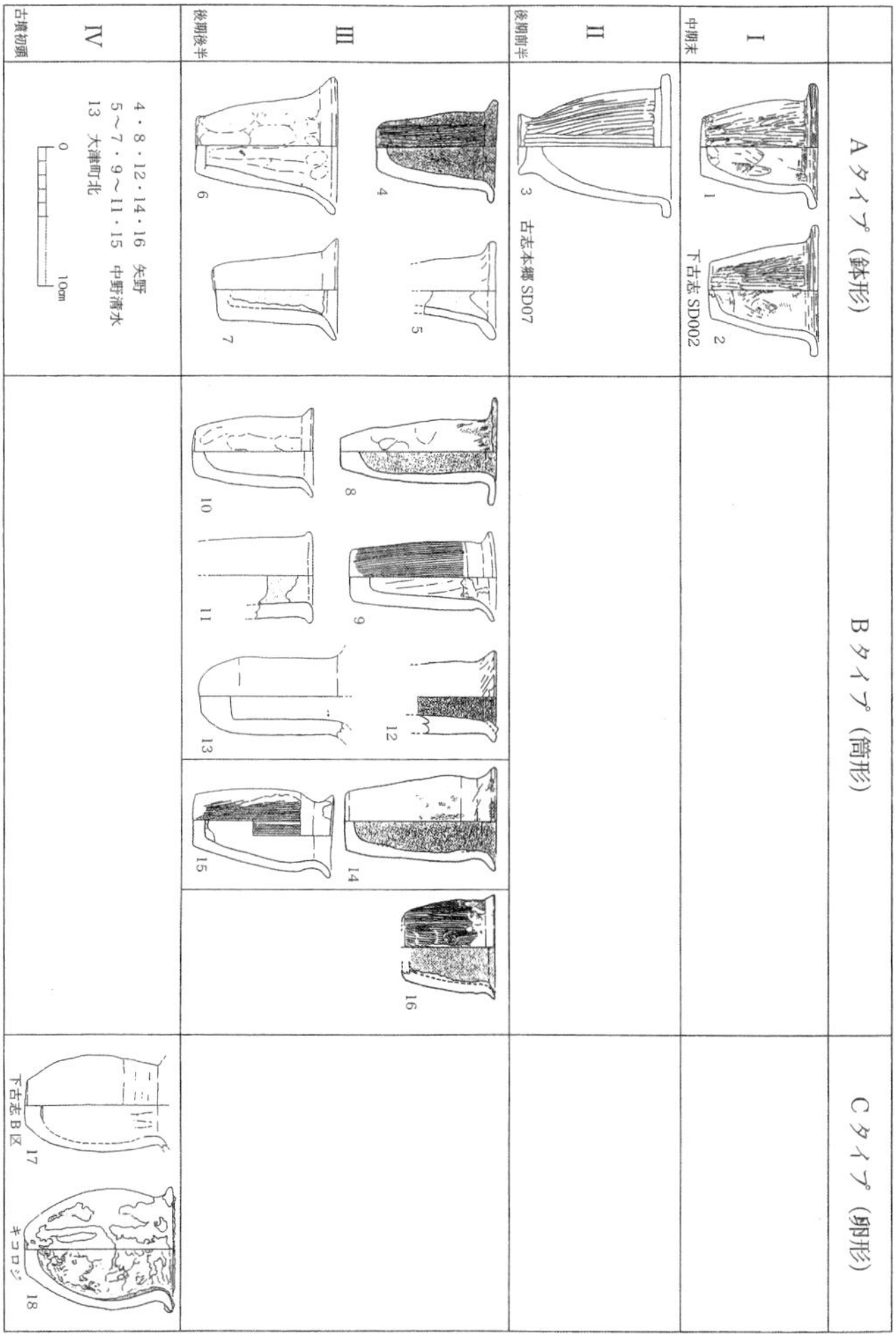

図8　生漆採集容器の変遷図

長い筒状の二つがある。上方部には、横長の方形に刳り抜いた取っ手や、一～二か所に穴のあいた突起に紐を通すものがあり、持ちやすくしている。また、蓋をしっかりと固定するため、外面上方部に紐を通す縦孔の突起を有するものもある。内面に漆が付着している桶は、筒形タイプのものが多い。

この桶の一番の特色は底板をはめ込む部分の器壁が厚く作られ、底板を固定する方法が特殊なことである。漆付着の桶は、底板をはめ込むところで漆がなくなっていることから、この部分に底板があったことが分かる。厚くなっているこの部分は「く」の字形に屈曲しており、底板はなぜか「く」の字形の下方に取り付けられている。そのため底板は底側から径の狭くなっている上方に向かってはめ込んだものと思われる。底板が外れやすいので、木くぎや、筒部に小さな孔をあけ底板の一部を突起させて、その孔に差し込んで固定している。木くぎで留める方法としては、内側から、斜め方向に木くぎを打っている仮止めみたいなものである。これは、膠《にかわ》等の接着材を使用しているためか、漆を掻きだすため底部を外しやすいようにしていた可能性も考えられる。

底部の断面が肥厚している木製桶は、出雲地方では弥生時代後期になって出雲平野の遺跡から数多く出土している。このタイプの桶は北九州の金山遺跡、鳥取県青谷上寺地

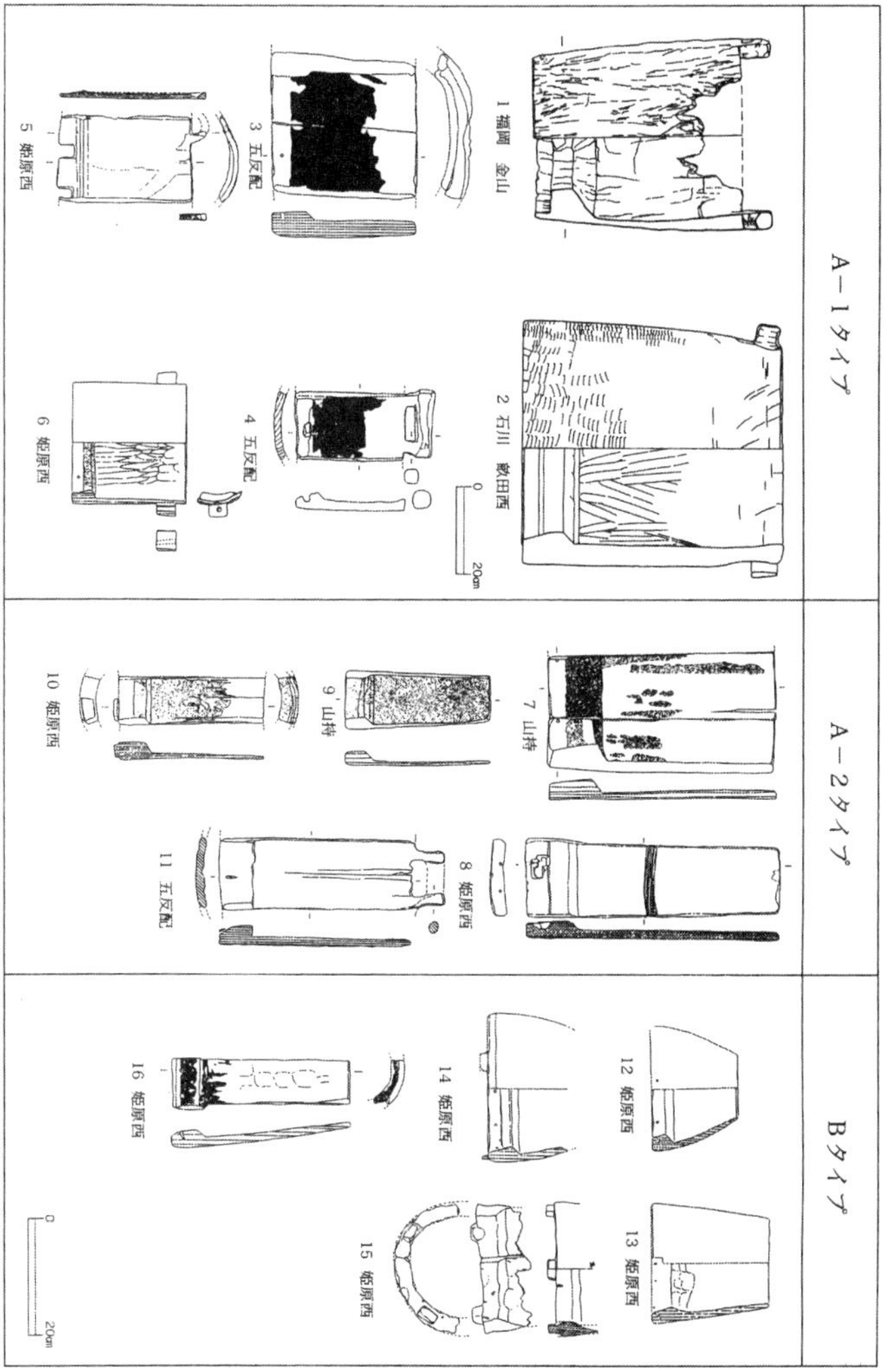

図9　出雲地方出土の刳物桶

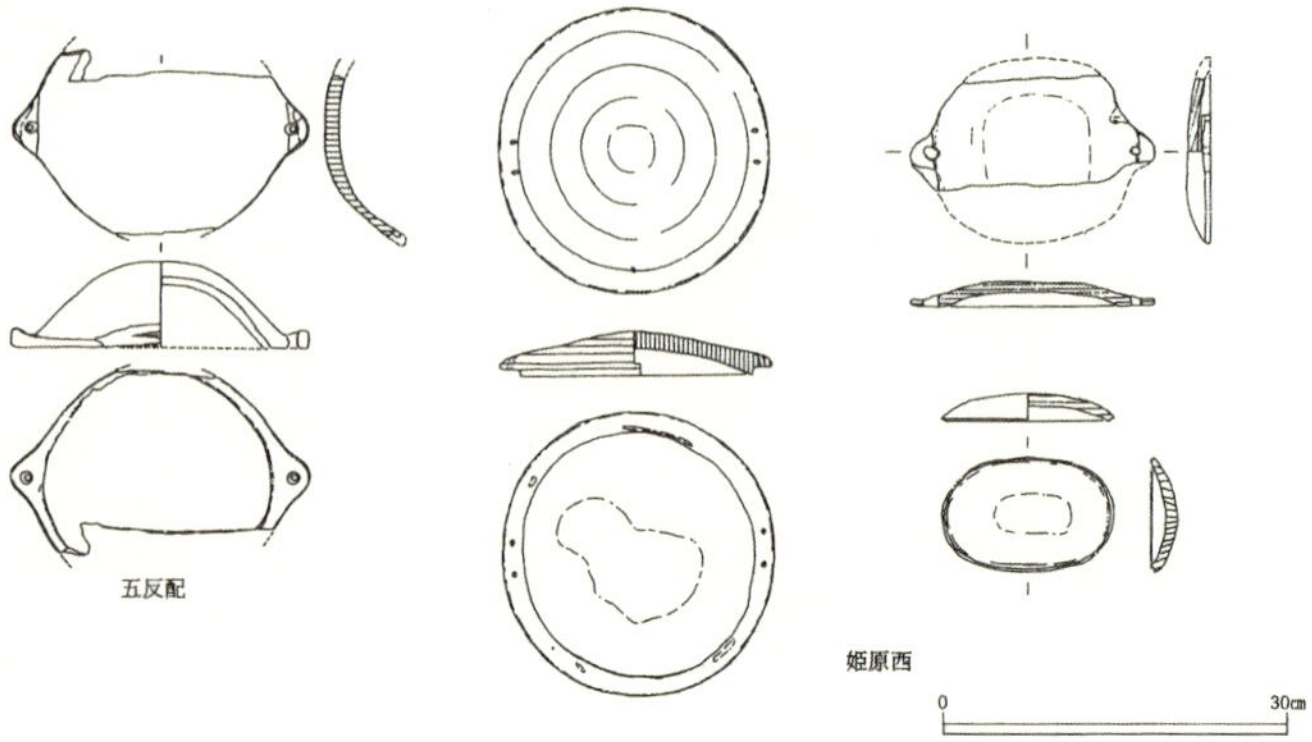

図10　刳物桶の蓋

遺跡、富山県針原東遺跡、石川県畝田西遺跡等から出土しており、当時の日本海交易を反映しているものと思われ興味深い。

なお、この漆をいれた桶の蓋と思われるものが出雲市の五反配遺跡、姫原西遺跡から出土している（図10）。五反配遺跡のものは、高さが七㎝あまりのドーム状を呈しているもので、左右に紐を通す孔が穿たれていた。また、姫原西遺跡から三点出土しているが、最も大きなものは、径二四・四㎝、高さ三・七㎝あまりで、口縁部は印籠形の段を持ち、左右に小さな孔が二つ存在している。その他、楕円形をしたものもある。

弥生時代後期になると出雲東部で見られた全面漆塗りの土器が消滅し、出雲平野の遺跡から漆付着の桶が出土していることから、漆生産は出雲東部から出雲西部にその拠点が移って行ったものと思われる。

5．他地域との交流について

出雲平野では、弥生時代前期に韓国の無文土器である水石里式土器が原山遺跡・里方本郷・山持遺跡から出土しているが、他地域の土器が多く出土するようになるのは、中期になってからである。この時期になると、山持遺跡から韓国勒島式土器七点、楽浪土器一個体と破片八点が出土し、隣接する青木遺跡に楽浪土器片一点がある（図11）。これらは、壱岐、対馬、北九州の糸島に次いで出土量が多く、交易のため頻繁に朝鮮半島から人が来ていたものと思われる。また、北九州の須玖Ⅱ式や広島山間部の塩町式土器・吉備地方の分銅形土製品も出土するようになる。朝鮮半島及び須玖Ⅱ式の土器は、日本海交易を考えるうえに重要な資料と言えよう。一方、塩町式土器は、広く山陰沿岸地域から出土するとともに四隅突出系の墳墓と分布が重なっていることから、この種の墳墓の変遷を考える上に欠かせないものである。このように、弥生時代中期後半には日本海や中国山間部から各地域の土器が入ってきており、色んな物の物流が盛んになりつつあることを示している。それが弥生時代後期になると交流を示す範囲が広がるとともに出土量も増えてくる。

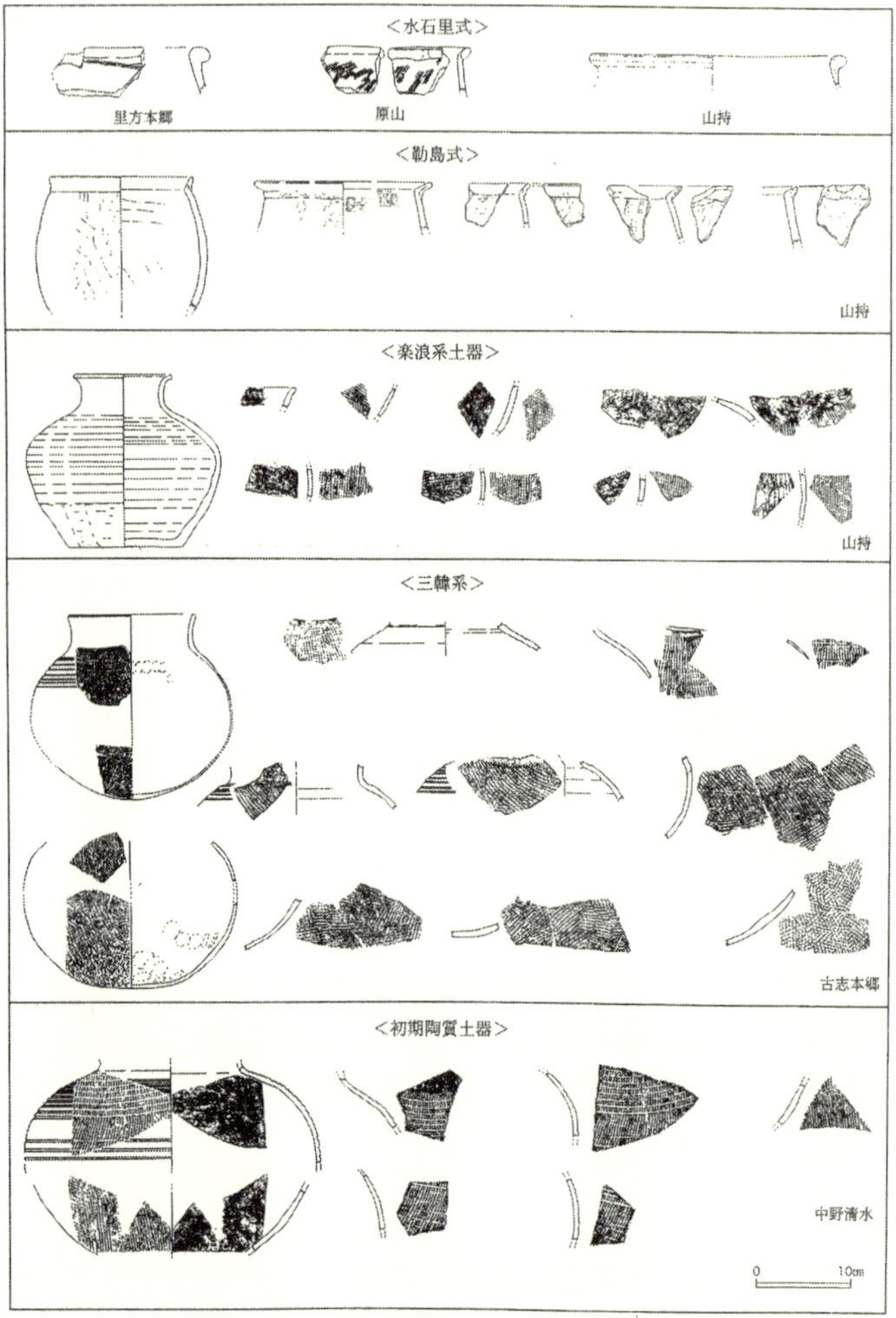

図11　出雲平野出土の朝鮮系土器

後期から古墳時代にかけては大陸系の三韓土器及び初期陶質土器が、古志本郷遺跡や中野清水遺跡、山持遺跡、上長浜遺跡から出土し、また、平野全体から北九州の高三潴式・下大隈式土器や西瀬戸内・吉備・北陸・近江・畿内・広島湾沿岸部の土器が見つかっている（図12）。それは出雲平野が国際交易都市的な存在であるとともに漆を積み出す湊としての機能を持っていたため、各地から漆と人が出雲に集まってきたと考えられる。

6. 出雲の漆・碧玉と日本海交易

これまで見てきたように出雲平野では、日本海交易で大陸から鉄の素材を入手し、それらを加工して道具を作り、色々な手工業が発展していった。一方、出雲から九州や大陸に向けて漆や花仙山の碧玉を輸出していたものと思われ、当時、貴重品であった漆が交易品として取り扱われることによって交易が成り立っていた。漆は杉で造った桶に入れて、九州方面に運ばれたものと推測される。しかし現在、北九州で見つかっている弥生時代後期の漆製品は朝鮮半島からもたらされたものと考えられている。漆は木製品に塗ったものが大半を占めるが、漆には接着剤としての用途もあるので、朱や赤色顔料に混ぜて土器に塗った可能性もある。糸島型祭祀土器と呼ばれる北九州に広く分布する丹

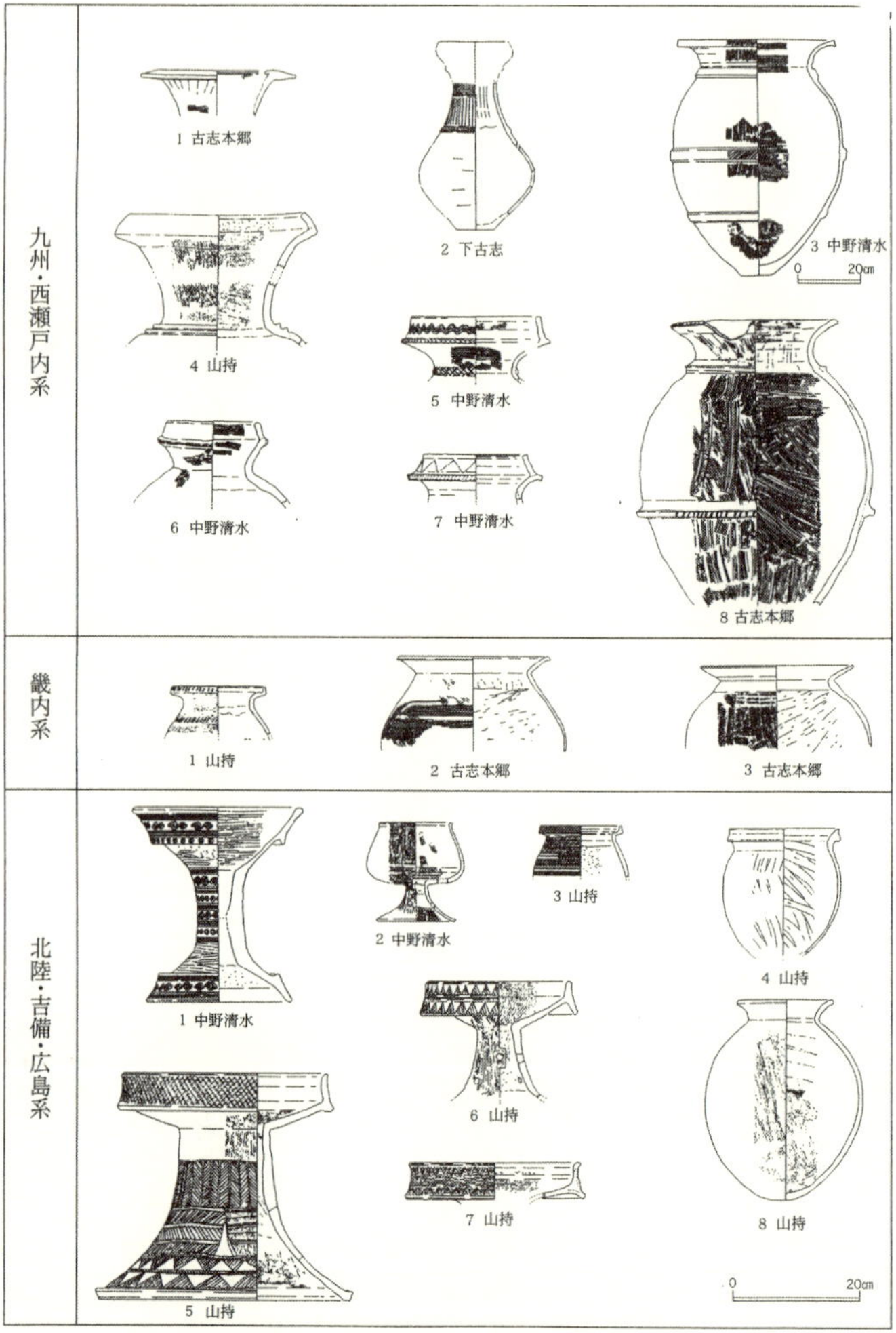

図12　出雲平野出土の他地域の土器

塗り磨研土器は光沢を出すため漆を使っているかもしれない。

朝鮮半島における漆製品については、松菊里時代（弥生時代前期）の昌原徳川遺跡の墓から出土した漆片が最も古い。無文土器後期から三韓土器の時代（弥生時代前期中葉～弥生時代後期）なって韓国昌原市茶戸里遺跡、光州市新昌洞遺跡、星州郡禮山里遺跡、金海市大成洞遺跡、慶州市舎羅里遺跡等の韓国南部の遺跡に黒漆を使った漆製品がある。これらの漆製品は楽浪漢墓から出土したものとは異なっており、韓国固有の漆器と考えられている。このように、初期鉄器時代になって韓国の南部を中心に漆製品が出土しているのは興味深く、茶戸里遺跡では、黒漆塗りの土器が検出されているとともに、東菜遺跡からは山陰系の土器や生漆採集容器に類似した土器が出土しているなど、出雲地方との関連を伺わせるものがある。ところが、出雲地方には弥生時代前期から後期まで一貫して漆文化が定着していることから、韓国から漆文化が入ってきたというより、出雲の漆文化と韓国南部の漆文化がお互いに影響しあって、両地方の漆生産を活発化させた一因となったものと考えたい。漆製品は当時貴重品で、九州地方では主に、唐津市千々賀遺跡、佐賀県吉野ケ里遺跡、福岡県雀居遺跡といった拠点集落遺跡から出土していることからみても交易品としての価値は十分ある。出雲の漆が朝鮮半島や北九州でどのように使われたのかは今後の研究課題である。

出雲の碧玉を使った玉作は、玉を作る技術・文化がなかった福岡県糸島地方の潤地頭給遺跡から弥生時代後期〜古墳時代初頭にかけて三三軒の玉作工房跡が検出された。その五号屋外周溝では、出雲地方の土器によく似た複合口縁の甕や鼓形器台とともに碧玉や玉未製品が出土し、同様な玉作は、同地方の海浜部にある今宿五郎江遺跡や今宿青木遺跡でも確認されている。一方、出雲平野の中野清水遺跡では糸島地方の福井式甕棺片が見つかっており両地域は親密な関係にあった。このことから玉作りは共同で行っていたものと思われる。糸島地方は『魏志倭人伝』に記載されている「伊都国」にあたり、日本海交易の重要な拠点であった。ここで作られた玉は、『魏志倭人伝』に倭国は白玉、青玉を出すとあるので中国に輸出していたものと思われる。

3 「いずものくに」の王の墓　四隅突出型墳丘墓

1．起源と変遷

四隅突出型墳丘墓は一九六九年に石見地方山間部の島根県邑南町順庵原遺跡で見つ

かって以来、四七年あまりが経過した。現在、中国山地の他、山陰海岸部や北陸地方にまで四隅突出系の墳墓が確認されている。この墳墓は、弥生時代後期に「いずものくに」の王の墓として出雲市西谷の丘陵に造られたため、出雲地方独自の墳墓形態と思われているが、実は中国山地で発展しているので、まずは起源と変遷について見ていきたい。

①四隅突出型墳丘墓の萌芽

弥生時代中期に出雲地方では中野美保遺跡から石を貼った方形の墳墓が見つかっているが、このような墳墓は北近畿から石見地方にかけて点在する。それらは方形の一隅から二隅に石を貼り付けた「配石列」と言われるものが存在している。そのうち、砂丘に造られている江津市波来浜A二号墓は四m×五m、高さ〇・九mで北側に方形区画の張り出しを持つ墳墓である。墳丘は砂によって造られているため、崩れやすい隅を石で補強していた。その「配石列」は先端の石が立ち、上部にある平な石が下にずれないように保護しているもので、他の墳墓のものとは性格が異なっていた。これが、突出していく最初のきっかけになったと思われる（図13―①）。

このような隅が壊れない工夫が施された墳墓は、江川上流の三次地方で出現してくるのである。三次市陣山墳墓群は弥生時代中期後葉に丘陵をカットして区画した墓域に五基の墓が造られている。そのうち、方形貼石墓は一・二号である（図14）。これらの墳墓は墳丘斜面に貼った石の外側に四隅突出型墳丘墓で見られる列石が廻っている。そして、一号墓は隅の「配石列」の前方左右に三～五個の石からなる石列が二、三段にわたって置かれていた（図13―②）。それらは、隅の崩壊防止のために配置された石列と考えられ、後に造られる三～五号墓の突出した隅を持つ墳墓に発展する原点がそこにある。

②四隅突出型祖形墓の出現

広島県山間部に源を発し島根県江津市の日本海に流れを注ぐ全長一九七㎞の江川は三次盆地付近で三つの大きな支流が合流する。この江川流域である三次市から庄原市にかけて、方形貼石墓の隅に不整形な突出を一、二ケ所に持つ四隅突出型墳丘墓の祖形と言える弥生時代中期～後期初頭の墳墓が存在している。それは四つの種類があり、一部が出雲平野でも見られる。

その一つは方形隅の平らな石列が少し飛び出ている墳墓である。このような墳墓は陣山四・五号墓や出雲市青木四号墓で見られる（図13―③）。青木四号墓は四隅突出型墳丘墓として捉えられているが、過度期的なもので一つの隅しか突出していない。二つ目は三次市殿山三八号墓や田尻山一号墓等に見られる墳丘斜面の外側に廻っている棒状の列

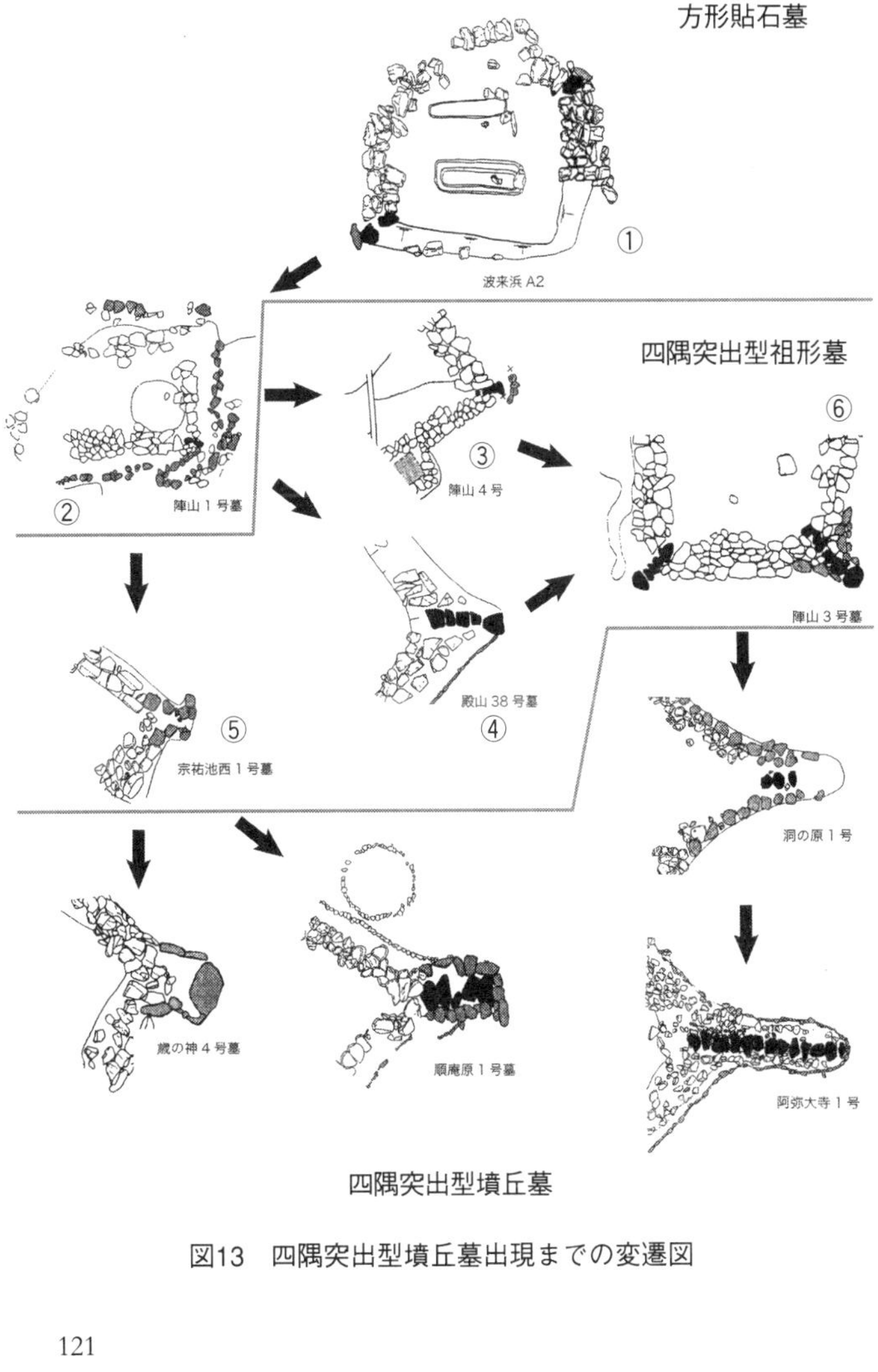

図13　四隅突出型墳丘墓出現までの変遷図

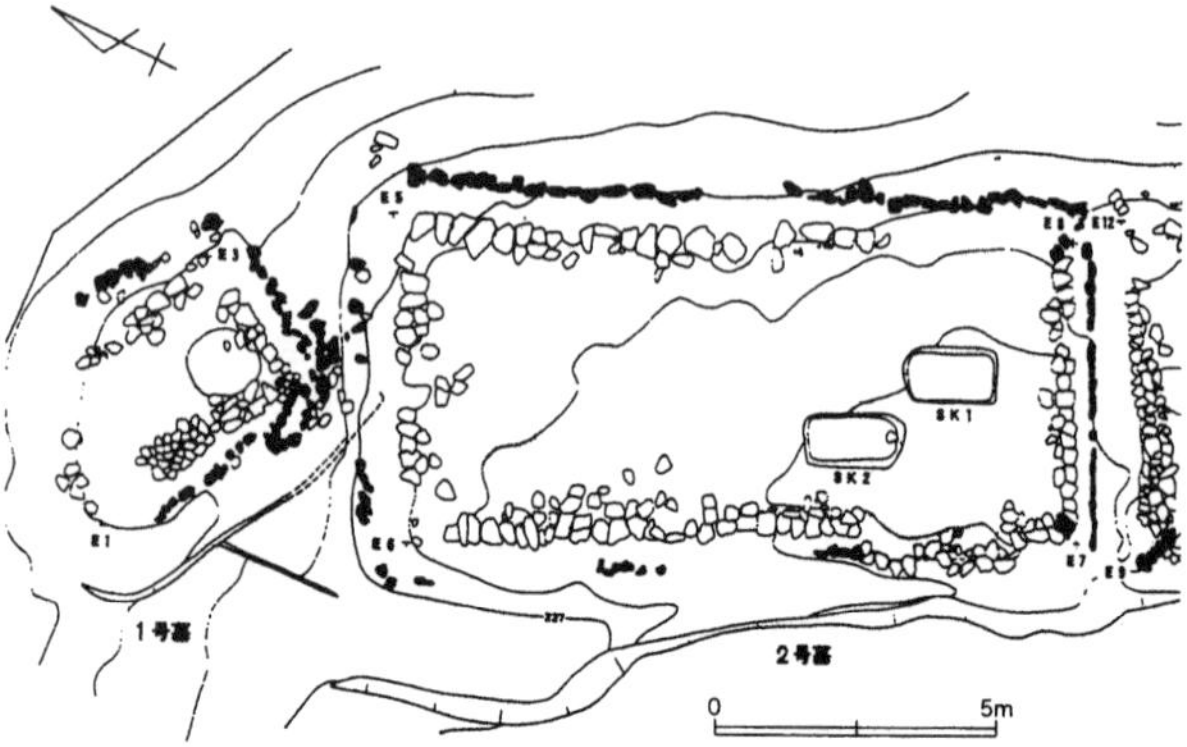

図14　陣山1・2号墓

石が弧状になり、隅の列石内側に平らな石を数枚敷いているものである（図13―④）。

三つ目が不整形な幅のある突出を持つ墳墓である。庄原市佐田谷一号墓の三方の隅には「コ」の字形や半円形を呈した飛び出しが見られる。また、三次市宗祐池西一号墓の東側の隅は石を二列に立て並べ、南側は石を四枚敷いている（図13―⑤）。

最後の一つは前方に飛び出ている平らな石列の周りを斜面貼石最下部の石列が延びて廻っている陣山三号墓の突出部で、日本海沿岸の鳥取県洞の原墳墓群や阿弥大寺墳墓群の典型的な突出部の原型になるものである（図13―⑥）。

このように中国山地の江川流域では、方形で斜面に石を貼った墳墓が隅を保存するために色々な工夫がなされ試行錯誤している様子が伺える。それが四隅突出型墳丘墓に繋がっていくのである。

③朝鮮半島との関係

方形貼石墓は北近畿から石見地方まで分布し、それらが造られた時期は山陰沿岸で日本海交易を盛んに行っている弥生時代中期後半頃である。この時期は人や物が動き、経済が活性化してくるので、方形貼石墓の分布はこのような情況が反映されたものと思われ、朝鮮半島の影響もあると考えられる。

朝鮮半島は支石墓に伴う石を用いた方形の区画墓が弥生時代中期前半ころまであり、それが、次の段階に中島積石塚（図15）のような弧状に石列を巡らし、その外側に列石及び方形の張り出し部を持つ墳墓が現れてくる。この墳墓の形態は殿山三八号墓や波来浜A二号墓、陣山一、二号墓の墳墓等で見られる。さらに、韓国南部の金海貝塚D区の墓域を区画している石垣は、波来浜A区墳墓群の上方部に石列で墓域を設定しているものと共通しており、そのような墳墓築造方法も伝わったものと考えられる。

また、弥生時代後期には、江川中流域にあたる沖丈遺跡から朝鮮半島の鉄素材を利用した鉄製品や未成品が出土していることから、中期から後期にかけて朝鮮半島との交流が頻繁に行われていたと思われる。そのような背景によって石見海岸部や中国山地は他の地域と異なる方形貼石墓が出現したと推測され、それが、独自に変遷して四隅突出型墳丘墓に発展したと考えられる。

四隅突出型墳丘墓の出現時にも、朝鮮半島の影響と思われるものが存在する。順庵原墳墓の周溝に設置されたストーンサークルは、時期は少し異なるが韓国の所谷里支石墓に類似している。

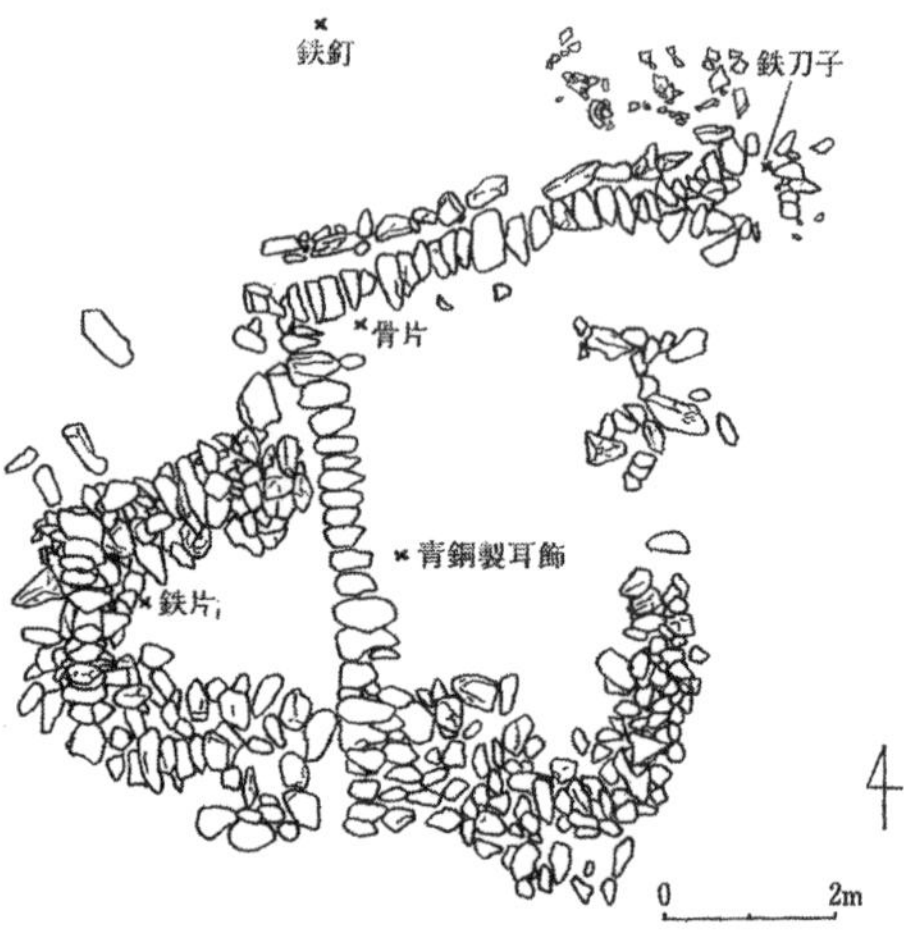

図15　韓国中島積石塚

この墳墓は二〇ｍ×七ｍあまりの方形区画墓のまわりに径三ｍ～五ｍの円形墳墓が三基あるもので、円の縁には石列が廻り、その内側に石が敷かれている。大きな方形墳墓のまわりに小さい円形の施設が配置されているのは気になるところである。

このように、石見海岸部から三次盆地にかけての墳墓の一部に朝鮮半島の影響が見られ、それが、墳丘が崩れないような墳墓に発展する原動力となったものと推測される。

2．四隅突出型墳丘墓の出現と分布

中国山地の江川流域では弥生時代中期に四隅突出型墳丘墓の祖形となる隅の一部が突出する墳墓が出現してくるが、後期になると「墳丘の四隅が幅を持って明確に前方に突出し、方形の墳丘斜面に石を貼っている」四隅突出型墳丘墓が中国山地および山陰海岸部で造られるようになる。その様相について地域ごとに見ていきたい。

①中国山間部

中国山地の順庵原一号墓や歳の神三・四号墓の突出部は立石によってコの字形に囲まれた箱式石棺状を呈しており、今のところ、山間部でしか見られない。

邑南町順庵原一号墓は墳頂部に箱式石棺二、土壙一の埋葬施設を持つ一〇・七m×八・二mの弥生時代後期前葉の墳丘墓で、副葬品としてガラス製の玉・管玉がある。墳丘斜面には貼り石が施され、墳裾には棒状列石が存在する。東隅の突出部は横方向に敷かれた五個の石のまわりに石を立てかけた突出部が二m近く飛び出ている。西隅は縦方向に数列石を敷いて二・五mあまり突出させ、北と南の隅は弧状の棒状列石が「ハ」の字の状態で止まり、突出しているように見えるものである。この墳墓で注目されるのは、墳裾の外側に棒状の小さな石によって造られた径一・五m～二・五mの三つのストーンサークルである。周辺から割れた土器が出土しているとともに埋葬施設と同じ数が造られていることから、この場所で墳墓祭祀を行っていたと思われる（図16）。

広島県北広島町歳の神遺跡は弥生時代後期前葉の墳墓で、尾根斜面の三号墓と谷斜面の四号墓がある。墳丘の規模は一〇m前後、いずれも長辺の一辺が破壊され、埋葬施設は、石棺や土壙が複数存在する。残りの良い突出部はいずれも石をコの字形に立てかけ、その内側に小さな石を数個敷いている（図17）。また、墳裾の列石は石を垂直に立て並べ、その上方内側に石敷の平坦面を持つ犬走り的なものである。その他、後期末に前方後方墳状の特殊な墳墓が三次市矢谷一号で出現する。

②伯耆地方（山陰東部）

鳥取県伯耆地方は、弥生時代後期初頭に四隅突出型墳丘墓が発生した地域として注目されるところである。突出部は扁平な石を敷いた外側に墳裾から続く列石が廻るもので、突出部は定型化し、墳丘と一体化してくる。このタイプは出雲・伯耆の海岸部に広く築造される最も典型的な四隅突出型墳丘墓である。

伯耆西部の洞の原墳墓群は緩やかな丘陵台地上に築かれている方形貼石墓六基、四隅

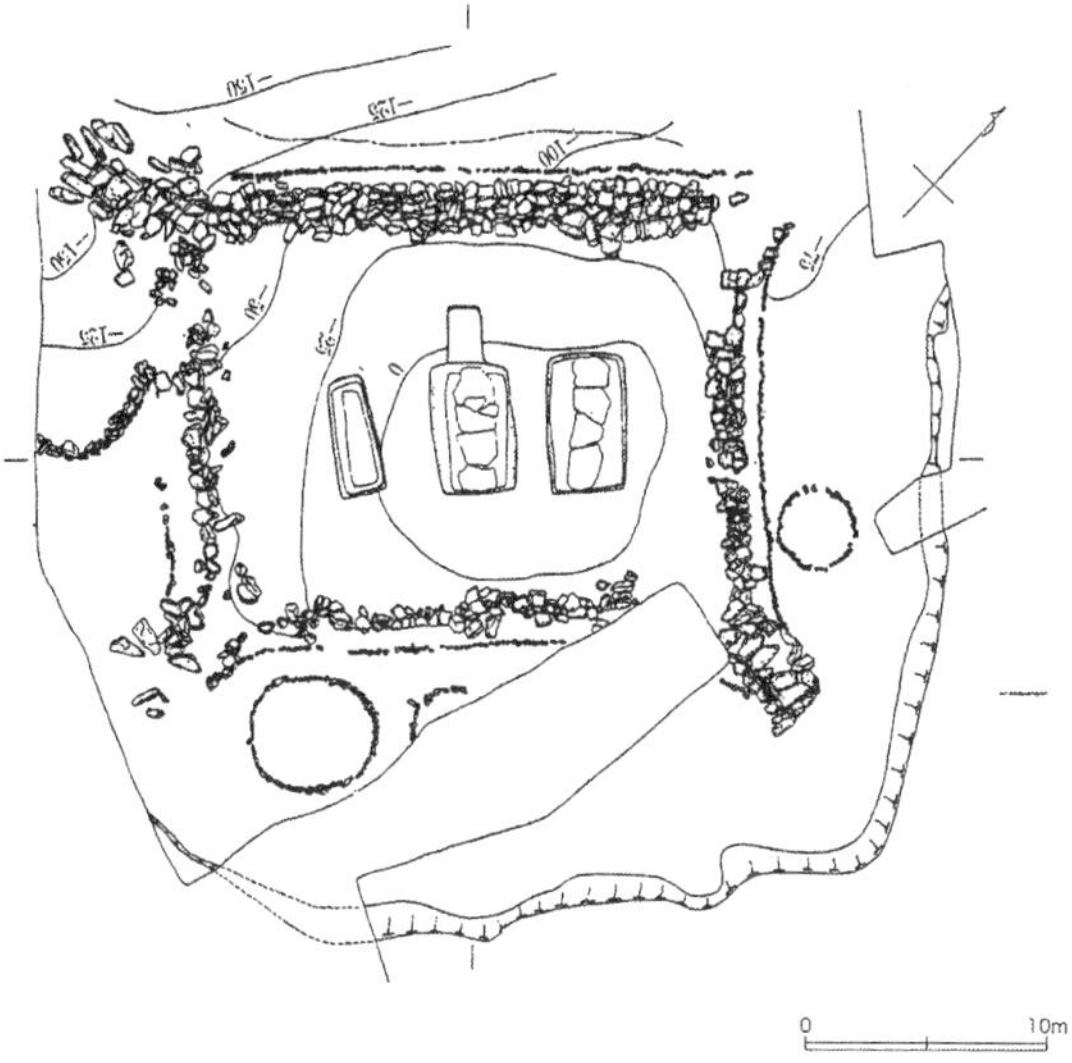

図16　順庵原１号墓実測図

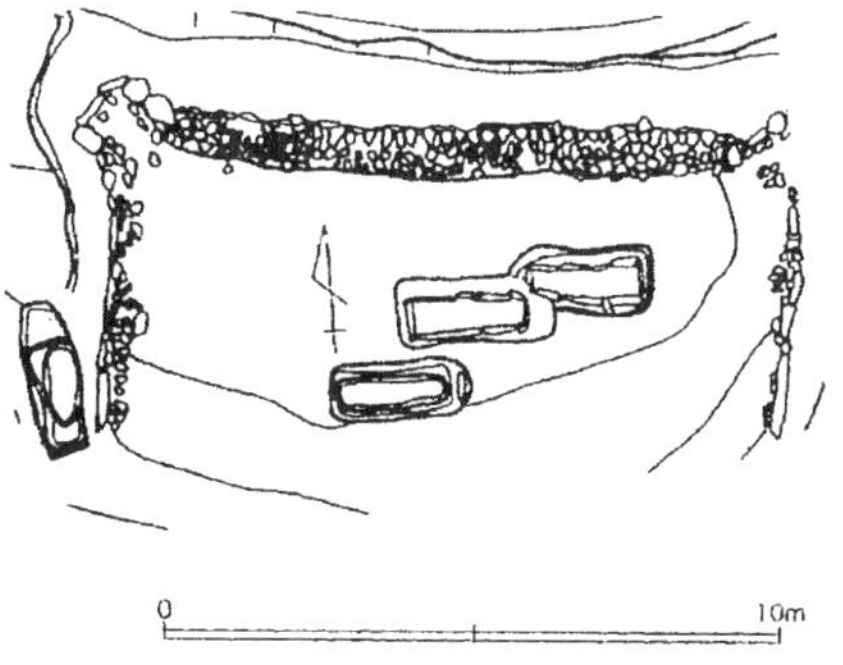

図17　歳の神３号墳実測図

突出型墳丘墓一一基からなる弥生時代後期初頭~前葉の墳墓群である。この墳墓群はやや規模の大きい方形貼石墓（二号墓）と四隅突出型墳丘墓（一号墓）（図18）を取り囲むように小規模な墳墓が数多く存在する。また、この墳墓群からは中国山地三次地方の土器が出土していることから、この地域の影響で隅が突出する墳墓が出現したものと考えられる。四隅突出型墳丘墓は、四隅が明らかに突出しており、墳丘の一辺と比べても突出度が高く、特に一一号墓は小規模であるが際立っている。突出部は墳丘の対角線上にきれいに配置されているものや一一号、七号のように墳丘の裾の長さが一片だけ短くなって、墳形自体が不整形なものもある。突出部の石は墳丘裾に廻る石とほぼ同じ大きさのものを使用し、突出部内側の石は雑に敷いたものが多い。ただ一号墓は三つの石が整然と並び、七・八号墓は墳裾から突出部にかけて二重に列石が廻る。

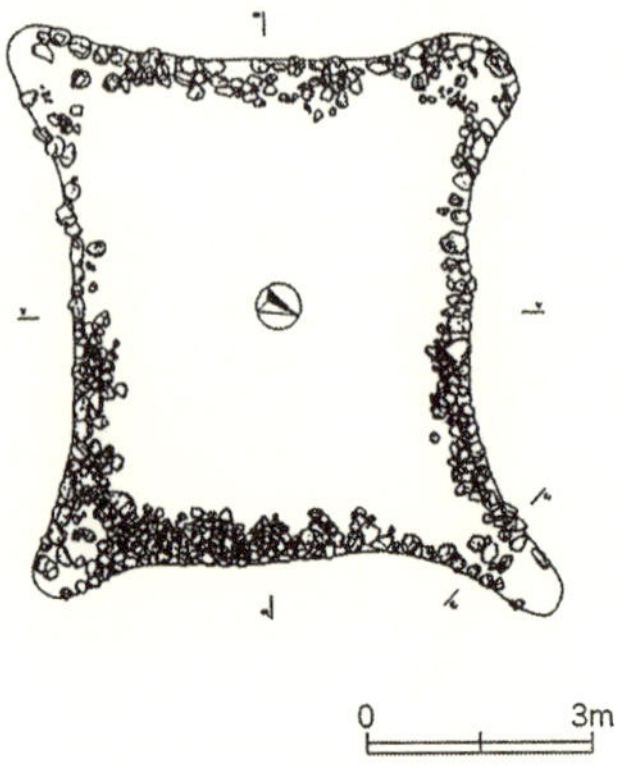

図18　洞ノ原１号墓実測図

　次の後期前葉になると伯耆東部に阿弥大寺墳墓群が現れる（図19）。この墳墓群は三基が

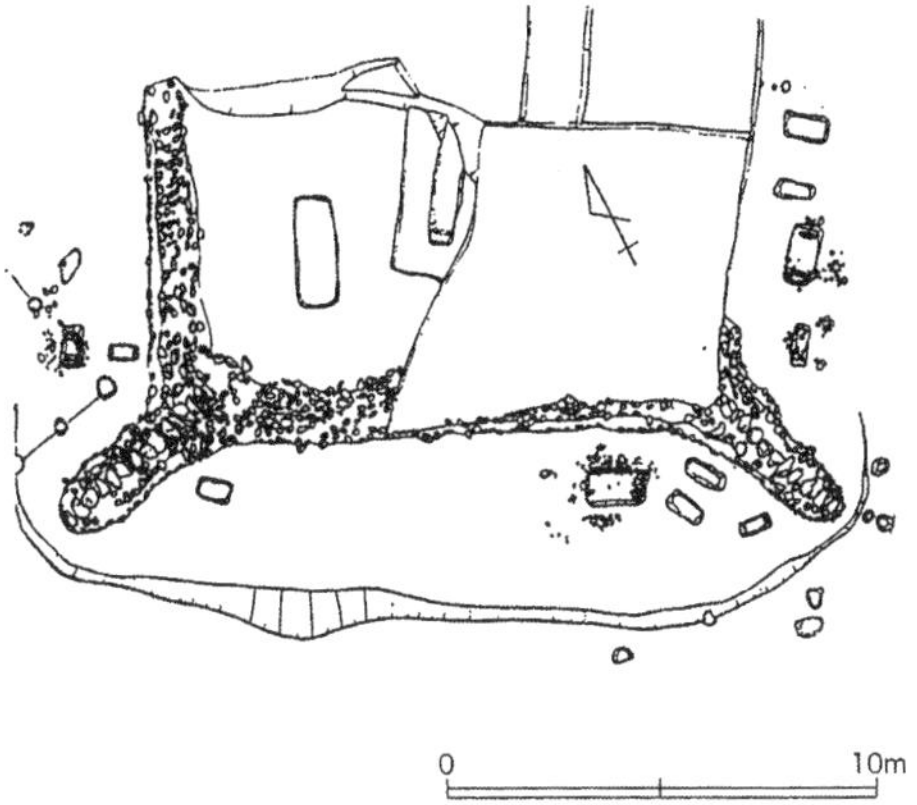

図19　阿弥大寺1号墓実測図

隣接して築かれているもので、北側は破壊されて形状が不明であるが、南側の二隅は突出部がきれいに残っていた。それは幅に対して長さがあり、やや尖った感じのするもので、墳裾から廻っている列石の石は比較的小さく、一部で二重になっているところがある。内側の石は、三基ともきれいな扁平な石を列状に敷いている。最も規模の大きい一号墓は長辺が一三・六mで、墳頂に二つの土壙、墳裾周溝内に一二あまりの小規模な埋葬施設が存在する。その他、同時期には石がない突出部を持つ日下一号墳がある。

弥生時代後期末には出雲地方で見られる突出部の内側全体に石を敷いた倉吉市藤和墳丘墓が出現する。この墳墓は九・六m×八・五mの比較的小規模なものであるが、墳頂部には五・九m×四・六mの大きな土壙が存在し、墳丘にはぎっしりと貼石が施され墳裾から続く貼石が突出部まで廻っていた。また、後期末の石井垣上河原四号墓は墳丘の長辺の方向に突出している特殊なものである。

③出雲地方（山陰西部）

出雲地方の四隅突出型墳丘墓は伯耆や中国山間部より遅れ、弥生時代後期中葉から出現してくる。しかし、出雲市西谷の丘陵に「いずものくに」の王の墓として四隅突出型墳丘墓が採用されると他の地方ではこの種の墳墓を一時造らなくなる。また、安来平野では王の墓と思われるものがあるが、松江平野周辺及び出雲の平野部では小規模な墳墓しかなく格差が見られるのでそれぞれ分けて述べたい。

・王の墓の四隅突出型墳丘墓

「いずものくに」の王の墓である西谷墳墓群は三号墓→二号墓→四号墓の順で築造されている（**図20**）。それらは突出部を除いた墳丘の規模がいずれも三〇mを超え、墳裾に廻る列石は平石と立石とが二、三重になっているものである。調査を行っている、二号墓と三号墓の突出部は、幅が広く、前方に飛び出ているが、突出部内側は全面に石が敷かれており、鳥取県のものとは様相が異なっている。三号墓は四〇m×三〇m高さ四mを測り、突出部を含めると五〇mにもなる（**図21**）。主要な埋葬施設は木棺の外側を板

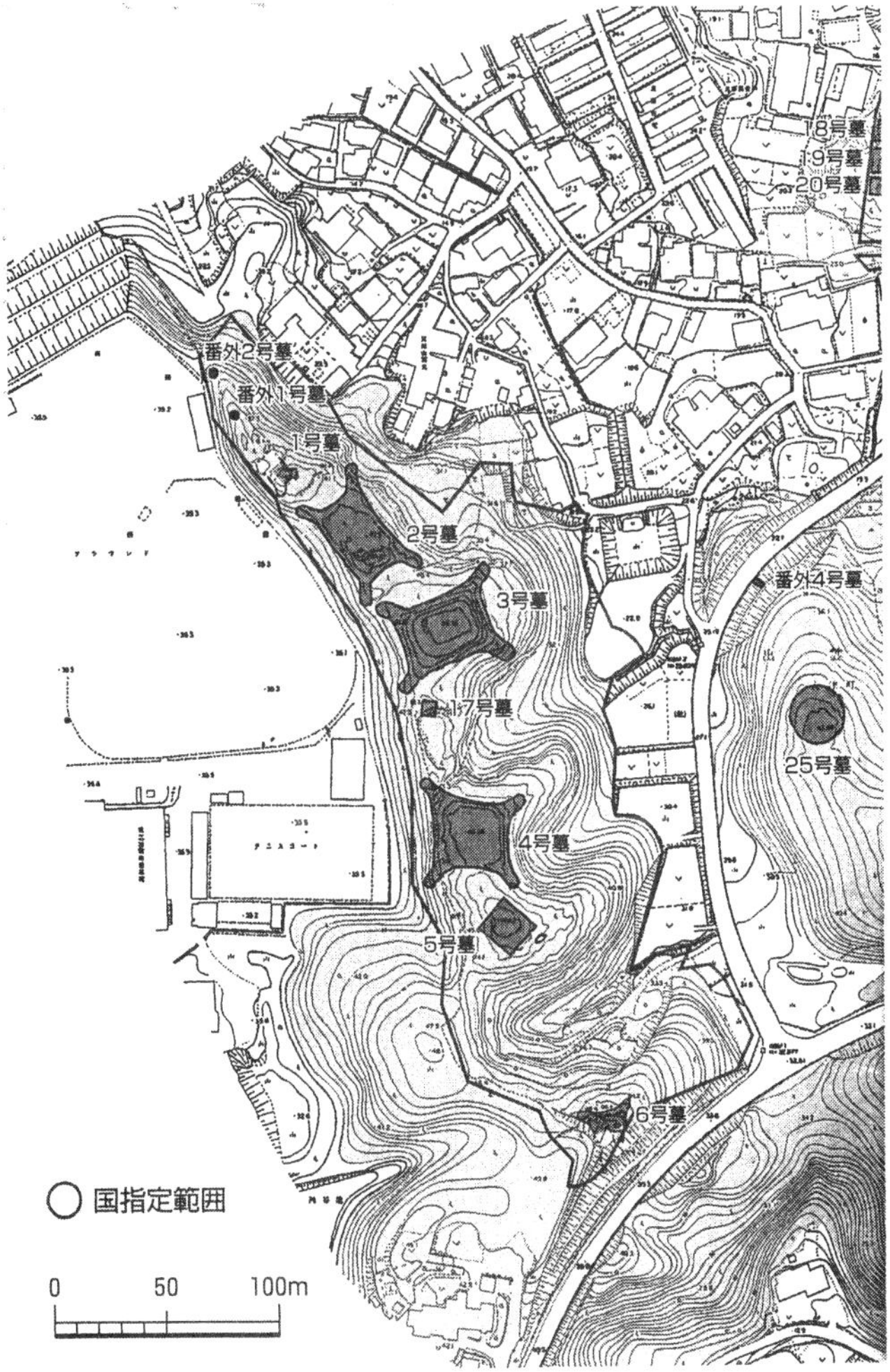

図20　西谷墳墓群位置図

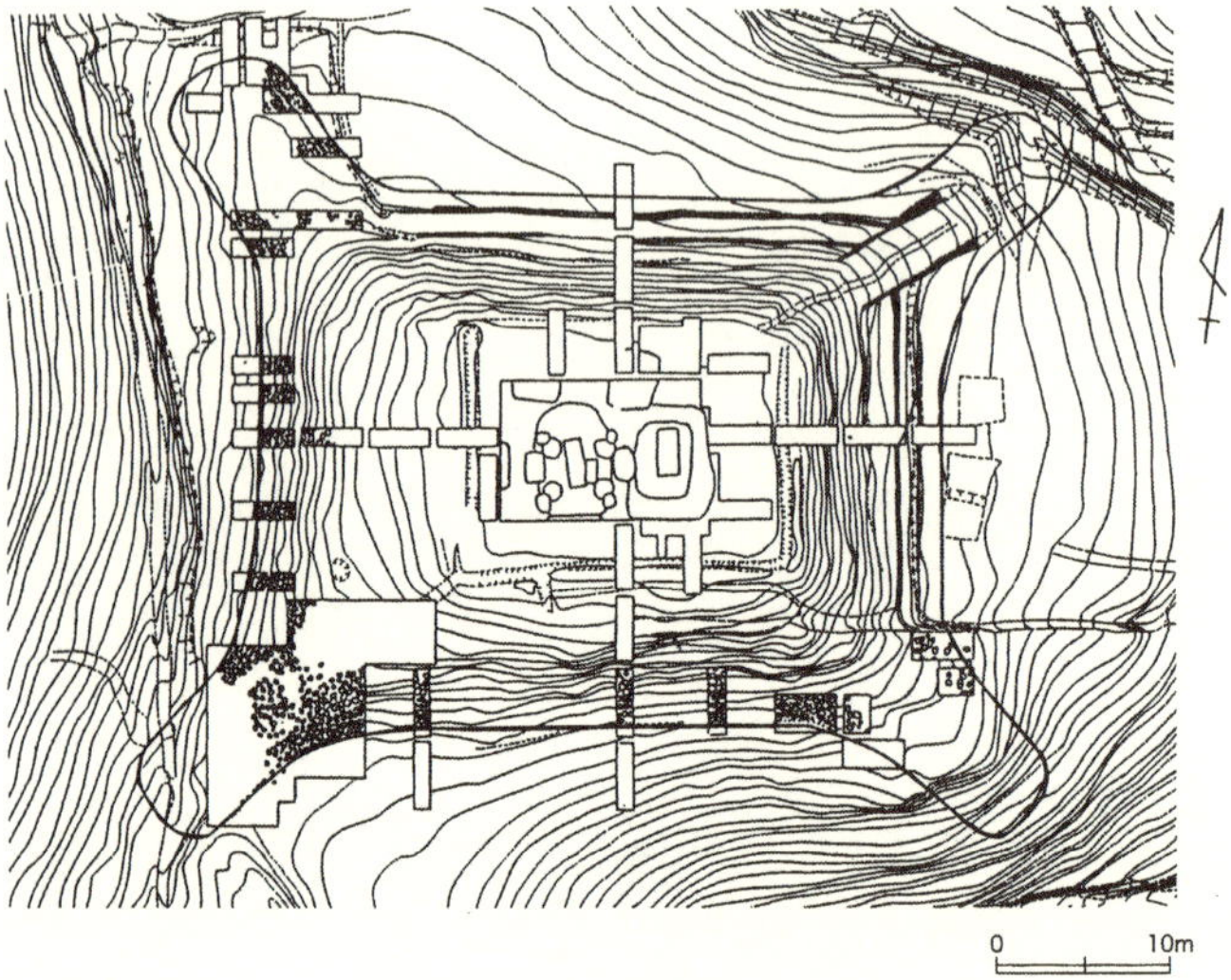

図21　西谷３号墓実測図

で覆う木槨墓で、四本柱の葬儀用施設が建ち、朱の付いた石と多量の土器が見つかった。その中には吉備地方の祭祀用土器や北陸地方の土器が含まれており、葬儀には他の地方からも参列があったと考えられている。また、埋葬施設内は水銀朱が全面に敷かれ、鉄剣の他、碧玉製管玉、ガラス製の玉、コバルトブルーのガラス製勾玉を副葬していた。

　出雲でもう一つの「くに」が存在していた安来平野の王墓である四隅突出型墳丘墓は、突出部内側に石がないやや控えめなものである。弥生時代後期中葉の仲仙寺九号墓は一九

ｍ×一六ｍあまりで、墳丘の短い辺に溝を持ち、墳裾から伸びている列石がきれいに突出部を廻る（図22）。埋葬施設は墳頂部に土壙三基があり、メイン主体部から碧玉製管玉が検出されている。また、仲仙寺九号墓より新しい宮山Ⅳ号墓は、突出部先端の幅がやや広く袋状を呈する。規模は、一九ｍ×一五ｍ、埋葬施設の土壙から鉄剣一が出土した。その他、開発で破壊された安養寺墳墓もこの地域の首長の墓と考えられている。

・その他の四隅突出型墳丘墓

出雲平野では王の墓が西谷の丘陵に築造されているが、拠点集落の代表格の人々は集落の近くの平地に墓地を造っている。中野清水遺跡の墓地にある中野美保一号墳は、保存状態が悪く二隅しか残っていなかった。いずれも列石がＵの字形に廻り、内側に石がないタイプで、規模は一一ｍ×九・五ｍ、築造時期は後期中葉である。また、山持集落の墓地である青木遺跡からは、突出部の内側に石を敷いたと思われる四隅突出型墳丘墓が三基あまり検出されている。しかし、いずれも保存状態が悪く詳細は不明である。

松江市周辺には内側に石を敷いているものと「ハ」の字に開くタイプの突出部を持つ小規模な墳墓が存在する。前者の間内越一号墓は墳丘の規模に対して突出部の幅が広く、内側全面に石を敷いている。その他、来美墳墓も同じような形態を持っていたと思われ、

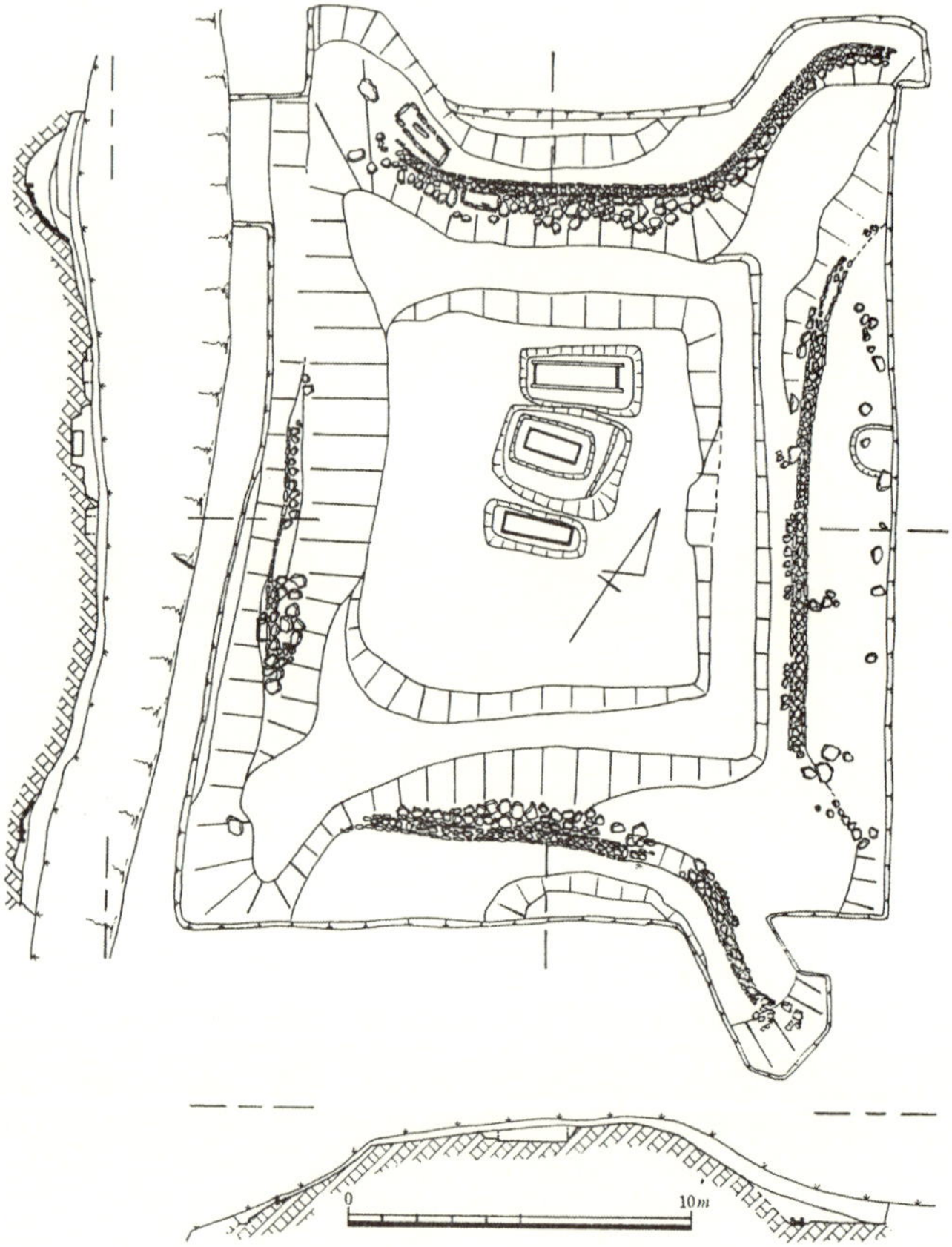

図22　仲仙寺９号墳実測図

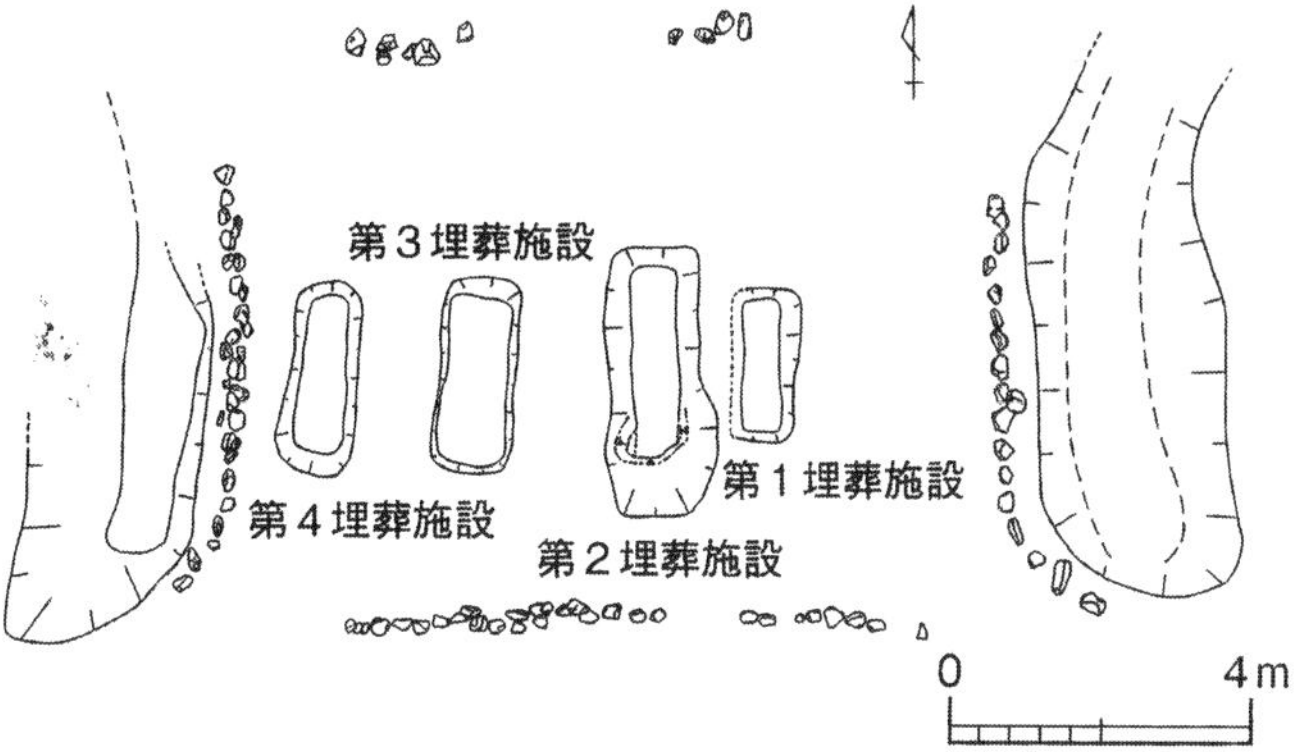

図23　布志名大谷Ⅲ遺跡１号墓実測図

墳頂部からは七つの土壙《どこう》が検出された。後者は今まで破壊を受けていると考えられていたが、幾つかの類例が増えてきたことから、突出部の一形態と考えられるようになった。松江市布志名大谷Ⅲ一号墓は墳丘の短辺側に弧状の列石が存在し、長辺側は列石が直線的に延び、南東と南西の隅が「ハ」の字形を呈している（図23）。また、松江市沢下五号墓は丘陵尾根の斜面に造られた八ｍ×五ｍあまりのもので、埋葬施設は大形の土壙一基が存在する。斜面上方部は溝によって区画し、溝の東側は短辺の墳丘裾から二ｍあまり外側のところまで延び、隅は「ハ」の字形になっていた。

コラム10

「弥生時代の出雲人はワインを飲んでいた？」

平成二一年に出雲市山持遺跡から高さ一七・七㎝の楽浪の壺が弥生時代前期から後期初頭の土器を含んでいる砂礫層からほぼ完形で出土した。この壺は、底部を糸で切り離した灰色の堅い焼き物で、このような技法で作られた土器は約八〇〇年後の八世紀になってやっと出雲で作られるようになるものである。当時の人は、これを見てびっくりしたと思われるが、もっと驚いたのはその壺の中に入っていた物であろう。当時、楽浪の人は出雲地方の漆を求めて、はるばる朝鮮半島の北側にある楽浪郡から、さほど大きくないこの土器を携えて出雲にやって来た。この土器が見つかった遺跡は朝鮮半島や吉備・北九州等の各地の人が多く行き来していた「国際交易都市」的なところで、日本海交易の拠点となる集落である。

出雲地方で楽浪から入手したものは田和山遺跡の硯をはじめ、「いずものくに」の王墓である西谷墳墓から出土しているガラス製の勾玉・水銀朱等が知られている。それに、荒神谷遺跡の銅剣には中国華北の鉛が使われており、上野遺跡出土の鉄素材に中国東北部産と思われものがある。このように、楽浪との関係が深いことから、出雲にやってきた楽浪の人達はみやげとして、この壺の中に葡萄酒を入れて持ってきたかもしれない。中国では前漢の時代に葡萄酒を生産していたので十分に考えられることである。

楽浪の土器

コラム11

「木製品の箱物は出雲で最初に作られた?」

出雲市の姫原西遺跡は弥生時代後期の木製品工房集落で、日常生活品の他、特定の人が使う扇・弩《ど》形木製品（中国の弓）・琴板・箱形木製品も作っていた。この中で注目されるものが箱物である。ノコやカンナがない時代、小刀や彫刻刀のような道具を使って、木を薄く割り、板の表面をきれいに加工し、板の端に浅い溝を掘っている。そして、その溝に板をはめ込み、木くぎで留めて箱を作っていた。しかし、木くぎだけでしっかり固定するのは難しいと思われ、板をつなぐ接着材が当時あったものと推測される。

接着材で、まず思い付くのが米である。当時の米はモチ米みたいな粘着性があるので、これを練って接着材として使用していたかもしれない。現在でも文化財の修理に米の接着材を使っていることから十分に考えられる。それ以外としては膠《にかわ》がある。出雲市矢野遺跡からは鹿、イノシシの加工痕が残る骨が出土している。これらの骨や皮等を水とともに熱して、得られた抽出液を濃縮して乾燥させれば膠ができる。このように、当時、すでに接着材と箱を作る専用の道具があったと思われ、それらを利用して作っていたものと推測される。弥生時代の箱物は姫原西遺跡のものが日本で最も古いと考えられるが、今まで注目されてこなかったので、今後の研究に期待したい。

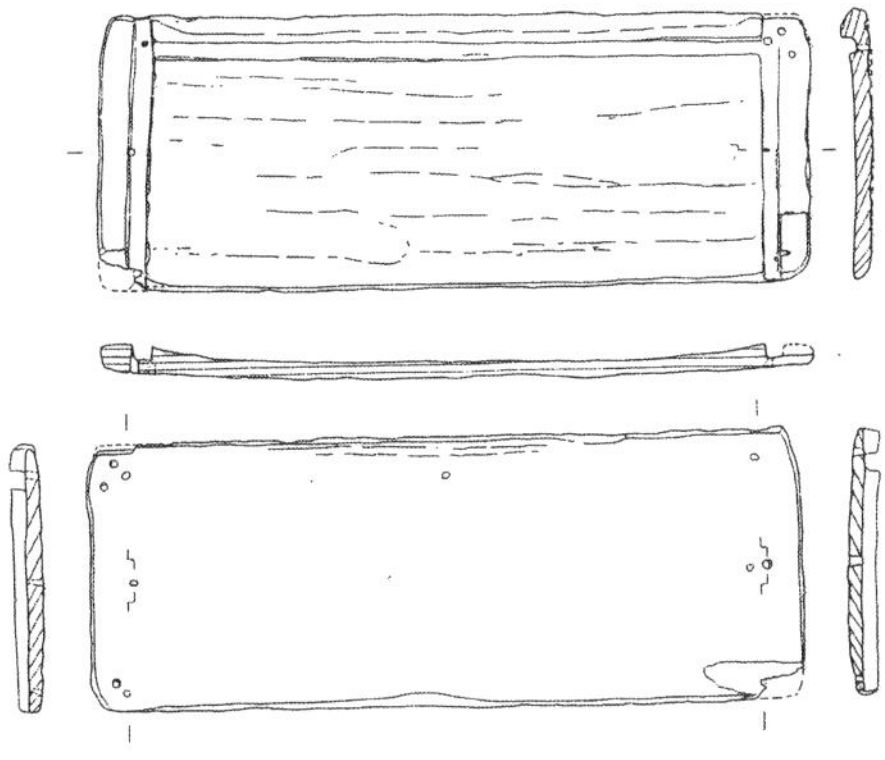

姫原西遺跡箱物実測図

コラム12
「ふしぎな形をした山陰系土器の甕」

出雲地方で王の墓と言われる巨大な四隅突出型墳丘墓が出雲市西谷の丘陵に造られる弥生時代後期中葉に山陰系土器の鼓形器台と甕が作られるようになる。

その内、甕の口縁部は口縁が二つあるように見える「5」の字形をした複合口縁と言われるふしぎな形をしている。底は丸底で、胴部はなんと〇・五㎝あまりの厚さしかない。それが、驚くことに出雲平野の調査でコンテナ何千箱も出土しているのだ。この甕は鼓形器台とともに葬送儀礼に用いられているが、大半は日常の生活に使用されている。底が丸くしかも薄いため割れやすいものを多くの人が使っているのは不思議である。ところが、煮炊きする場合、底が薄い甕は火まわりがよく効率がいいかもしれない。また、底が丸いので米等を入れたものが取りやすく、口縁内部には蓋をしやすい段のついた形をしているから、煮炊きする時や鼠等から食料を守るには適していたものと思われる。そのため広く普及していったのであろう。しかし、底が丸いので、窪んだ穴の中に置いて使用していた。当時は土間であったので、さほど不便ではなかったと思われる。この土器は「いずものくに」を象徴するものとして作り出されたと考えられ、遠くは畿内や北九州・韓国南部からも出土している。

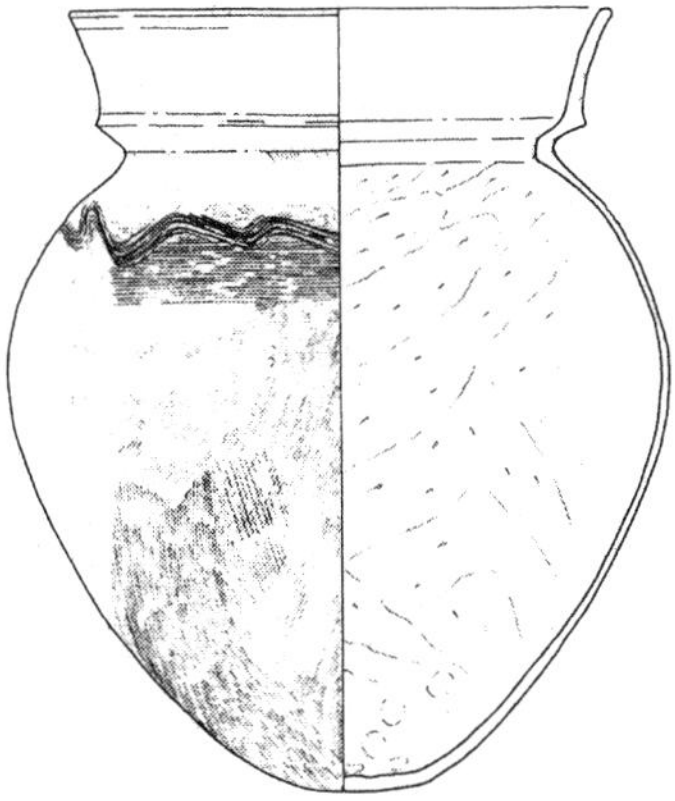

山陰系カメ形土器

第5章　弥生文化が残る前期古墳

1　大和政権の誕生と出雲

出雲平野を中心とした弥生時代後期の「いずものくに」は、日本海交易を通して各地の状況や大陸の情勢を十分把握していた。そのため倭国統一の必要性を一番強くもっていた「くに」の一つと思われる。大和政権設立に向けて人々が全国から集まって出現した奈良盆地の纏向遺跡は、大陸から見たとき最も防御に適しているところにある。古い段階から出雲をはじめ北陸・尾張・吉備・紀伊・近江の土器が出土し、纏向石塚古墳が造られた。そこには北九州の土器が少ないと言われているので、伊都国・奴国等は奈良を都とすることに難色を示していたかもしれない。そして次の時期になると各地の土器が増え、大王の墓である箸墓が出現するのである。

「いずものくに」は「伊都国」とは親密な関係にあったことから、政権設立に当たっては北九州の「くに」を説得する等、何らかの重要な役割の一端を果たしたものと思われる。そして、九州が加わった大和政権は象徴として吉備周辺の文化である前方後円形の墳墓、特殊埴輪、竪穴石室を採用し、「伊都国」の平原墳墓から出土した銅鏡・剣・玉等を副葬品として加え、基本的な墳墓祭祀型態を確立した。

また、「いずものくに」は、日本海交易で培った鉄や碧玉を加工する技術等を馳駆し、新たな政権に必要な武器・石製品等を製作するため、出雲の地から多くの人が大和に移り、大和政権誕生に大きな役割を果たしたものと思われる。

2　弥生時代から古墳時代へ

1．拠点集落の解体

全国的に存在していた弥生時代の拠点集落は、古墳時代になると首長館が別の地に移ったため消滅したと考えられている。出雲地方では館跡が確認されていないが、安来市塩津山遺跡群の拠点集落はいち早く弥生時代末になくなっている。この周辺では、古墳時代前期前葉から中葉にかけて首長系譜がたどれる古墳が造られている所である。それに対し、出雲平野の拠点集落は弥生時代末に衰退傾向が見られ、最後まで残っていた古志本郷遺跡や中野清水遺跡は古墳前期中葉に解体している。この時期の集落は出雲平野南側に小規模な浅柄遺跡が知られている程度で、西谷七号墳が築造された後は、きわだった古墳も存在しない。それは、出雲平野の「いずものくに」が大和政権設立に参加し、日本海交易が衰退したためと思われる。

全国的に起きている拠点集落の解体は、人口の増大と、食料が不足するなど従来の支配体制が維持できないため、地方の首長達は集落を分散し、水田開発を積極的に進める必要性に迫られていた。一方、大陸の情勢から倭国が一つになることが急務な課題でもあった。そのように、新しい支配体制を確立したいと言う同じ問題を各地で抱えていたことが、比較的スムーズに倭国統一がなされた大きな要因であったと考えられる。

2. 四隅突出型墳丘墓から方墳へ

弥生時代後期中葉の出雲地方では的場遺跡や鍵尾遺跡のように方形の墳墓の他、四隅突出型墳丘墓が比較的多く造られていた。この墳墓は終末になると首長墓の宮山Ⅳ号墓や西谷九号墓で造られ、古墳時代には姿を消すようになる。出雲の首長達は新たな時代に対応するため自らが「いずものくに」の象徴である四隅突出型墳丘墓を造らなくなったものと思われる。古墳時代に入ると方形の墳墓を受け継いでいるが、安来市塩津山一号墳や松江市寺床一号墳のように一隅が突出したものがあり、面影が残存している。

このように出雲地方では四隅突出型墳丘墓から方墳へと変遷してきており、前方後円墳を造っていないのが大きな特色である。これまで、出雲地方は、大和政権から強力な圧力が掛かったため大和政権の象徴である前方後円墳が造れず、大きな屈辱の中で方墳を築造したと考えられてきた。ところが、近年、大和政権は出雲、吉備、北九州等の地域が連合して誕生したことが明らかになってきたので、古墳築造に対して中央政権から強い規制があったわけでもなく、あくまで、出雲が独自に墳形を選定したものと思われる。

3．埋葬施設や副葬品の変化

出雲地方の弥生時代後期の首長墓には西谷三号墓のような木棺のまわりに木の板で囲んだ木槨墓もあるが、ほとんどは木棺や土壙墓である。それが、古墳時代になると新たに竪穴式石室や粘土槨等の畿内型埋葬施設が首長クラスの古墳に用いられるようになる。一方、小規模な古墳には引き続き木棺直葬は行われ、出雲地方の前期古墳には畿内的な埋葬施設と伝統的なものが共存している。

弥生時代後期の副葬品は北九州の伊都国平原一号墓のように銅鏡四〇面あまりと多量

の玉類、鉄製品等豊富な遺物が出土している墳墓も存在する。しかし、吉備、出雲地方では、この時期の副葬品は貧弱である。吉備地方の楯築墳丘墓は全長七八・五mの大形墳墓にもかかわらず、副葬品は鉄剣一に多数の玉類だけである。出雲地方でも墳丘規模が一辺五〇m以上の西谷三号墓は玉類と鉄剣一、西谷二号墓にはガラス製釧があるだけで少ない。しかし、これらの墳墓からは大量の水銀朱や祭祀に用いた器台、壺等の土器が数多く出土している。このように出雲・吉備地方は、墳丘や墳墓祭祀を重要視しているため副葬品が少ないのであり、経済力がなかったからではない。そのため、この傾向を受け継いだ出雲地方は古墳時代前期の副葬品が他の地域と比べ著しく貧弱なものとなっているのである。

4．変わらない墳墓祭祀

安来市九重遺跡では、昭和三七年に死体を埋めた穴の直上（主体部直上）からまとまった弥生時代後期前葉の土器が検出された。これらの土器は、器台を含むことから供献土器と考えられるようになり、出雲地方ではこれまで、弥生時代後期から古墳時代前期にかけて主体部直上で出土した土器はすべて供献土器と呼ばれてきた。これに対して、渡辺貞幸氏は、弥生時代後期中葉の西谷三号墓主体部直上の土器は祭祀後の後片付けされ、ただ置いているので、供献という言葉は適切でないと指摘している。

たしかに、主体部直上の土器は重なったような状態か粉砕されたものが多く、祭祀に使った土器を置いた状態である。しかし、弥生時代の西谷三号墓や古墳時代前期の松江市上野一号墳等では土器とともに標石（墓石みたいなもの）が主体部直上から見つかっている状況からみて、祭祀に使った土器を主体部直上に置くことに重要な意味があったものと考えられる。このように、鼓形器台を使った墳墓祭祀は弥生時代から古墳時代前期を通じて行われている出雲地方の最も重要な祭祀形態であると言えよう。

3　古墳の変遷と特色（図１）

１．初期の古墳

出雲地方における前期初頭の古墳は、松江平野周辺や斐伊川中流域を中心に分布している。それらは、雲南市神原正面北古墳群、出雲市西谷七号墳のように、弥生時代から継続して古墳時代になっても墓が造られているものと、新たに古墳時代から出現した松江市の奥才古墳群、社日古墳群、雲南市土井砂古墳群等がある。この時期の古墳は、い

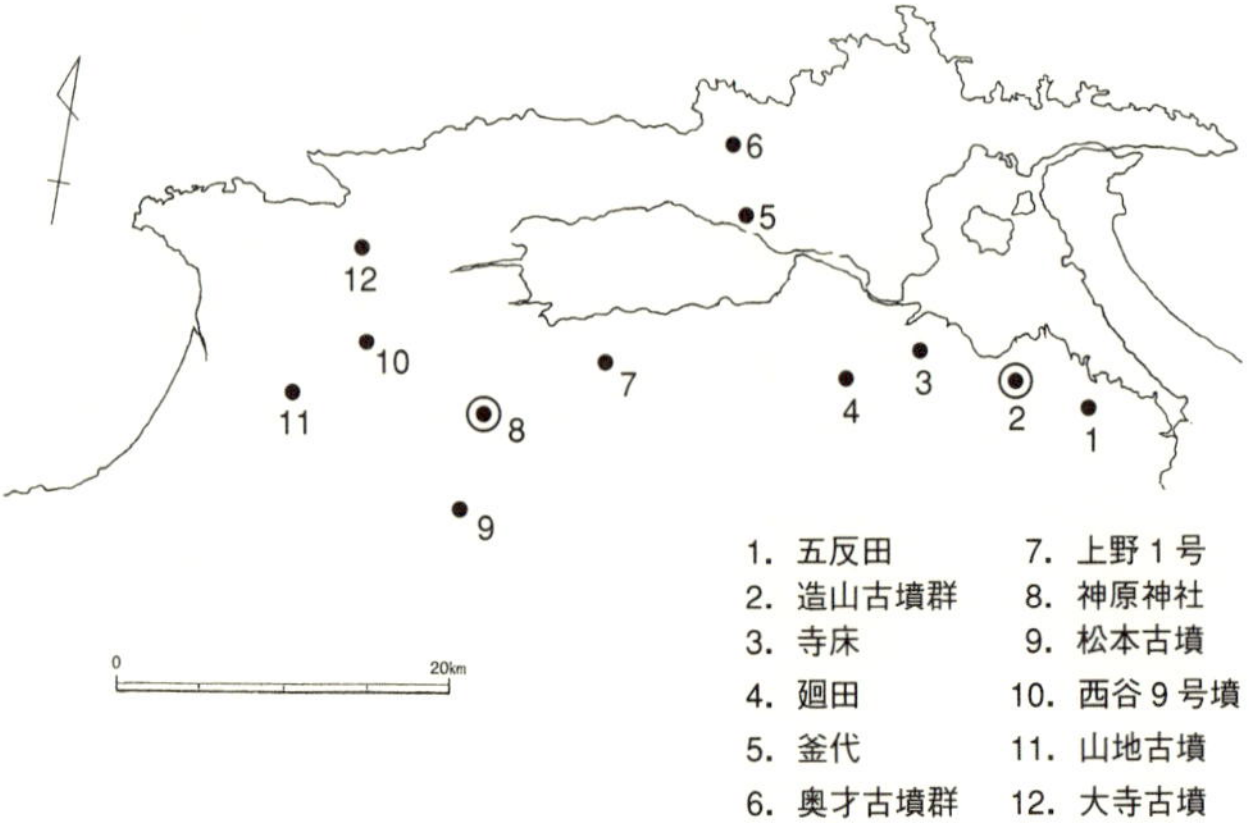

図１　主要な前期古墳

ずれも小形の方墳で、死骸を埋めた上部から鼓形器台、壺、低脚坏等が出土するものが多く、木棺が大半を占める。新しいものとしては鏡片、鉄製農具等の副葬品や、長方形をした古墳の長い辺に平行して死骸を埋葬する施設がある。このような埋葬施設は、新勢力である社日一号墳や奥才古墳五六・六二号墳に取り入れられている。

社日一号墳は盛土中から掘り込まれた木棺の外側を板で囲む木槨《もっかく》が造られ、奥才五六号墳・六二号墳は地山を削り出した不整形な長方形の方墳である。また、土井砂古墳群は墳形が正方形で、墳頂部には伝統的な鼓形器台を使った祭祀と、底部穿孔の土器を用いた新しい墳墓祭祀が行われており注目される。鏡は土井砂一号墳、松江市小屋谷三号墳で鏡片が、安来市小谷古墳から小形仿製鏡（日本で作った鏡）が見つかっている。このように古墳出現期から墳形、墳墓祭祀に多様性が見られ、弥生時代末期に首長墓が造られていない松江平野周辺や斐伊川中流域に、いち早くこのような古墳が出現しているのは当時の社会状況を反映しているものと思われる。

2. 古墳の普及と首長墓の出現

古墳時代前期前半になると、竪穴式石室・粘土槨に鏡、鉄製武器等の副葬品を持つ大形古墳が安来市荒島丘陵や斐伊川中流域に出現してくる。

荒島丘陵では大成古墳→造山一号墳→造山三号墳という首長系譜がたどれるところである。これらの古墳は形がややいびつな大形方墳で、墳丘は地山を削り出して造られ、埋葬施設から三角縁神獣鏡等の鏡や大刀、剣、刀の武器それに玉類、紡錘車、刀子、ヤリガンナ等の副葬品が出土している。この地域の首長墓は弥生時代後期に仲仙寺墳墓群が現れ、それに続き、宮山四号墓まで四隅突出型墳丘墓を築造してきたところである。ところが、古墳時代に入ると一旦首長墓を造らなくなるが、その後すぐに大形方墳である大成古墳が出現することから、弥生時代から引き続き同じ勢力の集団によって地域を支配していたものと考えられる。ただ、竪穴式石室という畿内的な古墳文化を採用しながらも伝統的な方墳を築造するとともに、主体部の直上に墳墓祭祀を行った土器を供えるような弥生的な文化を維持しているところである。

また、いびつな墳形や荒島タイプと呼ばれる逆三角形、箱形をした特殊な排水溝が竪穴式石室の床面に造られている等、独自の古墳文化を持っている地域として注目される。

一方、斐伊川中流域は弥生時代後期の拠点集落や、四隅突出墳丘墓の首長墓といった主要な遺跡がないところに、小規模な古墳が出現し、その後、景初三年銘の鏡を持つ神原神社古墳や前方後方墳の松本一号墳等の首長墓が造られるところである。この地域は、畿内の布留式土器が出土している広島県の神辺平野、庄原平野、島根県の出雲平野を結ぶ南北ラインにあたり、古墳時代開始期には物資・情報の主要なルートとして認識されている。神原神社古墳の豊富な鉄器・土手状盛土・墳墓祭祀、それに松本一号墳の前方後方墳・粘土槨・くびれ部における祭祀等は、荒島丘陵の首長墓には見られないものである。また、神原神社古墳の竪穴式石室は壁が持ち送り技法で積まれ隅が丸いことや墳頂部における円筒形土器・底部穿孔の壺を使った祭祀形態等は奈良県中山大塚古墳に共通する。そして、円筒形土器の文様は奈良県西殿塚古墳の埴輪の文様に類似している。

さらに、中山大塚古墳がある奈良盆地東南部の大和古墳群には下池山古墳や波多子塚古墳のように前方後方墳があり、この古墳群の近くに存在する乙木・佐保庄遺跡から出雲地方の鼓形器台、複合口縁の甕が出土している。これらのことから神原古墳・松本一号墳出現の背景には奈良盆地の影響があると思われる。それは、大和政権設立時に、出雲に残った人が大和に繋がるこの地に新たに古墳を造ったと考えられないだろうか。

３．大形方墳の消滅と円墳系古墳の台頭

古墳時代前期末になると安来平野の荒島や斐伊川中流域の勢力は衰退し、今まで大規模な古墳が造られていなかった松江平野や出雲平野に前方後円墳が出現してくる。そして、整円墳や長円墳、不整形の円墳が出雲地方全体に存在するようになる。これらの円墳系の古墳は前方後円墳である出雲市大寺古墳や松江市廻田古墳の被葬者を中心として相互に連携しながら地域を支配していたものと思われ、前期中葉から後葉にかけて大きく支配体制が変わってきている。それは、奈良盆地の南部で成立した連合による大和政権が北側に移って、新たな勢力が出てくる時期と重なっており、中央の状況が大きく影響しているものと考えられる。

ところで、出雲地方の長円墳は、鏡を副葬しているものが多く定型化しているのにも

かかわらず、これまで墳形として認識されていなかった。このような、墳形は丹後の京都府峰山町カジャ古墳等で見られる。この古墳は七三m×五五mの長円墳、竪穴式石室を持ち鏡、筒形銅器、鉄器、玉類、鍬形石等の副葬品が検出されている。丹後地方には出雲の鼓形器台が出土している権現山古墳・ゲンギョウの山六号墳があり、但馬地方は長円墳の城山古墳や若水古墳が存在し、いわゆる奥才型木棺（松江市奥才古墳群で見られる木棺）が分布している地域である。これら北近畿地方は、中央の新勢力出現を受けて出雲地方との関係が強まったところで、長円墳出現の背景もそこにあるものと思われ、前方後円墳、円筒埴輪といった新たな古墳文化もこの地方を介して伝わったと考えられる。

4　いびつな形をした前期古墳

前期古墳には前方後方墳や方墳、円墳等があり、それらは形が整ったものと考えられてきた。しかし、出雲地方ではいびつな形をした古墳が意外と多いことはあまり知られていない。方墳には、不整な長方形や正方形それに菱形をしたものまである。長方形は松江市布志名大谷一号墳のように形が整っているものも存在するが、松江市寺床一号墳、奥才一三号墳は短辺の長さが異なった台形状を呈し、神原神社古墳、社日一号墳等では「D」字形をしている。その他、いびつな長方形を呈しているものが多く、正方形に近い方墳も長方形と同じ傾向が見られる。

出雲地方では弥生時代後期から古墳時代にかけての墳墓のほとんどが墳丘の辺に平行して死骸を埋めた施設を造っている。そのことを注意して見てみると、島根県の代表的な前期古墳である大成古墳、造山一号墳は菱形になるのである。古墳頂上部の平坦面も菱形を呈していることから、正方形とは考えられない。さらに、景初三年銘の銅鏡が出土した神原神社古墳をはじめ、発掘調査が行われた前期の方墳はことごとく不整形であることが判明している（図2）。

円墳にも形の整ったものとそうでないものがあり、長円形をした松江市上野一号墳、釜代一号墳、荊捨古墳等は木棺を粘土で覆った粘土槨に鏡を副葬し、その上に粉砕した土器を供えている。この長円墳はやや小さいが、出雲地方にとっては重要な古墳である。その他、不整形な円墳状の出雲市山地古墳、雲南市斐伊中山二号墳等からも鏡や筒形銅器等が出土しており注目される。また、廻田一号墳は全長五八ｍの前方部が撥形に開く、

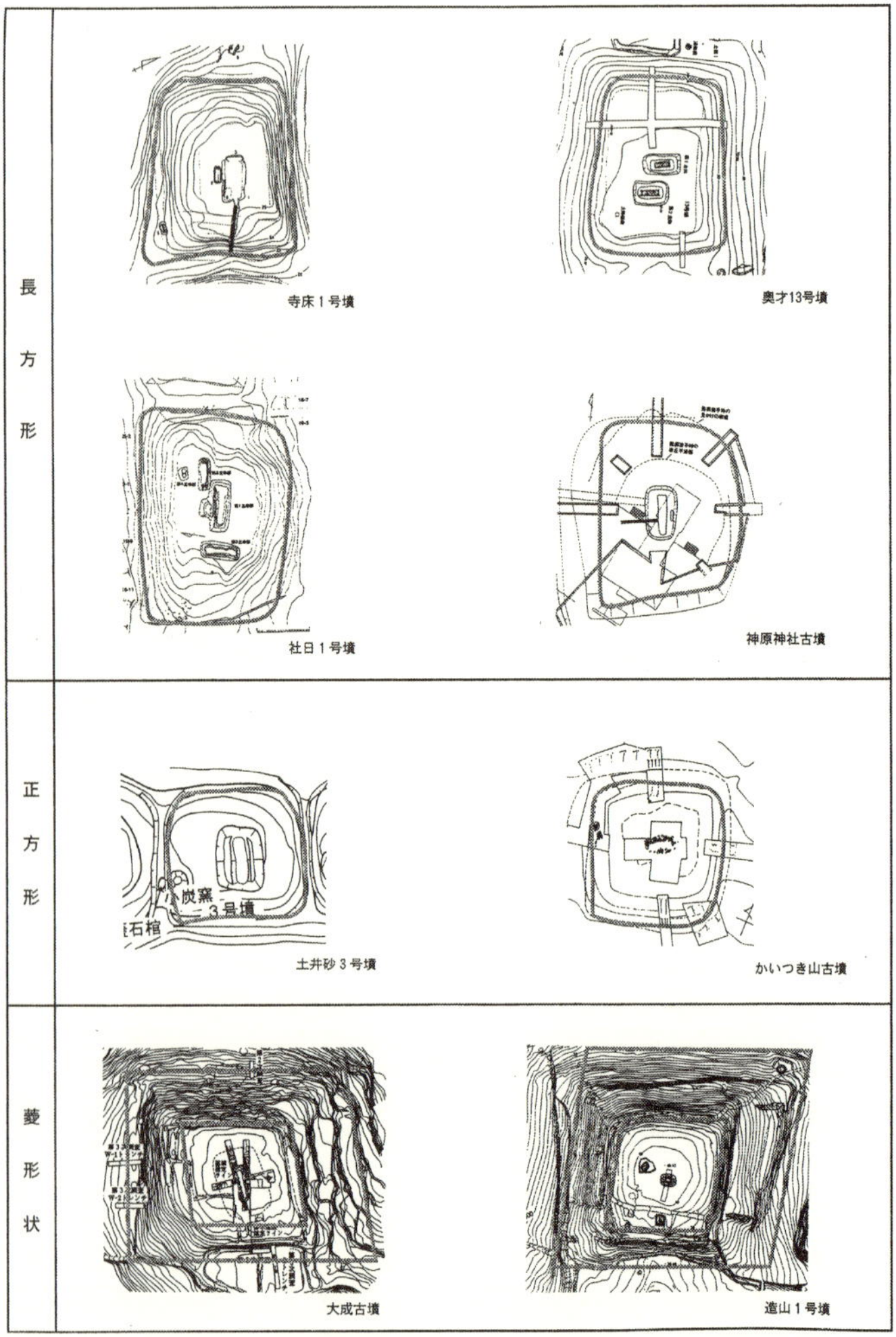
長方形
寺床１号墳
奥才13号墳
社日１号墳
神原神社古墳
正方形
炭窯
３号墳
石棺
土井砂３号墳
かいつき山古墳
菱形状
大成古墳
造山１号墳

図２　方墳の墳形

古いタイプの前方後円墳で、前方部正面のラインは墳丘主軸と直行せず、ややいびつな形となっている。（図３）。

このように、出雲地方の前期古墳は形の整ったものが少なく、墳形の統一性が見られないところが一つの特色と言えよう。

５　墳丘の築造

前期古墳は、盛土がほとんどないものと、盛土をある程度持っているものに分けられる。

地山を加工して墳丘を造っている盛土が少ない古墳は出雲地方全体に存在している最も普遍的な方墳の造り方である。出雲の代表的な前期古墳である大成古墳、造山三号墳をはじめ松江平野周辺の寺床一号墳、奥才古墳群や斐伊川中流域の土井砂古墳群等があり、古墳時代前期を通じて造られている。

旧表土上に盛土をしている古墳は社日一号墳、松江市客山一号墳で見られ、地山整地後に盛土しているものは斐伊川中流域の松本一号墳、神原神社古墳がある。前方後方墳

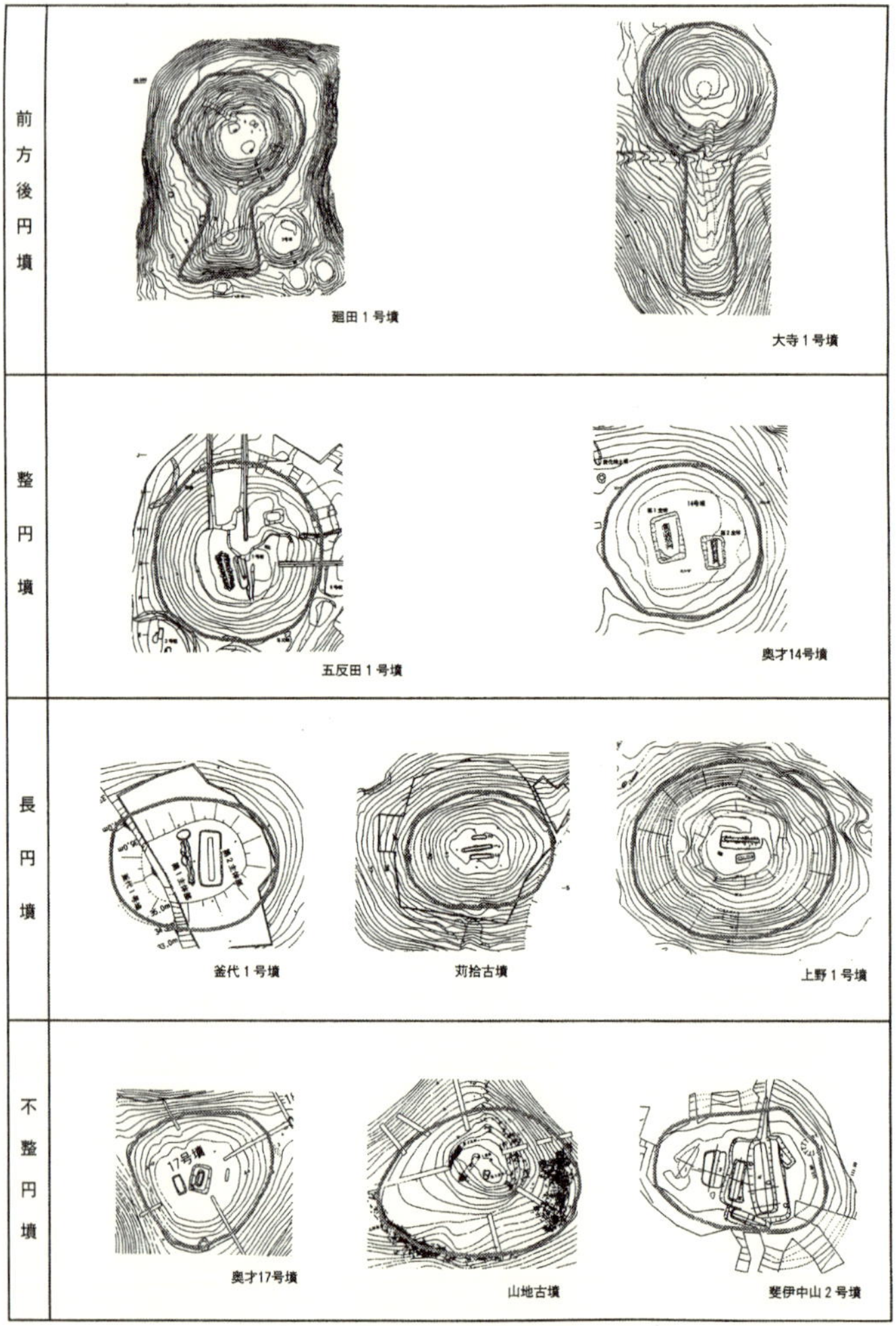

図3　円墳系古墳の墳形について

の松本一号墳は、地山を水平に削り、その上に一・三mあまりの盛土が後方部に施されている。最も本格的な盛土が見られる神原神社古墳では、墳丘の端部に土手状の高まりを持っていた。それは、竪穴式石室の石を積み上げる工程で周辺に盛った土が流失しないように墳丘の端を土手状に高く盛土をしている築造方法である。このような盛土は安来市五反田一号墳の円墳や前方後円墳の廻田一号墳、大寺古墳でも見られる。

6 埋葬施設について

古墳時代前期の埋葬施設としては、竪穴式石室・粘土槨及び粘土槨系埋葬施設等がある。

竪穴式石室は斐伊川中流域や安来平野の荒島丘陵で前期前葉に出現する（図4）。斐伊川中流域にある神原神社古墳の竪穴式石室は、長さ五・七五m、横断面は下方が内湾し上方がやや外湾する。この石室の下には、底が平らな浅い窪み状の穴が掘られ石を積む所に布が敷かれていた。この穴は石室の壁を安定させるため壁外側の盛土によって埋められている。さらに、墳丘の端側には土手状盛土が施されており、壁上半部外側の土が

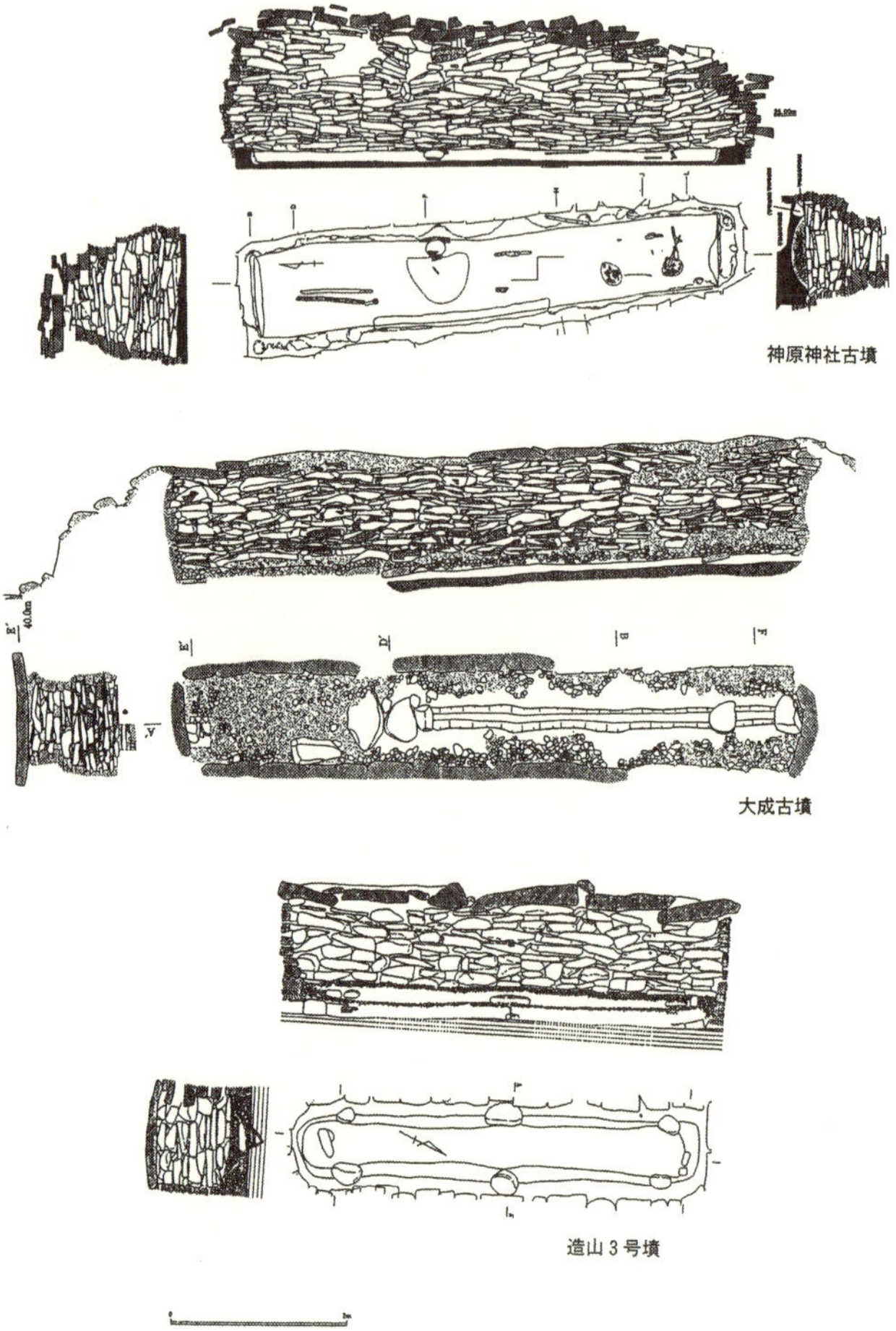

図４　竪穴式石室の形態

外側に流出するのを防いでいる。このように石室下方は土坑、上方は土手状盛土によって石室を保護する工夫が見られる。

一方、安来市荒島丘陵の竪穴式石室は地山から掘りこんだ大きな穴の中に竪穴式石室を造っている。大成古墳は長さ七・五m、横断面は湾曲しており、天井石上には石の隙間に粘土を詰めていた。次の時期の造山一号墳第一石室は横断面が台形、それが、造山三号墳になると、長さ四・七五mと小規模になり、壁は垂直ぎみになってくる。天井石上は石の隙間に小さい石を詰め、全体に黄色の粘土が覆っている。

前期末の安来市五反田一号墳は土手状盛土を持ち石室は長さ四・八m、高さ〇・六mの小規模なものである。壁は、一部にせり出しているところが見られるが、基本的には垂直で、出雲市の大寺古墳も小規模で土手状盛土が確認されている。その他、断面が垂直ぎみな安来市宮谷一七号墳や未調査のため詳細が不明な塩津山一号墳がある。

このように出雲地方の竪穴式石室は出現期からすでに墓壙（穴）の中に造られているものと、石室を造りながら墳丘を形成している二つの築造方法があり、横断面は、軽いS字形をしたものから、内湾・内傾するタイプへ変遷し、前期末になると垂直のものが大半を占めるようになる。また、時代が新しくなると長さ、高さとも規模が小さくなり、天井石上部の構造は石敷きから石の隙間に粘土を詰める段階、天井部全体を粘土で被覆する段階へと変遷している。

木棺全体を粘土で覆う粘土槨や棺身と床を粘土で覆っている粘土槨系埋葬施設は前期中葉から出現する。出現期の松本一号墳は前方後方墳の後方部に二基並行して埋葬施設が存在している。第一主体（死体を埋葬した施設）は箱形木棺の粘土槨系埋葬施設で、第二主体は割竹形木棺の粘土槨である。

次の時期の粘土槨は浅柄古墳や釜代一号墓で見られる。前者は墓壙の底に礫を敷き、中央を木棺の底の形に若干窪めて粘土を貼っているものである。後者の第二主体は木棺をが納める部分を「U」字形に掘り込んでいるタイプで、長さ五・四ｍあまりの刳り抜き木棺を持つ。

一方、粘土槨系埋葬施設は床面に「U」字形の掘り込みを持つ上野一号墳、苅捨古墳と窪みのないの斐伊中山二号墳等が存在している。上野一号墳は棺の長さが六・五ｍあまりの刳り抜き木棺で、この種の埋葬施設としては県下最大である。

粘土槨及び粘土槨系埋葬施設は、伝統的な方墳より、新しく出現する円墳系や前方後方墳に多く採用されており、墳頂部に並行して二基ないし三基の埋葬施設を造っているものが大半を占める。平らな床面に粘土を貼っているものから床面を棺底の形の「Ｕ」の字形に窪めて粘土を貼っているものへと変遷する。しかし、出雲地方では松本一号墳第一主体のように古い段階から棺上部に粘土が覆っていないものや木棺の身と蓋の接地部分のみに粘土を貼っている施設がある等、粘土の被覆量が畿内の粘土槨と比べ著しく少ないことが大きな特色と言えよう。

その他の埋葬施設には木棺を礫で覆う礫槨や木棺の底に礫を敷いたもの、木棺をそのまま埋めたもの等がある。

７　埋葬施設の方向

埋葬された人骨頭部の方位は、古墳を築造している丘陵尾根や墳丘に左右されるものが多く、あまり意識していないと思われる。実際は尾根や墳丘の長軸に対して直行している横タイプと平行する縦タイプの二つに分けられる。

弥生時代後期の四隅突出型墳丘墓のメイン主体は西谷三号墓をはじめ、ほとんどが墳丘に対して直行方向の横タイプである。安来平野では、古墳時代に入っても大形古墳である大成古墳、造山一・三号墳や塩津山一号墳に横タイプが引き継がれているが、前期末の五反田一号墳、宮谷一七号墳は縦タイプに変わってきている。

また、出雲平野でも同じように古墳出現期の西谷七号墳は横で前期末には縦の山地古墳、大寺古墳がある。ところが、斐伊川中流域は横から縦になり、前期中葉に再び横タイプの松本一号墳が出現する。さらに、松江平野周辺では、出現期に横タイプもあるが奥才五六号墳、社日一号墳では、他の地域より早く縦タイプが出現し、前期後葉になると縦が主流となる。

このように、前期古墳の埋葬施設の方向は地域によって多少様相が異なっているが、伝統的な横タイプから徐々に縦タイプに移っているようである。

8　副葬品と墳墓祭祀

1.　貧弱な副葬品

出雲地方の前期古墳の副葬品は他の地域と比べ貧弱で、一つの古墳から出土している鏡は造山一号墳の三面が最も多く、その他はほとんどが一面である。前期初頭は小形の古墳から後漢鏡（中国の鏡）の破鏡や小形模倣鏡《もほう》（日本で作った鏡）が見つかっている。それが、大形古墳の出現する次の時期には神原神社古墳、大成古墳で三角縁神獣鏡《ぶちしんじゅうきょう》が検出され、中葉になると漢鏡が多くなる。その後は、ほとんどが珠紋鏡《しゅもん》・神獣鏡等の仿《ぼう》製《せい》鏡（日本で作った鏡）であるが、荊捨古墳のように前漢鏡の破鏡と仿製捩紋鏡《ねじもん》が副葬されているものもある。

また、鍬形《くわがた》石、石釧《いしくしろ》といった石製品は出雲地方ではほとんど出土例がなく、僅かに奥才三四号墳から石釧一点が見つかっているにすぎない。首長墓である竪穴式石室を持つ埋葬施設から一点も出土していないのは、他の地域と大きく異なっている。古墳出現期の鉄製品には刀子、ヤリガンナ、鎌、斧、鍬先《くわさき》といった道具・農具類が大半を占め、大形古墳が出現するようになると大刀、剣、鏃《やじり》等の武器が出てくる。鉄製品が最も多く検出されている神原神社古墳では大刀二、剣一、槍《やり》一、鏃三六、斧二、鎌一、錘《きり》二、ヤリガンナ一、針二、鍬《くわ》先一、鑿《のみ》一等がある。

玉類は古墳時代前期の古い段階にはほとんどなく、中頃から副葬される。造山一号墳ではガラス製管玉の二点だけであったが、前期中葉の三号墳になると碧玉製管玉三〇、ガラス玉三三と副葬される数が多くなる。また、前期末の上野一号墳では硬玉製勾玉一、碧玉製管玉二六、ガラス製勾玉一、緑色凝灰岩製管玉一〇、瑪瑙製勾玉一と出土量が増えている。その他、釜代一号墳、荊捨古墳から碧玉製やガラス製の玉類が検出されており、前期中葉以降は普遍的に出土するようになる。なお、特殊な副葬品としては塩津山一号墳の銅鏃や山地古墳の筒形銅器がある。

このように、出雲地方の前期古墳の副葬品は鏡・石製品・武器等の首長としての威信財（権力を示す物）が他の地域と比べ著しく劣っているのが大きな特色である。

2. 墳墓祭祀

出雲地方では、主体部直上から粉砕された土器が出土しているものが弥生時代から続く最も一般的な墳墓祭祀で、器種としては鼓形器台、壷、甕、それに高坏、低脚坏等がある。この祭祀が検出されている一四の古墳の内、土器が四器種以上あるものは六基、三器種以下が八基とばらつきが見られ、古墳によって祭祀の規模、内容に格差があったものと思われる。

古墳時代に入って新たに出てくる墳墓祭祀には土器の底部に穴を開けたものや円筒形土器・円筒埴輪を用いたものがある。低部に穴を開けた土器の祭祀は斐伊川中流域に突如出現してくる（図5）。前期初頭の土井砂一号墳では第二主体を埋めた後、穴を掘って

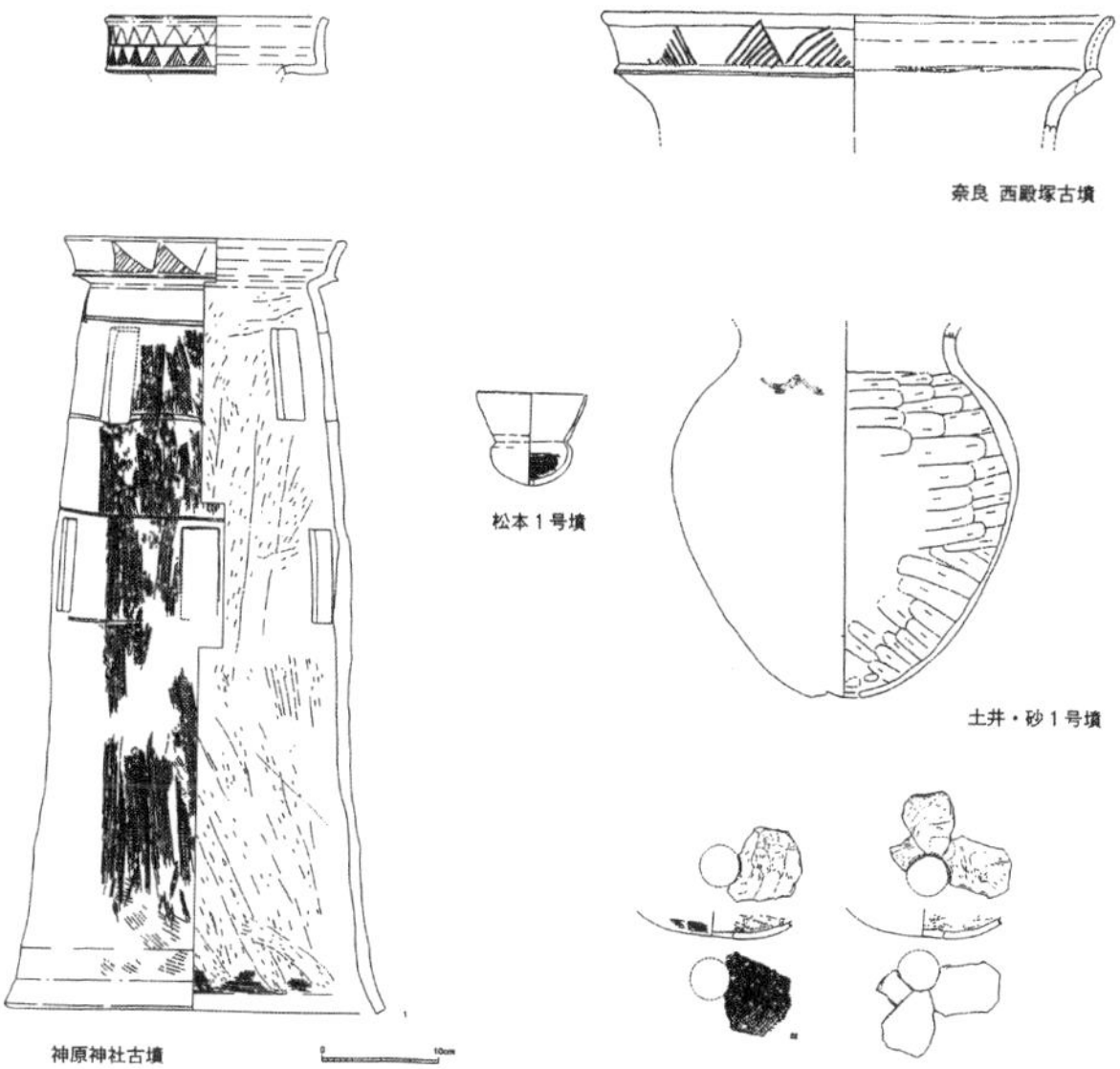

図5　円筒埴輪及び墳墓祭祀土器

底部穿孔の甕が置かれ、松本一号墳は後方部後側の溝から底部中央に径三㎜あまりの小孔を持つ小形丸底壺が見つかった。また、神原神社古墳では天井石上から径三・五～四・五㎝の大きさに穿孔された壺の底部と円筒形土器、鼓形器台、特殊壷等が検出されている。円筒形土器は一七固体以上出土しているので、墳頂部に方形に立て並べ、その内側で、厳かな葬送の儀礼を行い、その儀式に使用した土器を割って天井部の上に供えているものと考えられる。

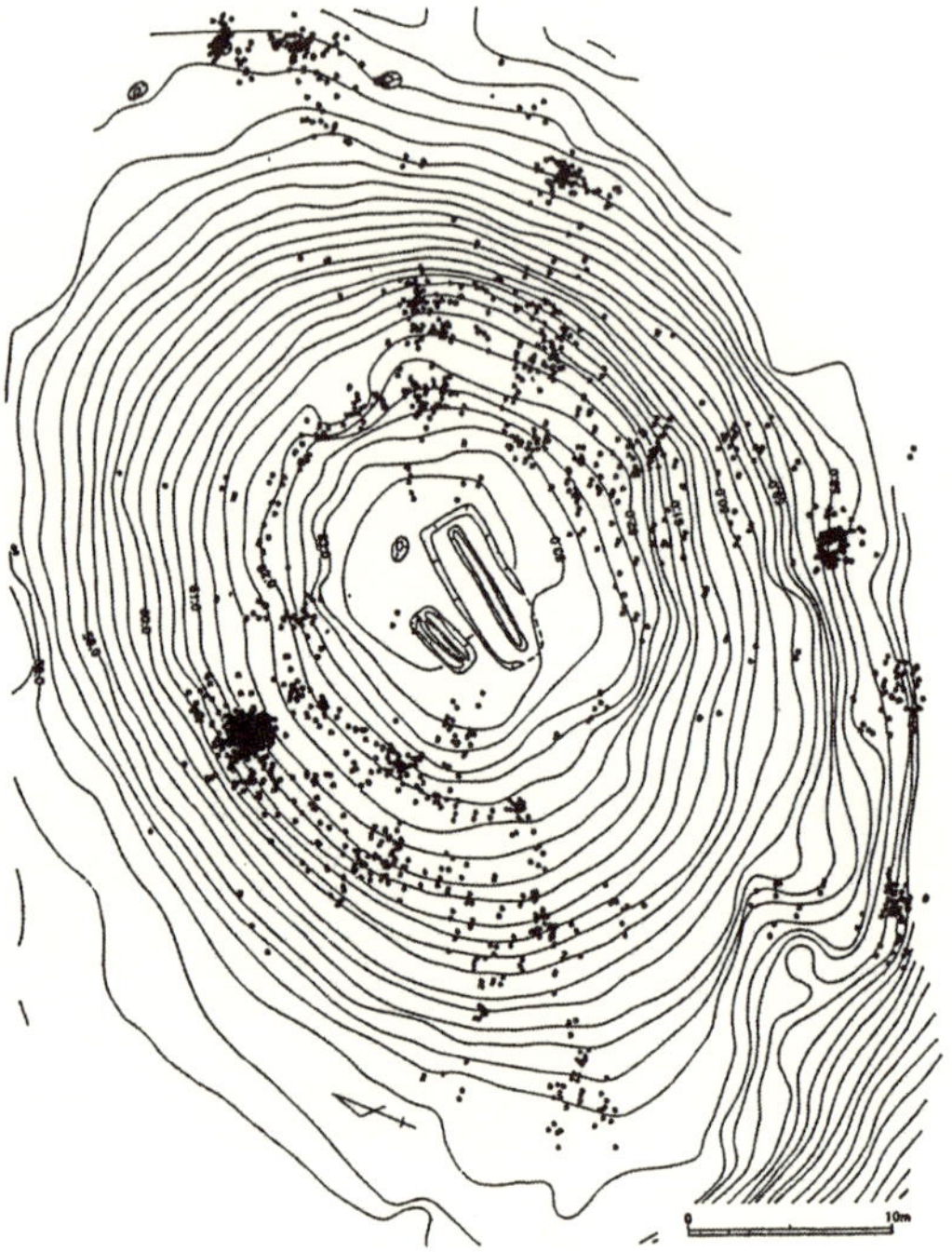

上野1号墳

図6　上野一号墳埴輪片出土状況

　出雲地方では前期末に出現する円筒埴輪も祭祀的な使い方をしている特異な地域である。墳丘全体を調査している五反田一号墳・上野一号墳では墳丘に埴輪を立て並べているのが確認されなかった。前者は、周壕全体から埴輪の細かい破片がまんべんなく検出され、後者は墳丘斜面全体から均等に出土し、自然に墳頂部から落ちたような状況とは考えられないものであった（図6）。さらに、死骸を埋葬した後の盛り土からも円筒埴輪片が見っている。これらの状況から、この埴輪は、墳頂部に立て並べて、その内側で葬送の儀式を行い、祭祀が終了した後に、土器は粉砕して主体部直上に置くとともに円筒埴輪は割って墳丘斜面にばら撒いたと考えられる。この様に初期円筒埴輪は墳丘に立て並べたものでなく、墳墓祭祀に伴うものが多いことは注目される。

出雲地方の前期古墳は弥生時代から続く複合口縁の土器、鼓形器台を使った墳墓祭祀や方形の古墳が、竪穴式石室、粘土槨といった新しい畿内的な古墳文化を取り入れながらも継続して存在する。鼓形器台は神原神社古墳のように畿内型の円筒形土器を用いた祭祀にも使われ、前方後円墳が出現する前期末まで受け継がれる。しかし、前方後円墳や円筒埴輪等畿内の古墳文化が浸透することによって徐々に廃れていき、古墳時代中期初頭には消滅する。出雲地方では鼓形器台を用いた墳墓祭祀が弥生時代から続く最も重要な祭祀で、それが無くなる段階を持って弥生的な伝統文化が消滅するのである。出雲地方の古墳時代前期は弥生時代の延長上にあるものと位置づけられ、真の古墳時代は鼓形器台が無くなる古墳時代中期になってからだと言えよう。

第6章　伝統的文化の消滅と畿内文化の浸透

1　古墳時代中期の社会状況

出雲地方の古墳時代中期は今まで墳墓祭祀で用いてきた鼓形器台が消滅するとともに隅丸方形の住居跡が壁際に炉を持つ方形に変わり、弥生的文化要素がなくなる時期にあたる。一方、中央では、連合で成立した大和政権が奈良盆地南部から、北側に移った時点で新たな勢力による独自の政権に代わっていったと考えられている。さらに、この新勢力は、高句麗の南下政策によって対立していた百済を救済するため、福岡県沖ノ島で国家的な祭祀を行い、朝鮮半島遠征を行うようになる。それにともない天皇陵は奈良盆地から大阪湾の河内・和泉に移ってくるのである。当時、大和政権は地方を圧倒するような軍事力を持っていたが遠征には地方からも軍隊の隊員を動員した。五世紀後半には大伴氏を中心とした原始的な官司（伴）が成立しており、伴のうち軍事と関係がある建部が設置されていたようである。『出雲国風土記』によると、建部臣―建部首―建部という軍事関係者の身分関係が存在していたことから五世紀には地方でも軍事を担当する者がいたと思われる。そのため、地方の豪族達はこぞって朝鮮半島遠征に参加するようになり、中央と地方との関係が急速に近くなっていったのである。

それにより、出雲地方では、今まで、大きな古墳を造っていなかった地域にも前方後円墳等の大形墳が出現するようになる。また、この遠征では政権直属の軍人を中心に軍隊を編成したと思われ、それが、中央と地方の有力者との間に信頼関係を生み、後の部民制度に繋がっていったと考えられる。さらに、遠征参加によって各地に渡来系の人が派遣され新たな技術が地方にもたらされるようになる。このように、大和政権が連合的なものから独自の政権に代わることにより、地方である出雲も弥生的な文化が払拭され、畿内の古墳文化が浸透し新たな文化が創出されてくる。この時期から追葬ができる横穴石室等が出現するまでを古墳時代中期としたい。

2　大形古墳の分布

古墳時代前期は斐伊川中流域や安来平野の荒島丘陵に主要な古墳が存在していたが、

前期末なるとその勢力が廃れ、新たに松江周辺や出雲平野に前方後円墳が築かれ、各地に長円墳が出現する。中期になるとその長円墳も無くなり、松江市の大橋川北側に八〇mあまりの方墳である廟所古墳が造られ、各地に四〇m～六〇mの大形古墳が築造されるようになる（図1）。これらの古墳の分布を見てみると二つの線上に位置している。一つは現在の国道九号線沿いの中海→宍道湖→出雲平野の南側にあたるもので、もう一つは大橋川・宍道湖北側の松江市朝酌→同大垣である。このように、線上に分布していることは、古墳時代中期になって大形古墳周辺の集落をつなぐ道が整備され地域間の行き来が活発になったことが考えられる。地域ごとに古墳を見ていきたい。

1．中海・宍道湖南岸地域

①安来平野周辺

安来平野は西側と東側で古墳の様相が大きく異なってい

図１　古墳時代中期大形古墳分布図

る。飯梨川西側の安来市西荒島町清水山一号墳は、四二m×三〇m以上、高さ五mを測る大形の方墳である。二段に造られた墳丘には、葺石が施され、段には埴輪が廻っていた。時期は五世紀中葉前後と考えられている。その後、全長約五六mの宮山一号墳はじめ造山二号墳（全長五〇m）・仏山古墳（全長四七m）の前方後方墳が荒島丘陵に造られるようになる。この地区の首長墓は前期から方墳が造られてきたところであるが、中期後半になると前方後方墳に代わってくる。このように、飯梨川西側の地域は前期から中期にかけて伝統的な方墳系の古墳を造り続けてきた出雲唯一のところである。

一方、安来平野東側の伯太川東岸は円墳、前方後円墳が造られている。安来市黒井田町の低丘陵に存在する毘売塚《ひめづか》古墳は全長四三mの前方後円墳で、墳丘には葺石と円筒埴輪があり、舟形石棺が安置されていた。棺内から人骨一体、鉄剣一が見つかり、棺の外側から矛一と鉄鏃が数本出土している。この古墳の南側には径三六mのあんもち山古墳（円墳）や全長五七mの清瀬山二号墳（前方後円墳）が造られているが未調査のため詳細は不明である。

このように安来平野の中期古墳は地域によって墳形が明確に異なっていることは興味深い。荒島丘陵周辺は弥生時代後期から方墳系統の墳墓・古墳を造り続けているところで、弥生時代から続く集団によって伝統的な古墳が造られている地域である。一方、伯太川東岸周辺は古墳時代前期末から出現してきた新勢力、首長は一貫として円墳系の古墳を造っている。この地域には五世紀後半に須恵器の窯跡や玉作工房が出現しいているが、それらは円墳系の首長が大きく関わっているものと思われる。

②松江意宇平野周辺

この地域では主に大橋川南岸に三〇m～六〇m級の古墳が集中している。墳形は方墳・前方後方墳・前方後円墳と色々な形のものが混在する。方墳としては一辺四二mあまりの石屋古墳がある。北と南側の辺には方形の造り出し部を持ち、調査された北側からは数多くの祭祀に使った形象埴輪と円筒埴輪が見つかった。時期は五世紀中葉～後葉で、人物埴輪は全国的に古いものとして注目されている。

この古墳の東側、すなわち大橋川の下流側には三〇m級の方墳である井の奥一号墳、荒神畑古墳が存在しているが、この場所に前方後円墳である井の奥四号墳と前方後方墳の竹矢岩船古墳が築かれているのは興味深い。井の奥四号墳は全長五七・五m、後円部の径四二m、高さ七・五mを測る（図2）。前方部は比較的短く、墳丘は二段築成で、段の平坦面には埴輪が立ち並び、斜面はやや扁平な山石が貼られている。そして墳丘の外側には周壕、その外側に外堤が廻る。外堤部を含めた全長は七四mあまりにもなる。出土遺物には鳥形・小形四足獣等の形象埴輪や円筒埴輪があり、この周辺では、一歩飛びぬけた首長墓である。

竹矢岩船古墳は、全長四七m、後方部の一辺二五m、高さ五・五m、前方部の幅一三mを測る。調査が行われていないので詳細は不明であるが、円筒埴輪が採集され、後方部の頂上には長さ二・八二m、幅〇・九~一・一五mの舟形石棺の身が置かれている。この石棺は原位置を保っていないと考えられており、長辺に三個ずつ円形の縄掛突起を持つ。副葬品は不明である。

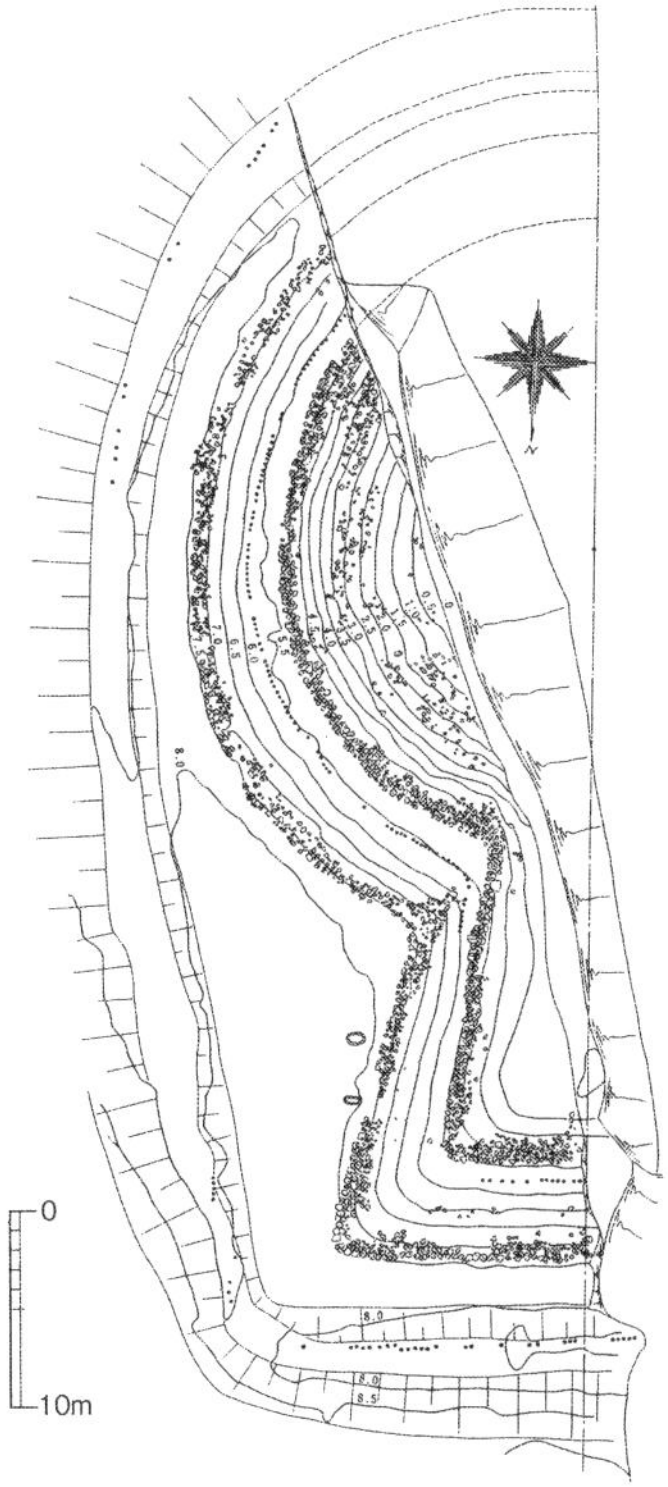

図2　井の奥4号墳実測図

また、中期末になると大橋川から南側の大庭地区に一辺が四四ｍあまりの方墳である大庭鶏塚古墳が出現し、山代二子塚古墳へと続く。このように意宇平野周辺には前方後円墳や前方後方墳、それに方墳のいろいろな形の古墳が造られているところである。特にその中で、前方後円墳の井の奥四号墳はこの周辺では最も規模が大きく、周壕、外堤を持っていることは注目され、このような本格的な古墳は、もっとも権威のある整った古墳といえよう。

③宍道湖南岸区域

この地域は松江市乃木福富、玉湯、それに出雲市荘原に首長墓と思われている前方後円墳が存在する。乃木福富の大角山古墳は七基から構成されている古墳群の中に造られた全長六一ｍあまりの古墳。玉湯には半壊した箱式石棺が露出している全長四七ｍの扇廻古墳及び一〇基あまりの古墳群に存在する報恩寺四号墳墳（全長約五〇ｍ）がある。

また、荘原の神庭岩船山古墳は、全長五八ｍ、高さ四・八ｍを測り、墳丘から円筒埴輪片が見つかっている。後円部上には長さ二・七ｍ、幅一・〇四ｍの舟形石棺の蓋が存在するが、これは古墳から近くの神社に移したものを再度、古墳に戻した石棺である。

このように、この地域の首長墓はいずれも五〇ｍ前後の前方後円墳で、古墳群の盟主墳として築造されているものがあり注目される。また、ここは、古墳時代前期に長円墳の上野一号墳が造られているところにあたり、中期になっても円墳系の古墳が造られているのは、安来平野の伯太川東岸とよく似ている。

④出雲平野南西地区

出雲平野南側は中期古墳が少ないところで北光寺古墳が知られている程度である（図３）。この古墳は出雲市東神西町の標高約一〇〇ｍの丘陵頂上部に造られた全長六四ｍ、後円部径三七ｍ、高さ

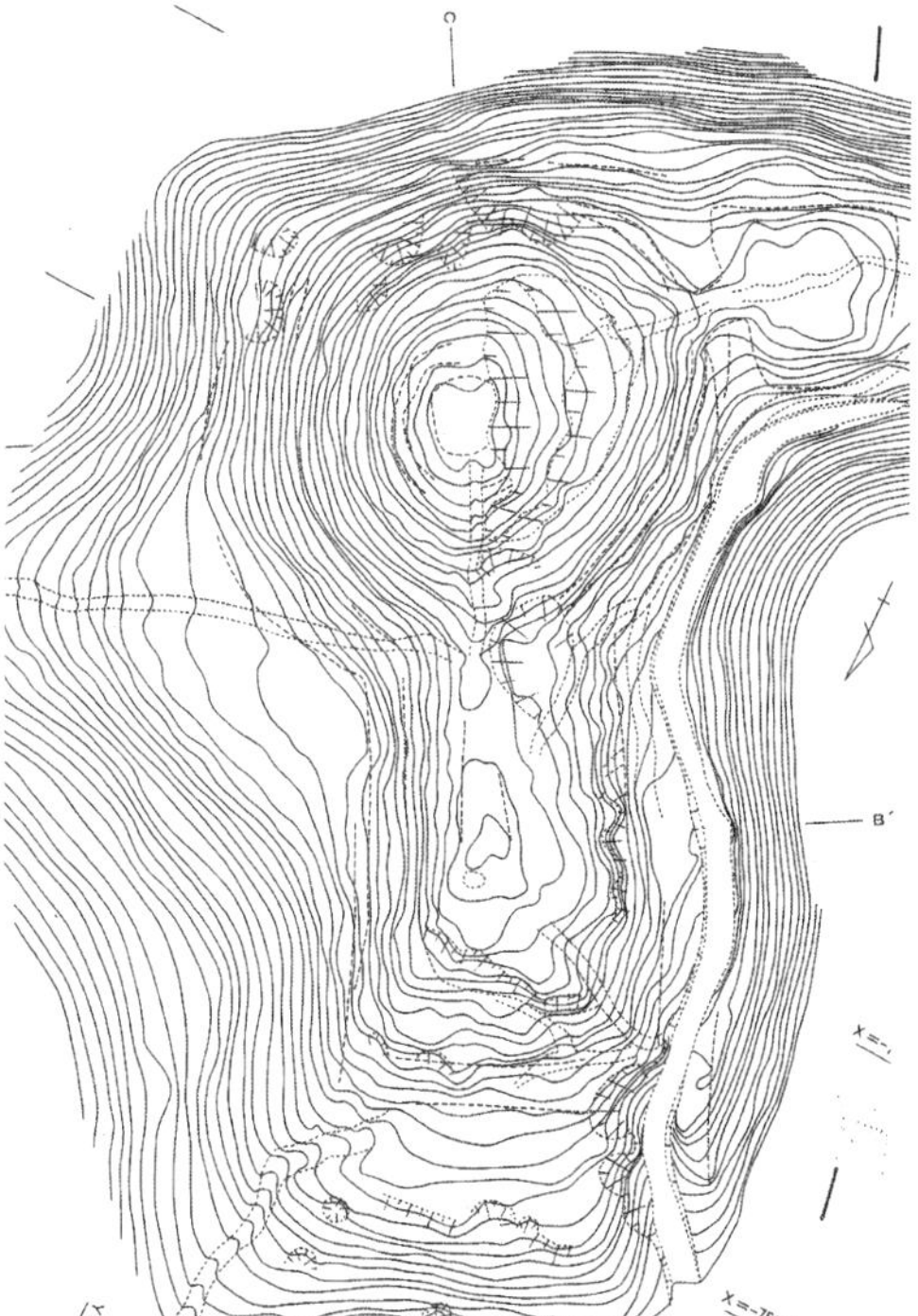

図３　北光寺古墳墳丘測量図

六・五ｍの前方後円墳。平成一六年に部分的な調査が行われ、前方部の盗掘抗から小形の竪穴式石室の可能性を持つ板状の石材や舟形と思われる縄掛け突起のある石棺片等が出土した。また死骸を埋葬した施設は長さ二・四五ｍ、幅一・五〜一・六ｍの穴が掘られていることが判明し、そこから副葬品の馬具、鉄剣、鉄矛、鉄鏃の破片が見つかった。なお、後円部の埋葬施設は調査していないので詳細は不明であるが、板石が露出しているので竪穴式石室の可能性が指摘されている。

以上、中海・宍道湖南側から出雲平野にかけての大形古墳を見てきた。松江市意宇平野周辺を除いて墳形が固定化しているのは重要なことであると思われる。これまで大形古墳が存在していなかった地域では前方後円墳を築造しているのに対し、飯梨川西岸地域は古墳時代前期から大形方墳や前方後方墳を造っており、地域ごとにまとまりが見られる。特に古墳群の盟主墳として造られている松江市乃木福富及び玉湯周辺の前方後円墳は新たな技術、工人集団の長としての性格を持っているかもしれない。一方、中心地の松江意宇平野周辺では、前方後円墳が最も大きな古墳で、前方後方墳、方墳と続いており、色々な墳形の古墳が一定の範囲内に密集して造られている。これらの中心的存在は、前方後円墳の井の奥四号墳である。その他に、社会構造の変化による新たな権力者が出現し、その人達が方墳系の古墳を築造した結果、このような状態になったものと思われる。

2．大橋川・宍道湖北側の地域

①朝酌・川津周辺

松江市西尾町に所在する廟所古墳は、古墳時代中期で最大規模をほこる古墳として注目されている（図4）。墳丘は六五ｍ×六一・一ｍの方墳、東側には調査で長さ一七ｍ、幅二八ｍの造り出しが確認された。それを含めた全長は八二ｍにもなる。墳丘には葺石が施され、埴輪は円筒埴輪の他、蓋・家形の形象埴輪があり、墳頂部と造り出し部に配置されていたものと思われる。廟

図4　廟所古墳墳丘測量図

所古墳の南側の丘陵地には方墳の観音山一号墳と全長三八ｍあまりの観音山二号墳（前方後円墳）が造られている。一号墳は葺石・埴輪を持つ一辺四〇ｍあまりの、菱形をした方墳で、観音堂建設時に石棺が見つかったという江戸時代初期の記録が残っている。

朝酌川の流域には大源一号墳及び金崎一号墳が存在する。大源一号墳は松江市西持田の平野に突き出た低丘陵に造られた径三七ｍ、高さ五・三ｍの円墳である。長さ四ｍ、幅一二・五ｍの造り出しを持ち、墳丘は二段築成で葺石が見られ、段のテラスには五世紀末ころと考えられている円筒埴輪が並べられていた。金崎一号墳は全長三六ｍあまりの前方後方墳、墳丘には円筒埴輪と家・人物の埴輪を廻る。死体を入れた施設は長さ四ｍ、幅一ｍ、高さ一ｍの竪穴石室で、短い方の小口から出入りができるいわゆる横口式である。石室内から鏡、大刀、刀子、U字形の鍬先、矛、玉類（碧玉、瑪瑙、ガラス、滑石製）、五世紀末の須恵器が出土している。

②古曽志・大垣周辺

大垣地区の大垣大塚一号墳は東西径五四ｍ、南北五二ｍ、高さ九ｍを測る整美な大形円墳で、葺石と埴輪を持つ二段築成の古墳である。裾から約二ｍの高さにある幅二～三ｍのテラスには円筒埴輪が廻る。また、墳丘東側の裾近くから埴輪棺一基が見つかっており、その東側には三三・三m×三六・四mの方墳が存在している（図5）。この古墳は排水溝を伴う埋葬施設が確認されているが、内部を調査していないので詳細は不明である。これらの古墳は中期の古い段階のものと考えられ、その後、古曽志地区で継続して大形古墳が造られるようになる。

古曽志大塚一号墳は九基の古墳群からなる東西約四四m、南北約四六m、高さ六・七mを測る二段築成

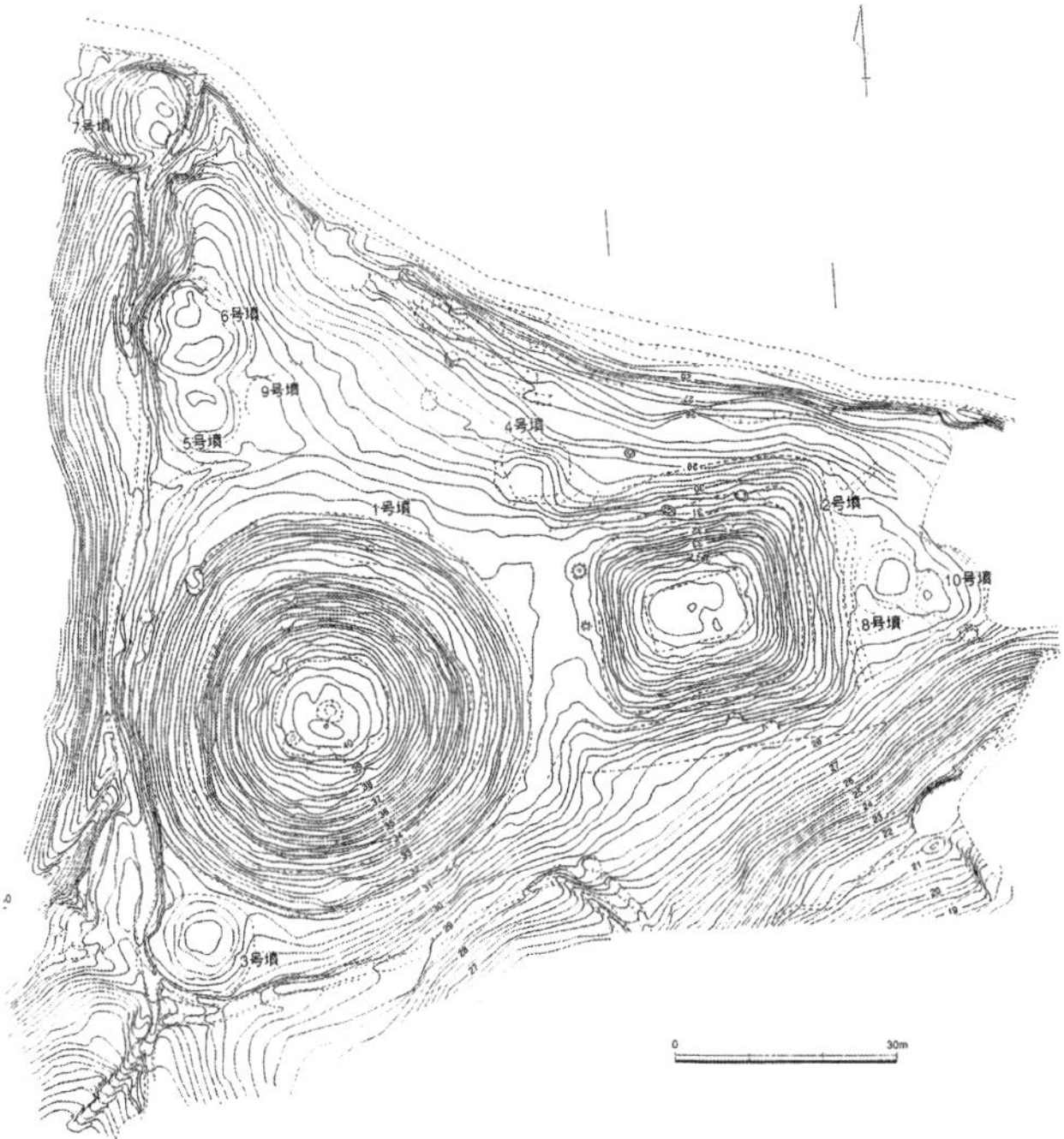

図5　大垣大塚古墳実測図

の大形円墳である。西南方向に長さ四・五m、幅一〇mあまりの小さな造り出しを持つ。また、円筒埴輪が墳丘の段にあたるテラス上面に並べられていたものと思われ、葺石は墳丘全体に施されている。表採されている埴輪には円筒埴輪の他に朝顔形、蓋形があり、築造時期は中期前半頃と考えられている。この古墳とほぼ同じ時期のものとして、北東側の水田の中に存在している丹花庵古墳がある。墳丘は一辺四七mの二段築成の方墳で、埴輪、葺石を持ち、死体を納めた石棺はかまぼこ形の蓋に線刻の文様が施された長持形石棺。副葬品としては鉄剣・短甲の破片が知られている。長持形石棺は畿内では大規模な古墳に用いられているが、出雲地方ではこの古墳だけにみられ注目される。

中期後半になると全長四五mあまりの前方後方墳である古曽志大谷一号墳が造られる（図6）。墳丘の葺石は一・二m間隔で縦方向に石を並べて区画した後、その間に石を葺くという特殊な手法を用いている。また、段の平坦面、頂上部端部には円筒埴輪が五〇cm～七〇cm間隔に立て並べていた。後方部の死骸を納めた埋葬施設は後世の地滑りによって崩壊され存在していなかったが、前方部から礫で覆われた施設が検出されている。そこから、大刀、刀子、鉄斧、鉄鏃等の副葬品が出土した。また、前方部には長さ五・五m前後、先端の幅八mあまりの造り出しがあり、ここから墳墓祭祀に使った数多くの須恵器が検出されている。

このように、宍道湖北岸の首長墓は墳形が異なっていた。中心地の大橋側周辺では色々なタイプの権力者が居住していたので、異なる墳形の古墳が造られていると思われるが、古曽志、大垣周辺の首長墓にも同じような傾向が見られるのは不思議である。この地域以外の中心地から離れた所では同じ形の古墳が造られ、その地域を治めていた一族の結束的なものを感じ取ることができるからである。それは、古墳の形だけから当時の社会状況を把握するには限界があることを示しているのかもしれない。

図６　古曽志大谷１号墳

3　小規模古墳で構成された古墳群の出現

古墳時代中期になると一辺一〇m前後の小規模な方墳によって構成された古墳群が増えてくる。それらは、松江市奥才古墳群のように古墳時代前期から続いているものもあるが、ほとんどが中期中葉以降になって出現する。

五世紀中葉には、ほぼ同じ時期に造られた松江市上乃木の長砂古墳群が出てくる。この古墳群は四グループ一八基あまりで構成され、墳形はD字形、台形、方形、円形があり形がいびつなものが多い。規模は一辺が五m〜一七m、墳丘の盛土の上から死体を納める長方形の穴を掘っている。一つの古墳に一人が葬られ、死体を入れた穴の上には墓石と思われる石や葬送儀礼に用いた土器を置き、墳丘の裾から須恵器が多く出土するようになる。

古墳群が急増するのは中期後半になってからで、その代表的なものが松江市意宇平野南側の丘陵に造られている東百塚古墳群、西百塚古墳群である。前者はやや大きな一号墳を中心に八七基、後者は三七基あまりから構成され、いつくかのグループに分けられる。部分的な調査を行った東百塚古墳の一号墳は、葺石・埴輪を有し、出土した須恵器や埴輪は五世紀後半のものである（図7）。

その他、発掘調査されているものとして松江市の増福寺古墳群、奥山池古墳群・渋山池古墳群・米坂古墳群などがある（図8）。五世紀末〜六世紀前半になると古墳の数が増えるため、丘陵の斜面に造るものが多い。それらは「コ」字形の溝を持ち、その溝から送葬儀礼に使った土師器の高坏や須恵器が出土するようになる。また、死体を入れた穴（主体部）は幅が五〇㎝あまりの細長い長方形を呈しており、頭の部分に石や須恵器を

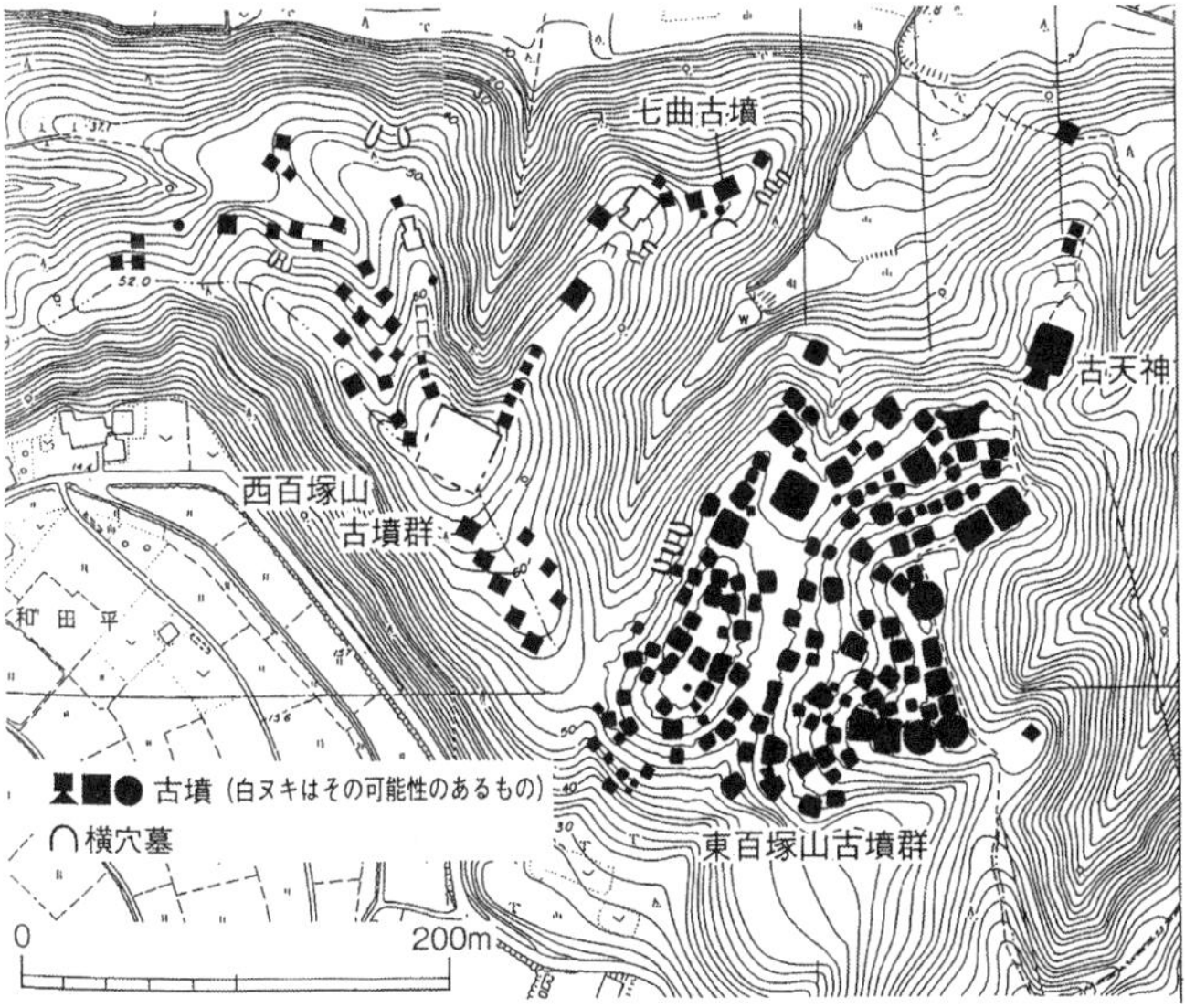

図7　東・西百塚山古墳位置図

使った枕が出現する。古墳の形は方形に限らず円形状のものもあり全体的に不整形で、きれいに造るという意識はなかったものと思われる。

古墳群の中心的なものには、鉄鏃、鉄剣、直刀等の武器が出土している。ただ、短甲は安来市月坂放れ山古墳を除き古墳群から出土した例がなく、中規模以上の単独墳とは格差があるようである。また、中期に小規模な古墳群が急増しているのは朝鮮半島の遠征や社会構造の変化による職務の拡大と身分的秩序が成立した結果と思われ、それらが部民制社会へと変遷して行ったと考えられる。さらに、中期後半に一人一墳の古墳が急増してくることから、次の時代に複数の人を葬ることがで

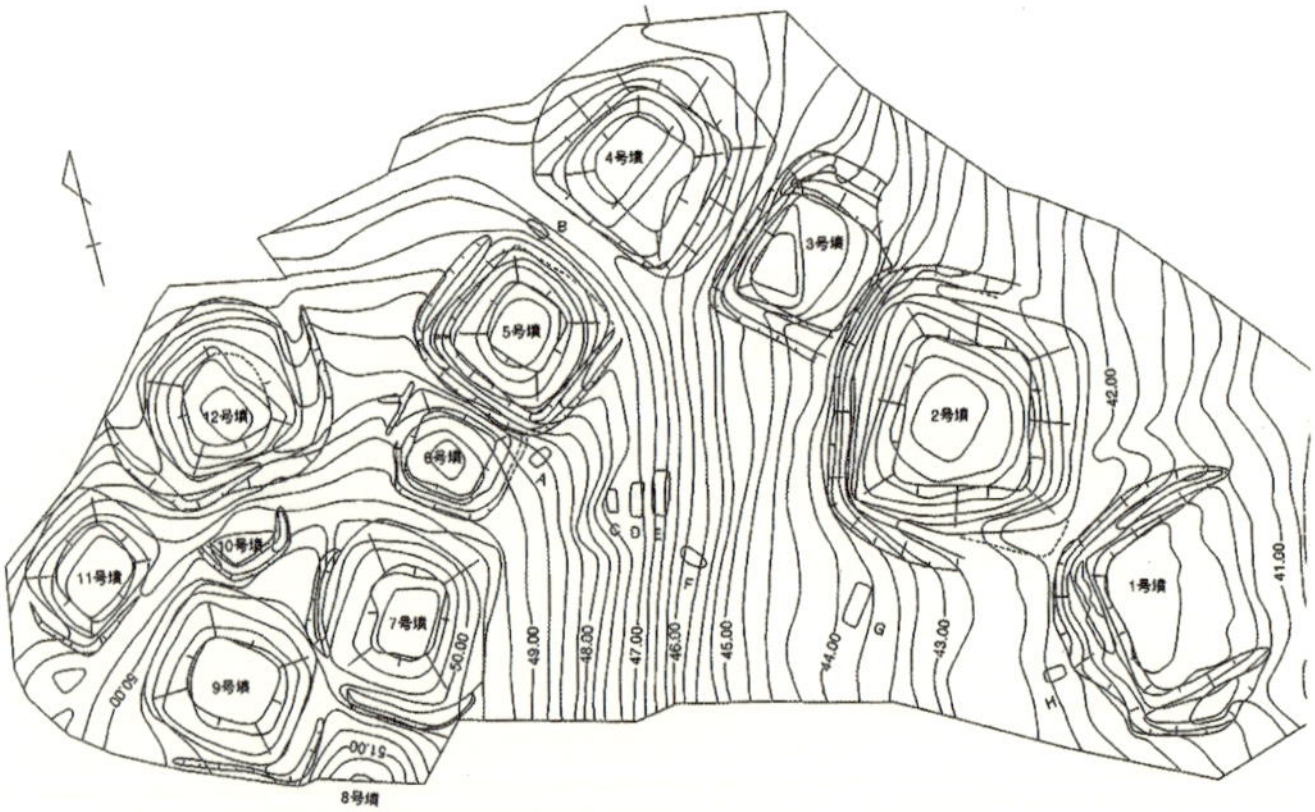

図８　米坂古墳群分布図（S＝１：500）

きる横穴石室・石棺石室・横穴墓が急速に普及したと推測される。

4　産業の発展

1．須恵器窯の出現

出雲地方では五世紀後半に須恵器の生産が開始されるが、それらの窯跡は安来平野や松江平野周辺に三ケ所確認されている。安来の門生古窯跡は伯太川東側の丘陵地に、五基以上が見つかっている高畑支群と山根支群の二カ所があり、五世紀後半から六世紀初頭にかけて須恵器を生産している（図9）。そのうち山根一号窯は道路建設に伴う発掘調査が行われた。窯跡は標高五〇ｍあまりの丘陵北側斜面に地山を刳り貫いて造られた登り窯。床面の長さは約六・三ｍ、煙道や焚口を含めると一〇ｍを超える。窯奥の少し急な斜面

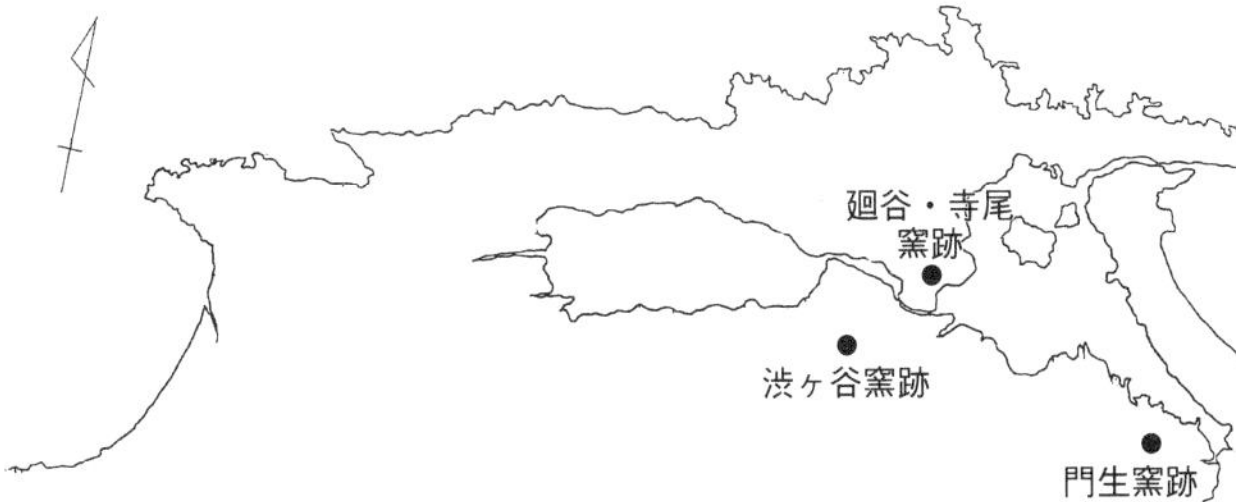

図9　5c末～6cの須恵器窯跡分布図

がきつくなっており、床面は四回あまり造り替えられていた。この地域は、古墳時代中期に前方後円墳が出現する所なので、新たな勢力が関わって須恵器生産が開始されたものと思われる。

松江周辺は松江市街地南側の渋ケ谷窯跡と大橋川北側にあたる大井古窯跡群の二カ所が存在する。渋ケ谷窯跡は調査で窯の一部と焚口が検出されている。出土した須恵器は安来の門生山根遺跡によく似た五世紀後半のものである。松江周辺では最も古い窯跡であるが、操業期間は短く、六世紀以降、須恵器生産は大井窯跡に集中してくる。大井古窯跡群は表採されている須恵器から廻谷窯跡、寺尾窯跡が知られている。しかし、いずれも詳細は不明。

このように、出雲地方では五世紀後半に数か所に分かれて須恵器生産が始まる。

2．拡大する玉作について

出雲地方の玉作は弥生時代後期に日本海交易の交易品として発達するが、古墳時代前期になると衰退し、花仙山周辺の三遺跡でほそぼそと行われていた。それが、中期になると出雲東部を中心に再び生産が活発化してくる。

安来平野東部では平ラⅡ遺跡・大原遺跡で工房跡が一棟から数棟検出されている。大原遺跡では古墳時代中期中葉と後葉の工房跡がそれぞれ一棟見つかった。この工房では、四〇〇〇点以上の未成品・剥片が出土し、碧玉製管玉・勾玉、めのう製勾玉、滑石製臼玉を作っている。ここは、前方後円墳が造られている伯太川東岸の新しい勢力の地域にあたり、須恵器の生産とともに玉作も行っている重要なところである。

また、松江市東出雲町の勝負遺跡・四ツ廻Ⅱ遺跡・原の前遺跡では工房跡が一棟から数棟検出されている。それらの工房は近くに存在する渡来系の人が住む集落が関係しているかもしれない。また花仙山周辺には大角山遺跡をはじめ、多くの玉作工房が存在することになる。中期前葉の大角山遺跡から工房跡が五棟見つかっており、中期後葉になると遺跡数が増え、福富Ⅰ遺跡他三遺跡がある。福富Ⅰ遺跡では出雲地方で最も古い片面穿孔の管玉が出現する。その他、出雲山間部の雲南市大東高校グランド遺跡でも玉作が行われていた。

このように、古墳時代中期になると出雲東部および山間部まで玉を生産しており、須恵器の生産と同様各地に分散している（**図10**）。それは、小地域を治めていた首長たちによって玉の生産を管理していたと推測され、各地域の首長たちが協力して生産にあたっていたものと思われる。しかし、出雲の玉の需要が増し生産が増えるに従って、それを総括する人が必要とされるようになるのである。

3．埴輪窯跡の出現

出雲地方では六世紀前半に埴輪を焼いた窯跡が出現してくる。松江市矢田町の平所窯跡は見返りの鹿と名付けられた優れた埴輪を焼いた窯跡として著名である（写真11）。窯跡は標高二〇mあまりの丘陵斜面に存在し、上部は完全に失われていたが、床面と一〇～五〇cmの高さで壁が残っていた。窯は斜面の傾斜変換点から上方に向かって、掘り込まれた登り窯で、残存長約五・八m、幅一・二～一・五五mを測る。平面形は上方部から下るにしたがって幅が広くなり、焚口付近で狭まる。窯底の傾斜は一〇～一

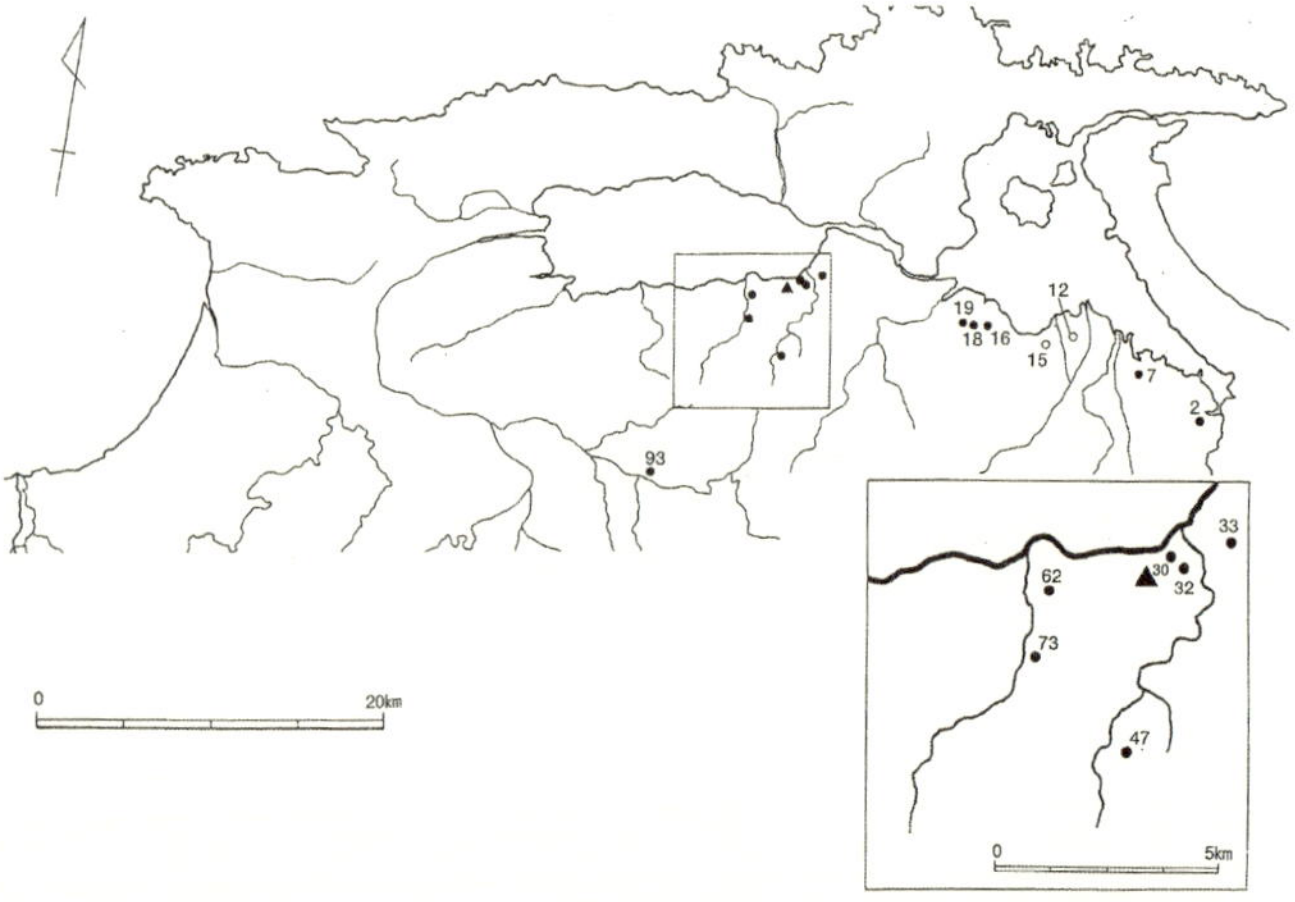

図10　古墳時代中期の玉作遺跡分析図

五度と緩やかである。断面は浅い「U」の字形を呈し、床面には形象埴輪の破片が多量に残っていた。

それらには馬、家、人物、鹿、猪等があった。馬はたてがみの破片から四体以上あることが確認されている。復元できるものは三体、そのうちの保存状態がいい馬は全長約九八㎝、高さ約八〇㎝、胴の幅三〇㎝の飾り馬である。口・目・鼻はヘラで刳り抜いて表現しているが、目は生き生きとした表現になっている。家形埴輪は入母屋造りと四注造りの二棟がある。前者は高さが七七㎝で、切妻部に大きな破風があり、火炎状に立ち上がる棟飾を持つ。また、壁部には長方形と半円形の透かし孔が見られる。後者は四個の堅魚木がのるやや反りのある屋根で、高さ三〇㎝あまりの家形埴輪

写真11　平所埴輪窯跡出土埴輪

である。

見返りの鹿と呼ばれている鹿の埴輪は復元時に後ろを振りむいている姿をしていることが分かったもので、動きのある表現力には驚かされる。目はヘラで刳り抜き、そのまわりには赤色顔料を塗っている。角は差し込むように造られ、胴体から足にかけて欠損しているが古代美術史のなかでも高く評価されている埴輪である。

5　渡来系の遺物について

古墳時代中期になると土器や鉄製品の渡来系遺物が出土するようになる。土器には軟質の韓式土器と硬質の陶質土器がある。韓式土器は米を煮炊する甑や、格子目、縄文のタタキを施した甕の破片等が松江市の意宇平野や朝酌川沿いの遺跡から見つかっている(写真12)。意宇平野の夫敷遺跡は甑の出土量が多く、出雲国府跡には煙突と考えられている円筒型土器がある。

また、陶質土器は意宇平野の前記した二遺跡の他、松江市の的場遺跡、安来市長尾古墳等から検出されている。

鉄製品は出雲市西谷一六号墳の土を掘るダビ・「U」字形鋤（鍬）先や、鍛冶工人の祭祀具と考えられている出雲山間部の六重城南一号墳にある。鉄鐸・毛抜状鉄器等がある。このように、韓式土器は松江周辺しか出土していないが、陶質土器や鉄製品は出雲地方全体に及んでいる。意宇平野の北側に存在する夫敷遺跡は韓式土器の甑が数多く見つかっていることから渡来系の人が住んでいた可能性が高い。渡来系の人は全国各地に居住しており、それらは、朝鮮半島から直接渡来した吉備・九州地方や中央から派遣された地域がある。出雲地方は畿内経由では考えられない渡来系遺物が見られることから直接渡来した可能性があると亀田修一氏は指摘している。いずれにしても渡来系の人によって出雲地方の産業が大きく発展してくるのである。

写真12　韓式土器

6 集落の分解と新しい立地の集落

出雲地方平野部の弥生時代後期から古墳時代前期にかけての集落は、丘陵地の斜面や尾根上に集落が営まれている出雲東部が沖積地に造られている出雲平野がある。

出雲東部は古墳時代中期になると丘陵の谷部等に集落が移ってくるとともに、壁際の炉が出現してくる。この時期の集落は二六あまり検出されており、松江市と安来市に集中している。形態は方形が大半を占め、玉の工房跡が六遺跡もある。五棟以上見つかっている集落はいずれも大きな谷から枝分かれした小さな谷部に存在しているものが多い。松江市矢頭遺跡や同袋尻遺跡は細長い谷の奥部に存在し、同折原上堤東遺跡は小さい谷の入り口、それに、同堤廻遺跡・安来市岩屋口南遺跡は短い谷の奥尻に造られている。このように住居は谷斜面の他、尾根から下がった緩やかな斜面に築かれているものが大半を占める。

松江市東津田町の勝負遺跡は古墳時代中期の竪穴住居が一六棟あまり検出され、集落の全容が明らかになっている数少ない遺跡である（図13）。住居は尾根から少し下がった所にある二棟を除き、ほとんどが谷部の斜面に存在する。古いものは谷の中央に造って

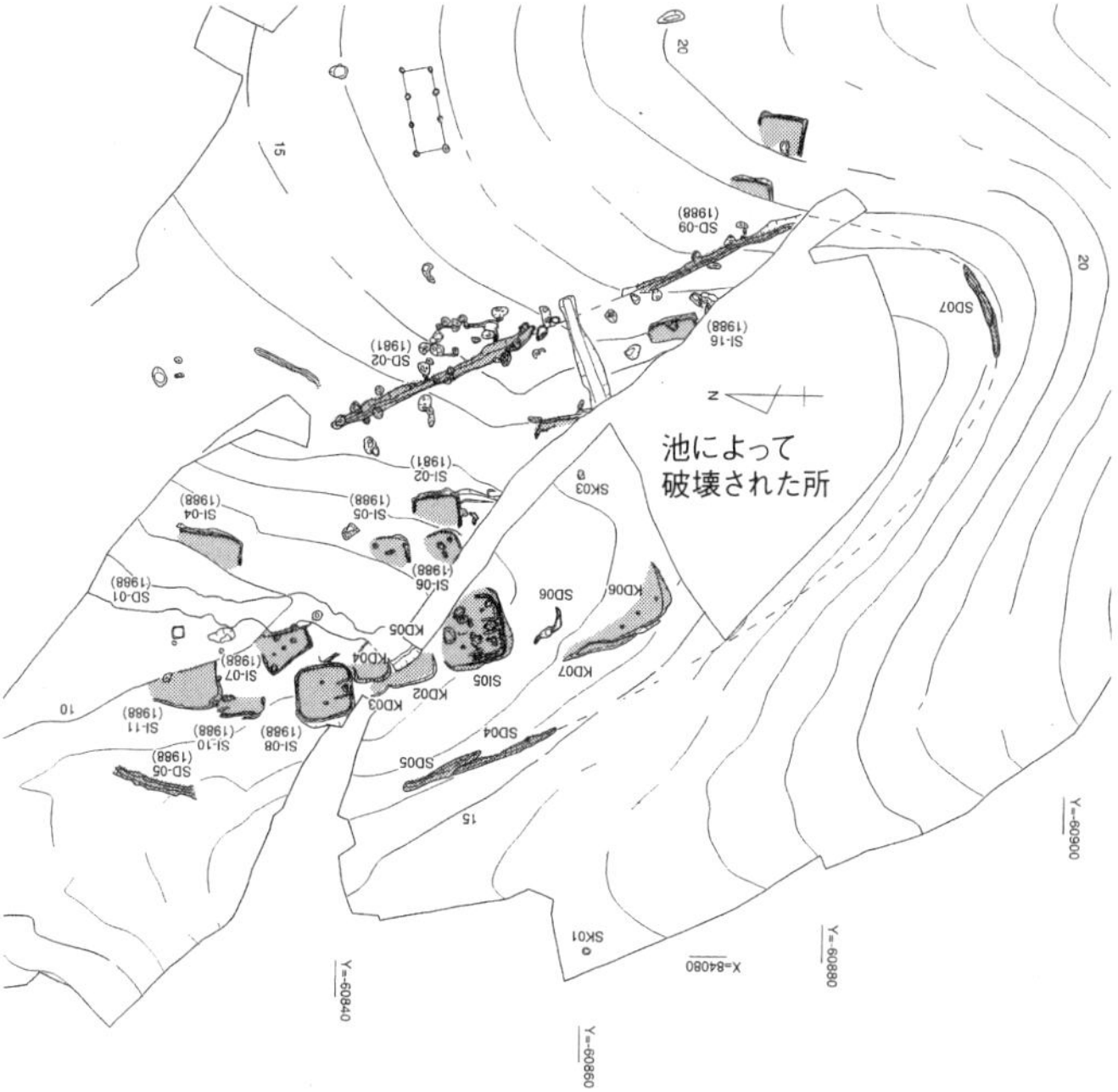

図13　勝負遺跡古墳時代中期住居跡全体図

おり、その後、その周辺に集落が拡大している。竪穴住居の形態は方形で、主柱は四本と二本があり、壁面中央付近の壁際に炉を持つものや同じ場所で何回も立て替えを行っている建物も存在する（**図14**）。この集落で注目されるのが、集落を取り囲むように「U」の字形に溝が廻っていることである。この溝は谷部に造られている集落を守るための排水施設として谷上方に掘られている。このように古

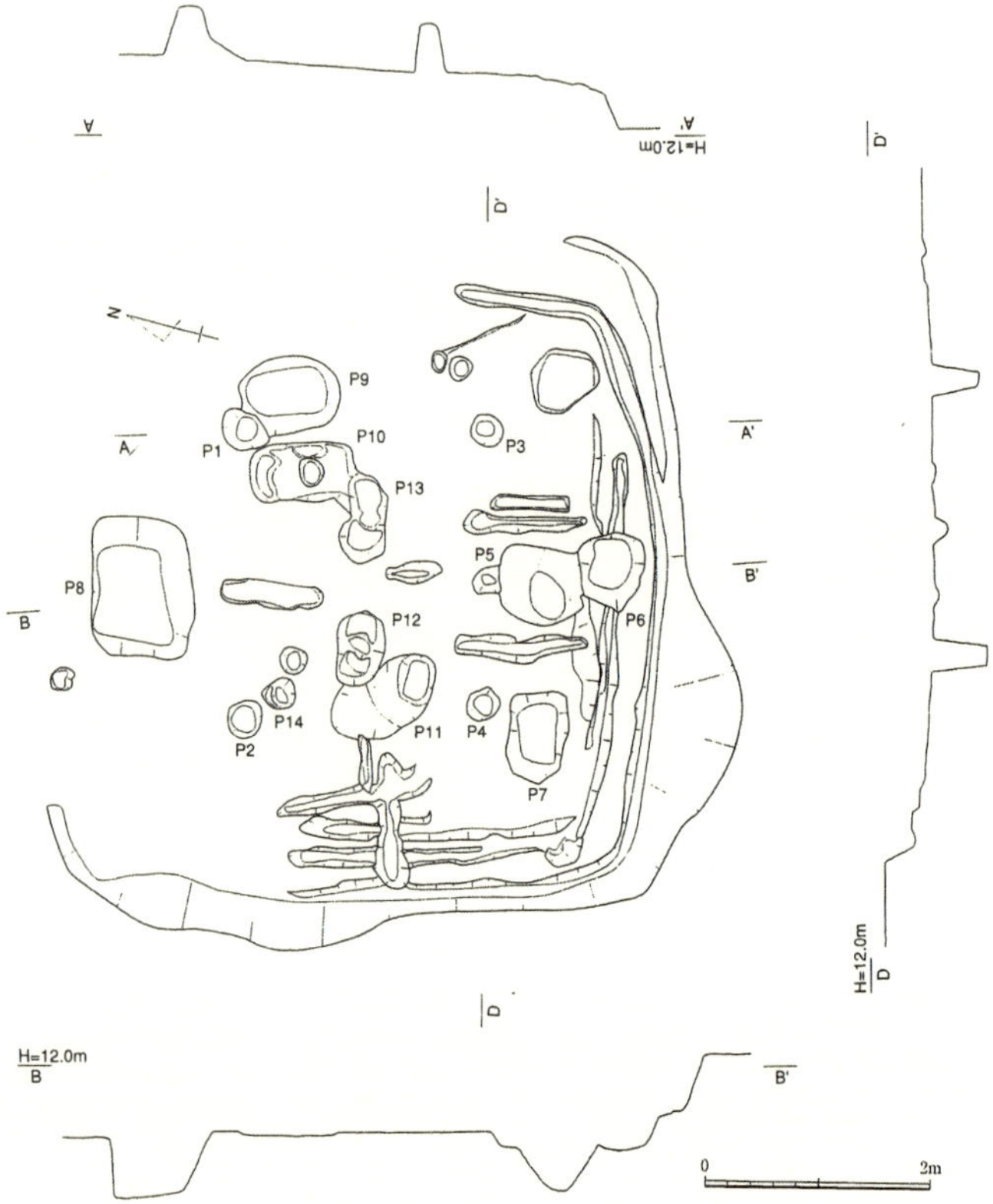

図14 勝負遺跡古墳時代中期の竪穴住居跡実測図

墳時代中期になると水はけの悪い谷部に執着して集落を造っているのはなぜだろうか。谷部はまとまり易い一体感を感じさせる地形になっていることから、弥生時代から続く集落が解体して、小さな単位の集落を造るにはふさわしい所であったかもしれない。それは、同じ場所で何回も住居を建て替えていることからも伺える。また、この時代は小さな谷で水田耕作を行っていたので、水田の管理を行いやすい場所としてこのような場所が選ばれた可能性がある。ともあれ、古墳時代中期になると出雲東部の首長達は地域の住民を管理・支配しやすくするため、水田管理を中心とした小規模な集落を形成したものと思われる。ところが、松江市宍道町の上野遺跡は標高のやや高い平坦地に間隔をやや開けて五棟あまりの方形竪穴住居跡が造られていた。このことから、小規模な集落は谷部だけでなく、水田耕作とは関係のない丘陵部にも造られ多様化しているものと考えられる。

一方、出雲西部では、東部とは異なり、平野部や山裾に集落が存在する。平野部では中野清水遺跡や井原遺跡、浅柄遺跡から住居と思われる遺構や井戸、溝が見つかっている。山裾の九景川遺跡は壁際の土坑と間仕切溝を持つ竪穴住居跡が二棟建てられ、三田谷遺跡は谷部の平地から九棟の竪穴住居跡が出土した。出雲平野の集落は出雲東部と異なって平野部と山裾に営まれているが、それは、耕作地の場所や地形の違いからくるものと考えられる。

このように出雲地方では古墳時代中期になると集落は小規模になり、調査で検出されている住居跡も激減する。それは、弥生時代から続いてきた集落が崩壊し、この時期に集落が分解され社会が大きく変わってきていることを示している。

7 盛り土が多い墳丘の築造

古墳時代前期には地山を加工して墳形を形成し、盛り土のほとんどない古墳が多く造られていたが、中期になると墳丘の盛り土が増え、盛土方法も多様化してくる。

松江市の前方後方墳である古曽志大谷一号墳は前方部に特殊な「く」の字形をした盛土が見られる。下方は後方部方向に約二五度の傾斜を付けて幅二〇～四〇㎝、高さ二五～四〇㎝の単位で土を盛り、その上方は逆方向に傾斜をつけて墳丘を築造していた。それは、土嚢袋に土を入れて盛ったものと思われる。さらに、この時期になると松江市奥才一号墳のように、盛土流失防止のため斜面の地山を「L」字形にカットしてその上に墳丘を築造しているものもある。この工法は現在の団地造成に行われている段切工法と性格が同じもので当時の技術の高さには驚かされる。また、埋葬施設付近の地盤を安定させるため墳丘中央部を窪ませた松江市の長砂八号墳、岩屋五号墳、敷居三号墳や、地山を檀状にカットしている松江市金崎一号墳、鍛冶屋谷一号墳がある（図15）。

　五世紀中葉になると小規模な古墳からなる古墳群が盛んに造られるようになる。それらの古墳のほとんどは1／3以上の盛土を持ち、墳丘の土が流失しない工法を用いている古墳が存在する。それは墳丘の端の部分を土手状に

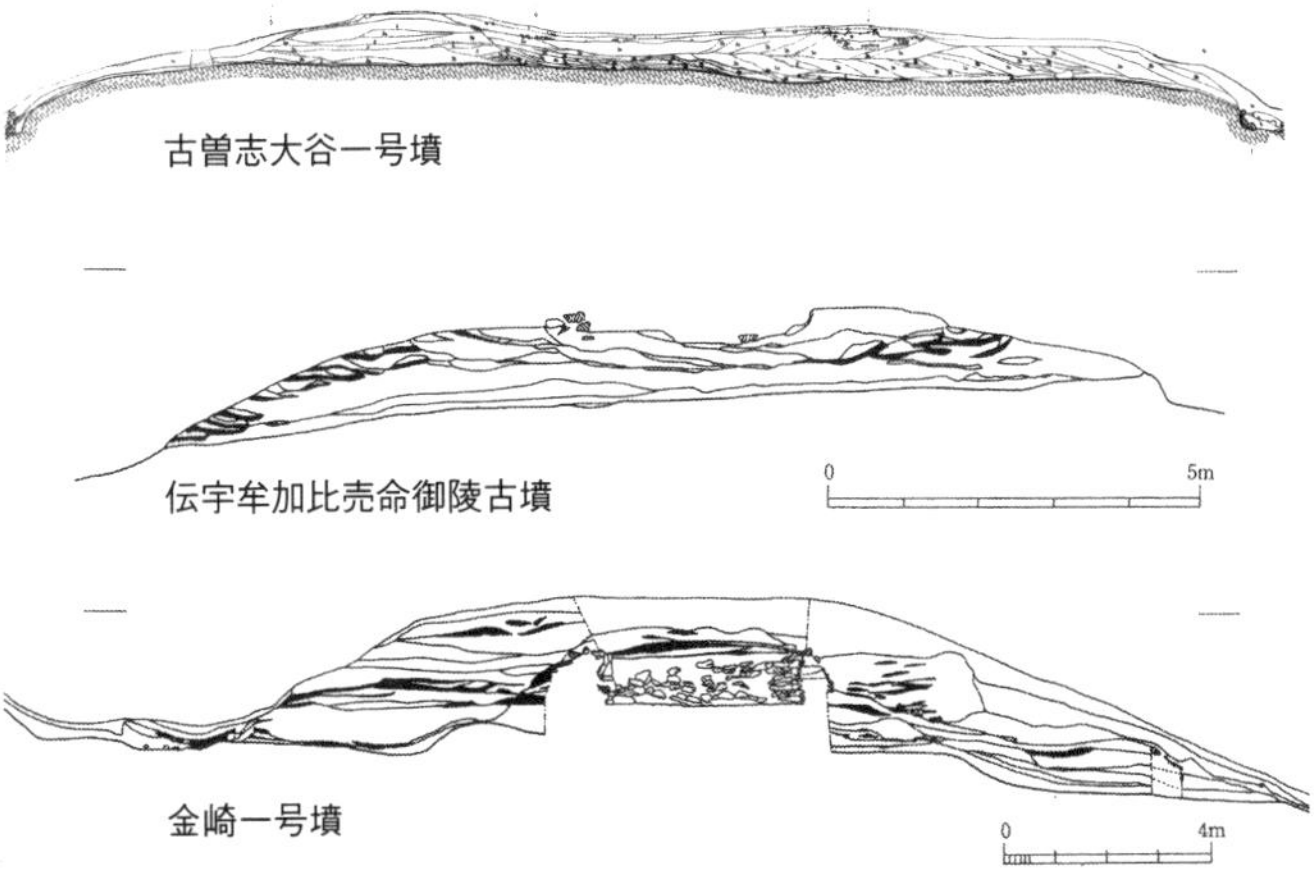

図15　中期古墳の墳丘

高くして、内側に土を盛る方法や袋に土を詰めたブロック状の土留めを行っている松江市の伝宇牟加比売《うむかひめ》命《のみこと》御陵古墳等がある（図15）。このように古墳時代中期なると小規模な古墳でも墳丘の流失防止や死体を納めた施設を保護する工夫が見られるようになる。

8　造り出し部の墳墓祭祀

古墳時代前期には葬送儀礼に使った鼓形器台等の土器を粉砕して埋葬施設の上に置く祭祀が弥生時代から続く出雲独自の伝統的文化として連綿と続いていた。それが古墳時代中期になると鼓形器台が姿を消し、

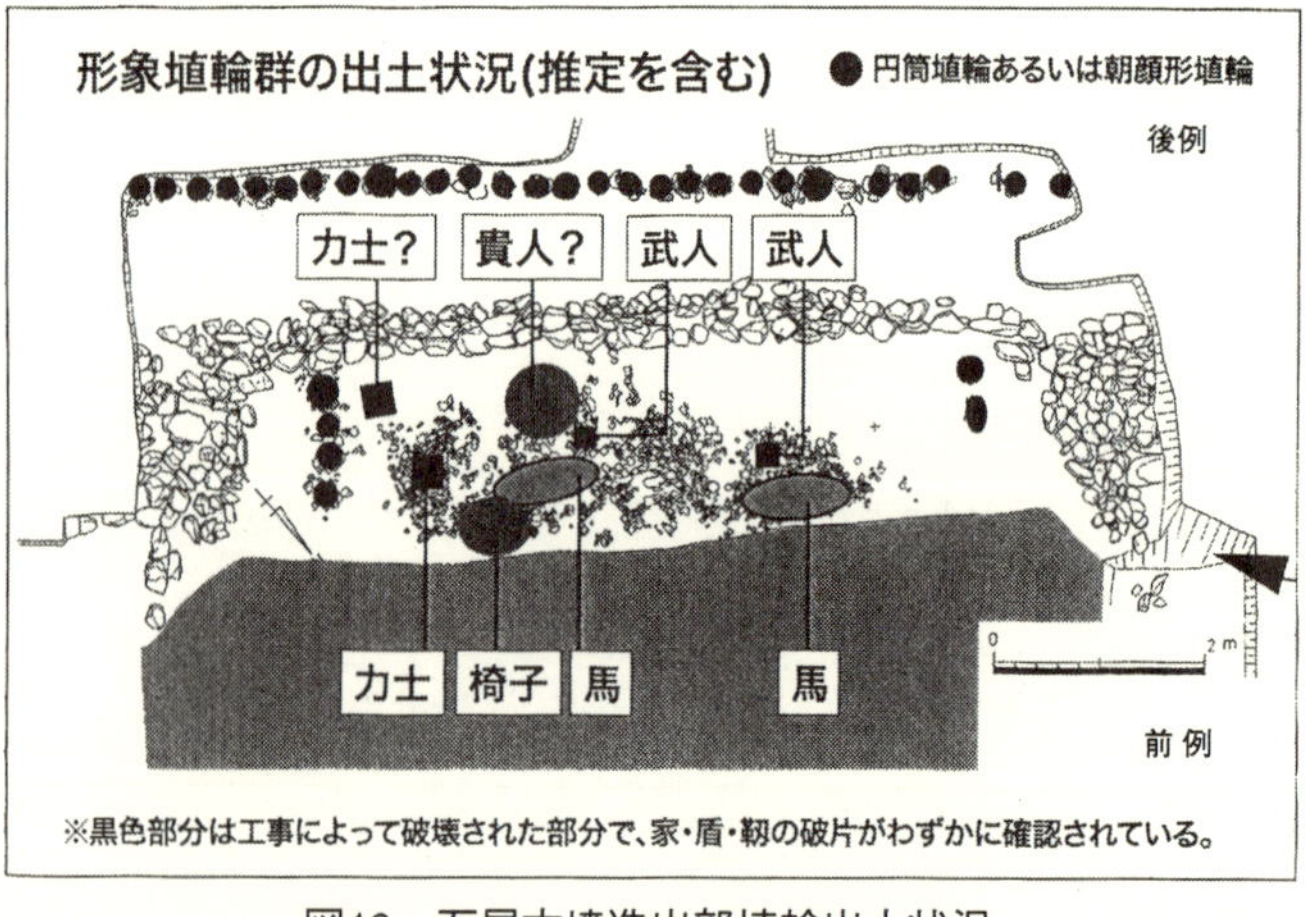

図16　石屋古墳造出部埴輪出土状況

古墳の前方部や方墳の一辺に造り出し部を設けて、その場所で祭祀を行うものが出てくる。それは畿内の前方後円墳の造り出し部の祭祀の影響を受けた畿内的な古墳文化である。出雲地方では五世紀以降このような祭祀が行われるようになる。五世紀前葉と考えられている廟所古墳は東側に幅二五ｍ、長さ一七ｍあまりの最も古い造り出しを持つが、ここでどのような祭祀を行ったかは定かでない。祭祀の状況が分かるのは、五世紀中葉の松江市石屋古墳である。この古墳は一辺四二ｍあまりの方墳で北と南側の辺に方形の造り出し部がある。その内、北側の造出し部は前側に家、盾《たて》、靫《ゆき》（矢を入れる道具）の埴輪が配置され、その背後に椅子にすわる人物や力士・馬の埴輪が置かれていた（**図16**）。その他、蓋形、筒形器台形の埴輪があり、赤や緑の顔料が塗られた家、盾、靫もあった。このように人物等の形象埴輪を使った祭祀を行っているが、調査で確認できたのは石屋古墳だけである。松江市古曽志大谷一号墳前方部の造り出部は、円筒埴輪が廻らされ、内側から数多く須恵器が出土していることから、ここで祭祀を行っていたものと思われる。その他、方墳の松江市塚山古墳、大庭鶏塚古墳、そして円墳の古曽志大塚一号墳にも造り出し部が見られる。このように古墳時代中期には墳形に関係なく畿内的な墳墓祭祀を行っており、畿内の古墳文化が浸透していることを伺わせるものである。

コラム13

「弥生時代に紙を作っていたのか」

出雲地方には弥生時代後期から古墳時代前期にかけて山陰系甑《こしき》形土器という特殊な土器がある。これは、高さ三〇cm~七〇cmあまりの下方がやや開いた筒形を呈し、円形の穴があいた小さな把手が付いた土器で、用途についてはよく分かっていない。再度、検討してみたい。

この土器は熱く持ち上げることができないため、小さい穴のあいた把手に紐を通して釣り上げ、何かを蒸していると考えられる。問題は何を蒸したかである。筒状になっていることや蒸して熱い段階に取り出す必要のあるものとして考えられるのは、紙の原料となる木の枝を蒸すことである。現在でも蒸したあとすぐに枝先に向かって引っ張り、皮を取り出している。

出雲地方では出雲市山持遺跡から中国の楽浪土器が出土し、松江市の田和山遺跡には楽浪製の硯がある。当時、中国では麻布や木の皮を使った紙が普及していたので、その技術が楽浪の人から伝わった可能性がある。この時期、大陸との交易を盛んに行っていることから記録保存や大事なもの（水銀朱・玉製品・木製品等）を包む紙の需要が増していたのではなかろうか。この土器は出雲地方の他、広島県の中国山地等にも分布するので、広範囲の地域から楮等の木の皮を出雲に集め、紙を製造して交易に関わるものに使用したものと思われる。

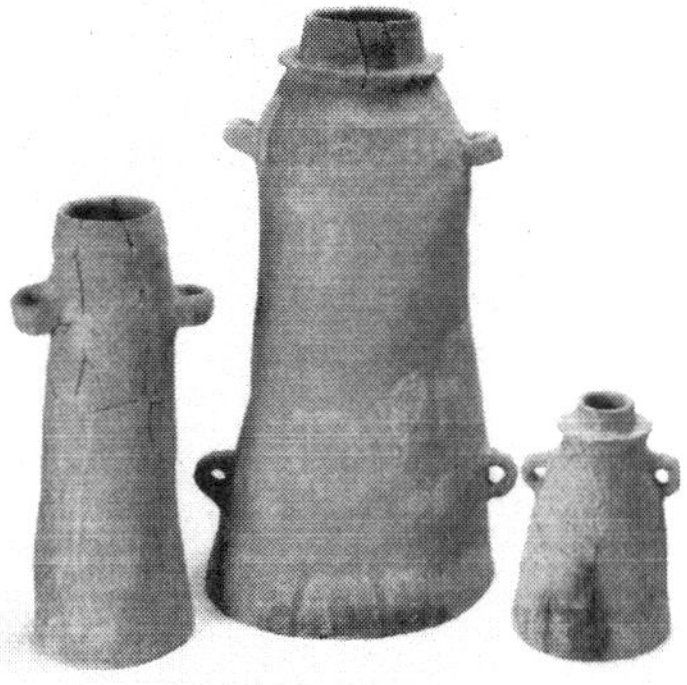

山陰系甑形土器

楮の蒸し器（安部榮四郎記念館提供）

コラム14

「須恵器の丸底は苦労して作っている」

出雲地方の弥生時代後期から古墳時代にかけての壺、甕の底部はみな丸底で、しかも胴部の厚みは〇・五㎝と驚くほど薄い。これらの土器は専門の職人が型を使って底部を作っているため、遺跡から多量に出土しているのである。それに対し、五世紀後半から出現する登り窯で焼かれた固い須恵器は底の丸いものを苦労して作っている。須恵器は型でなく平らな回転盤の上で成形するため、丸いものは手で持ち上げて作らなければならない。𤭯《はそう》は酒を注ぐ容器である。その土器の古いものは、丸底の部分が胴部と比べ極端に厚みが薄くなっていることから、中央をあけた輪積で胴部を成形した後、粘土を詰めて底を作っていると思われる。しかし、底部は粘土を張り付けた状態なので、それが取れないように、ヘラで、中央から外側に向かって丁寧になでて形を整えている。このように弥生時代の土器と比べ苦労して丸底の土器を製作していた。

それは、時代が新しくなっても便利になったとは限らないことを示している。ちなみに、最近、パソコンやスマホが出回り、いろいろな情報を簡単に得ることができるが、その取り扱いを間違うと大変なことになる。はたしてそれらが人間にとって有効なものなのだろうか。大事なものがどんどん失われていくような気がしてならない。今、何を残し、何を捨てるのか選択の時期にきていると思う。

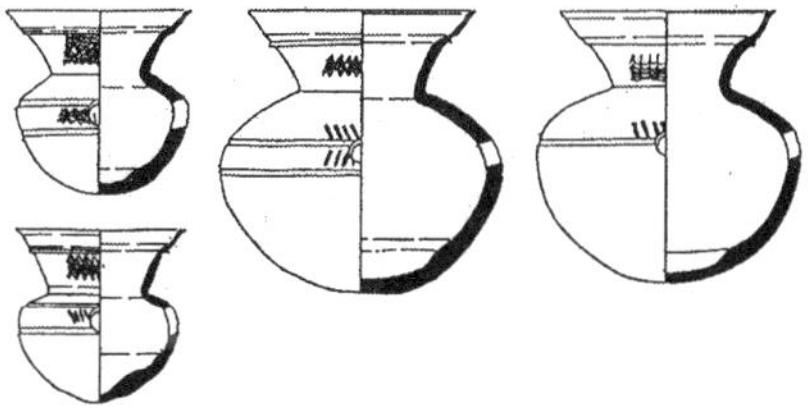

金崎古墳出土

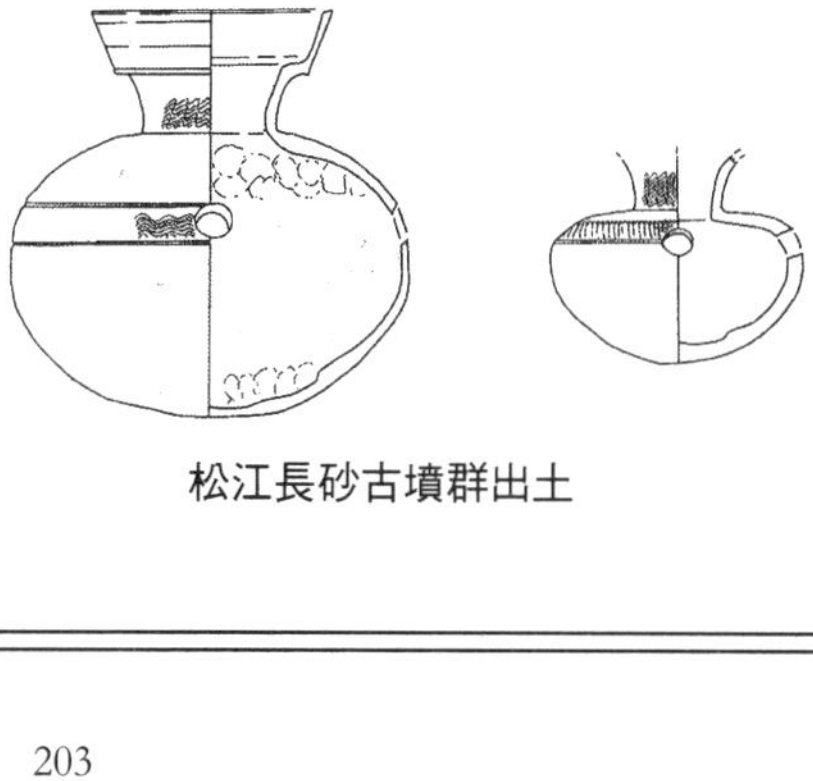

松江長砂古墳群出土

コラム15

「各時代で異なる土器の研究」

考古学で年代の決めてになるのは、土器の変化である。ところが、時代によって土器の変化の研究視点が異なっていることはあまり知られていない。縄文土器は完全な形が分かるものが少ないので、主に文様によって分けられている。そのため、中津式とか福田KⅡ式とか呼ばれている土器の形式名をいくつ把握しているかが研究者にとって大事なことになるのである。それが弥生土器では、文様と形態の両面から時代を把握するようなる。前期は九州の土器、中期は瀬戸内の土器を参考にしているが、後期になると土器の形態変化を重要視して年代を決めている。そして、古墳時代になると土器に文様を施すものが少なくなってくるので形の変化を細かくとらえて新古を判断するようになる。このように各時代で異なる研究方法によって土器編年が作られている。

最近ではデーター処理によって細かく土器の年代が分けられているが、弥生時代末の弥生土器と古墳時代初めの土師器は形態がほとんど同じで、特定の研究者しか分からない状況である。また、土器の使い方の研究も以外と進んでいない。日常生活で使う容器には土器の他、木製品やひょうたん等で作ったものがあり、各時代でどのように使用していたかを把握することは、当時の人の生活を知る上に重要な問題と言えよう。編年ばかりが重要視されている現状から脱皮してほしいものである。

第7章　出雲独自の古墳文化の発展

出雲地方では古墳時代中期に新たに畿内の古墳文化を受け入れ、渡来系の人たち等の助けを得て発展を遂げていった。それは須恵器窯の出現や玉作の拡大等産業が発達するとともに、小規模な古墳群が多く造られ社会構造が充実してきた時代でもあった。そして、後期になると中央との関係がいっそう強化されて部民制度が確立されるが、その背景には出雲の東西に存在していた大きな権力者が鍵を握っているのである。すなわち西の出雲平野には中央から派遣された日置氏の墓と思われる大念寺古墳、東の意宇平野周辺に出雲国造の先祖と考えられる山代二子塚古墳が造られ、出雲地方の古墳時代後期は、この二つの勢力が協力して再び輝きを取り戻すようになるのである。

1　すぐれた技術で造られた大念寺古墳

1．古墳の概要

大念寺古墳は出雲市今市町鷹ノ沢に所在する。ここはJR出雲駅の東側八〇〇mのところに位置し、出雲平野に向かって突出する丘陵の先端にあたる。古墳の北及び西側には出雲の市街地が広がり、南側はJR山陰線が東西に通っている。現在はビル等の建物によって視界が遮られているが、古墳築造当時は出雲平野を一望できる見晴しの良いところであったと思われる。

この古墳は、全長九二m、前方部長さ四五m、後円部の高さ七mあまりを測る県下最大級の前方後円墳である。しかし墳丘北側の大部分は寺院のため削り取られ、南側も墓地によってかなり破壊されているため墳丘の正確な規模は明らかでない。ただ、前方部北東側に墳丘の盛土と同じ人工的な土が盛られた高まりが残存していることから前方部外側に周壕と外堤が存在していた可能性が高い。また、後円部の外側も墳丘の基壇となる半円形状に地山を加工していたと推測され、くびれ部に向かって石を運びあげるスロープがつけられたような地形が残っている。それらを含めると古墳の規模は一二〇m

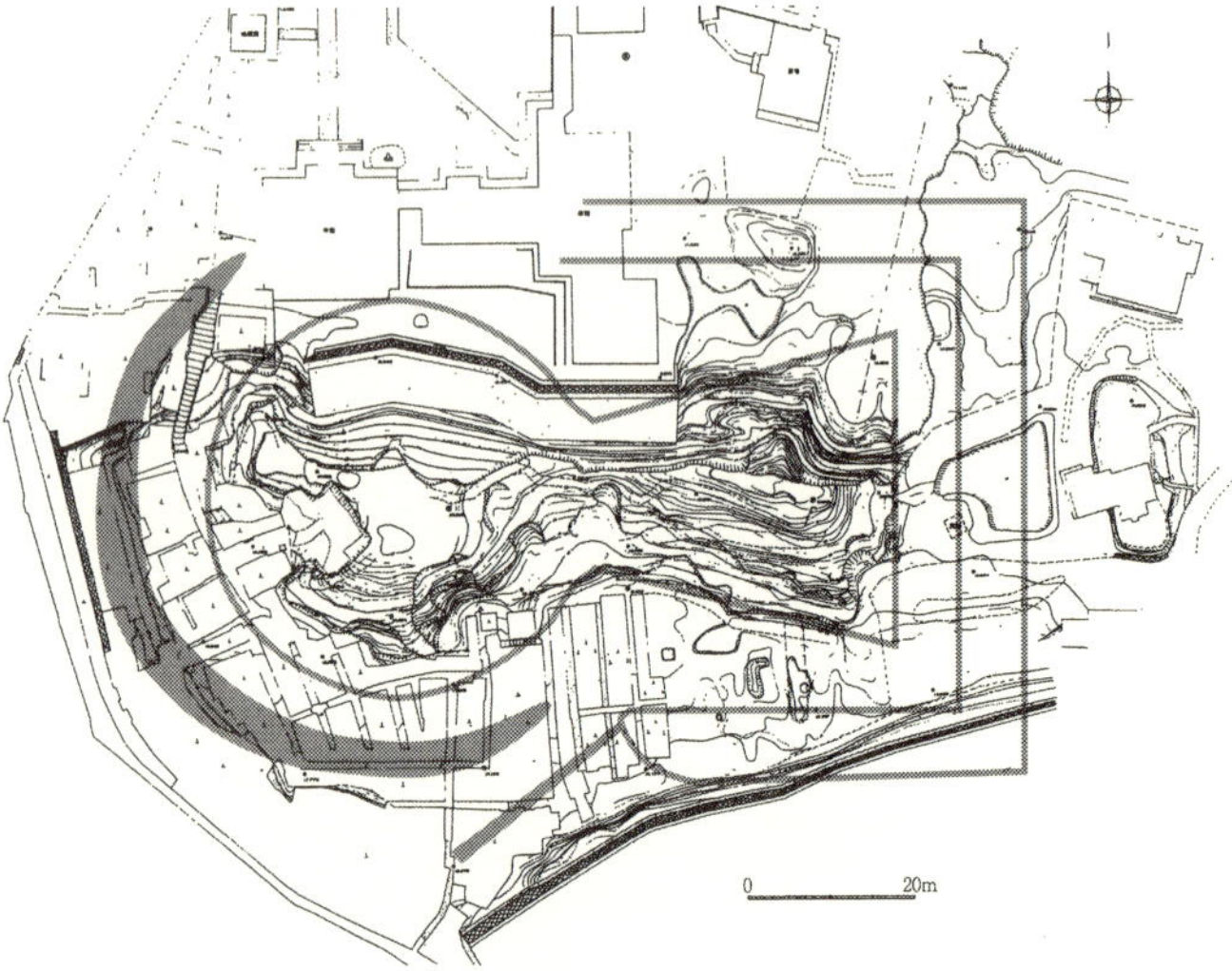

図１　大念寺古墳　墳丘復元図

近くになる（図１）。

横穴式石室は後円部南西側に開口する全長約一二・八ｍの複室構造を持つ石室。奥室は、長さ五・八ｍ、幅二・四ｍ、高さ三・三ｍを測る。奥室に家形石棺が置かれ、前室には小形石棺の痕跡が調査で確認された。奥室の平面形は長方形を呈し、奥壁は一枚の巨石を置き右側及び上部を小さな石で補っている。側壁は長さ二ｍ前後の割石を横積みし、床面から約二・五ｍのところに両壁とも顕著な横目地（積んだ石の高さがそろっている線）が通っていて注目される（図６）。

現存する石棺は、巨大な刳り抜き式

の家形石棺、長さ三・五m、幅一・七m、高さ一・九mを測る日本最大級のものである（写真2）。石棺入口左右の上下にほぞ穴が開けられているので、ここに木製の観音開きの扉があったと思われる。この石室が開口したのは、記録によれば文政七年（一八二六年）と言われ、金銅製履《くつ》、金環、丸玉、大刀、槍《やり》、須恵器、それに馬具の馬鐸《ばたく》、轡《くつわ》、鈴、雲珠《うず》等が出土したようであるが、現在、その多くが散逸し、わずかに須恵器の蓋坏の蓋、鉄斧、鏡板（馬具一種）、直刀残欠等が大念寺に保管されている。

写真２　大念寺古墳の石室

2．墳丘の築造

石室の修理工事に伴う発掘調査で、今まで分からなかった大念寺古墳の築造方法・技術が明らかになった。

写真3　大念寺古墳墳丘土層

墳丘の土層については最下層の地山が石室床面下二〇cmに存在し、土質は粘質で、入口の右側（前方部側）が高く、左側が緩やかに下がっていた。地山から石室天井石までは大きく分けて二つの盛土が施されている。これらは、硬く締まっており、石室の側壁を積み上げるごとに外側に盛土したものと考えられる。地山から五〇cmあまりまでは黒灰色の粘土が混入している層で、石室側は厚く、外側が薄い。その上は砕石を含くむ褐色と灰褐色の粘質土が相互に石室を中心として「八」の字形に盛られていた（写真3）。

石室天井石の直上にはきめの細かい黄褐色の粘質土及びワラ状の植物繊維と思

われるものが混入されている灰褐色粘質土があり、その上に二〜三cm大の河原石を二、三重に敷き、さらに、硬く締まった黒色の粘砂層が石室を取り囲むように覆っていた。これら天井石上の盛土は石室を保護するとともに排水の役目を持つものと考えられ、特に入念な工事がなされている。

天井石上の盛り土は、石室を中心として山形に黒色粘砂層と褐色の粘質土が相互に盛られていた。そして、石室から離れたところでは墳丘の中心部分とレベルを揃えるため墳丘外側に行くにしたがって厚く盛られ、墳丘斜面近くでは水平になり、その後に約三〇度の角度で削り取って墳丘を成形している。このように後円部を造った後に前方部の墳丘を盛土して前方後円墳を築造していた。

3．驚くべき土木技術

まず、横穴石室に使われている一三t前後の石を運搬し、それを積む技術である。石材は神戸川上流から運ばれたものと考えられている。その方法は筏《いかだ》に載せて川を下り、出雲平野にいたると運河を掘るか地盤のしっかりした道を造り、牛馬に引っぱらせて山の裾まで運び、そこからは舟を陸揚げするときに使う「かぐら」と呼ばれているろくろの原理に基づいた用具で引っ張り上げたものと推測される。次に一〇t以上の石を積み上げることができたのは、石棺をまず設置し、石室の石を積み上げるごとに、その外側に砕石まじりの土を盛り、その、傾斜を利用して重たい石を引っ張り上げて石を積んでいるからである。

石棺は国内最大ものもので、出雲平野南東側の丘陵から切り出された凝灰岩によって造られている。それは荒く加工された状態で運び、設置場所で入念に加工・調整されたものと思われる。その時に出た砕石を盛り土に混ぜて土を硬く締まらせている。石棺を加工する技術は、後の石棺式石室や切り石を用いた横穴式石室に引き継がれ、出雲地方は全国でも最も優れた石の加工技術を持つ地域になるのである。

墳丘盛土の黒色粘砂層は異常に固く締まり、細かい炭が混入する特殊な土壌であったが、分析の結果、黒色粘砂層は火山灰を多く含む土を木と一緒に焼いて灰と混ぜ、海水によってよく練られたものと分かったのである。この土は現在のにがり土と同じような化学反応によって固く締まった土で、当時、このような高度な技術を持っていたことが初めて明らかになった。この固い土は柔らかい黄褐色粘質土と相互に盛ることによって、墳丘をより強固なものとしていたのである。

土壌改良した墳丘盛土は、日本で類例がなく、朝鮮半島には灰が混ざっている墳墓が確認されている。今後、天皇陵の調査が行われるようになれば類例が増えてくるものと思われる。また、天井石上に盛られていた粘質土はひび割れを防ぐためワラ状の繊維質を混ぜているとともに、後円部斜面は盛土した後、安定勾配である約三〇度の角度に削って墳丘を築造していた。

このような高度な知識と技術によって造られた大念寺古墳は畿内の渡来系の技術者が関わっていたものと思われる。『出雲国風土記』の神門郡日置郷の条に「欽明天皇の時代に日置の伴部等が使わされて、とどまり政をおこなったところ」という記載がある。日置氏は祭祀や土木等の高い技術を持った渡来系の氏族として知られていることから、大念寺古墳は日置氏が造った古墳と考えられる。また、大念寺古墳のように六世紀中葉から六世紀後半にかけて、地方の未開発地域に他地域の人たちが突如入ってきて水田等の開発を行っているところがある。それは石見地方の浜田市周布平野のめんぐろ古墳、大田市仁摩平野の明神古墳等で、この時期に石見地方から出雲西部にかけて人の流れが見られるのは磐井の乱前後の朝鮮半島を意識した大和政権の政策と考えられる。

2　全国最大級の山代二子塚古墳

1．古墳の概要

山代二子塚古墳は松江市山代町の住宅街に所在する六世紀中葉の大形古墳で、西側に一辺四二mあまりの鶏塚古墳（六世紀前葉）、東側には外堤を含め一辺七〇mの山代方墳（六世紀末）が存在していることから王家の谷と呼ばれてきたところである。また、東には『出雲国風土記』に「神名樋野《かむなびぬ》」と記載されている神のこもる茶臼山が聳《そび》え、この周辺は出雲国府跡をはじめ、古代寺院・古墳等の遺跡が密集している古代出雲の中心地にあたる。

古墳は舌状に伸びている低い丘陵を整地して造られているため、平地に存在しているように見える（図4）。墳丘は旧陸軍の施設設置のため後方部の三分の一が削り取られているが、復元すれば全長九四mの前方後方墳になる。後方部は一辺五五m、高さ九・五m、前方部の長さ三九m高さ六・五mを測る二段にわたって造られた墳丘である（写真5）。墳丘の段や頂上部には円筒埴輪が廻らされ、斜面にやや扁平な石を貼り付け、くびれ部からは子持ち壺が見つかっている。また、墳丘のまわりには周壕が造られており、

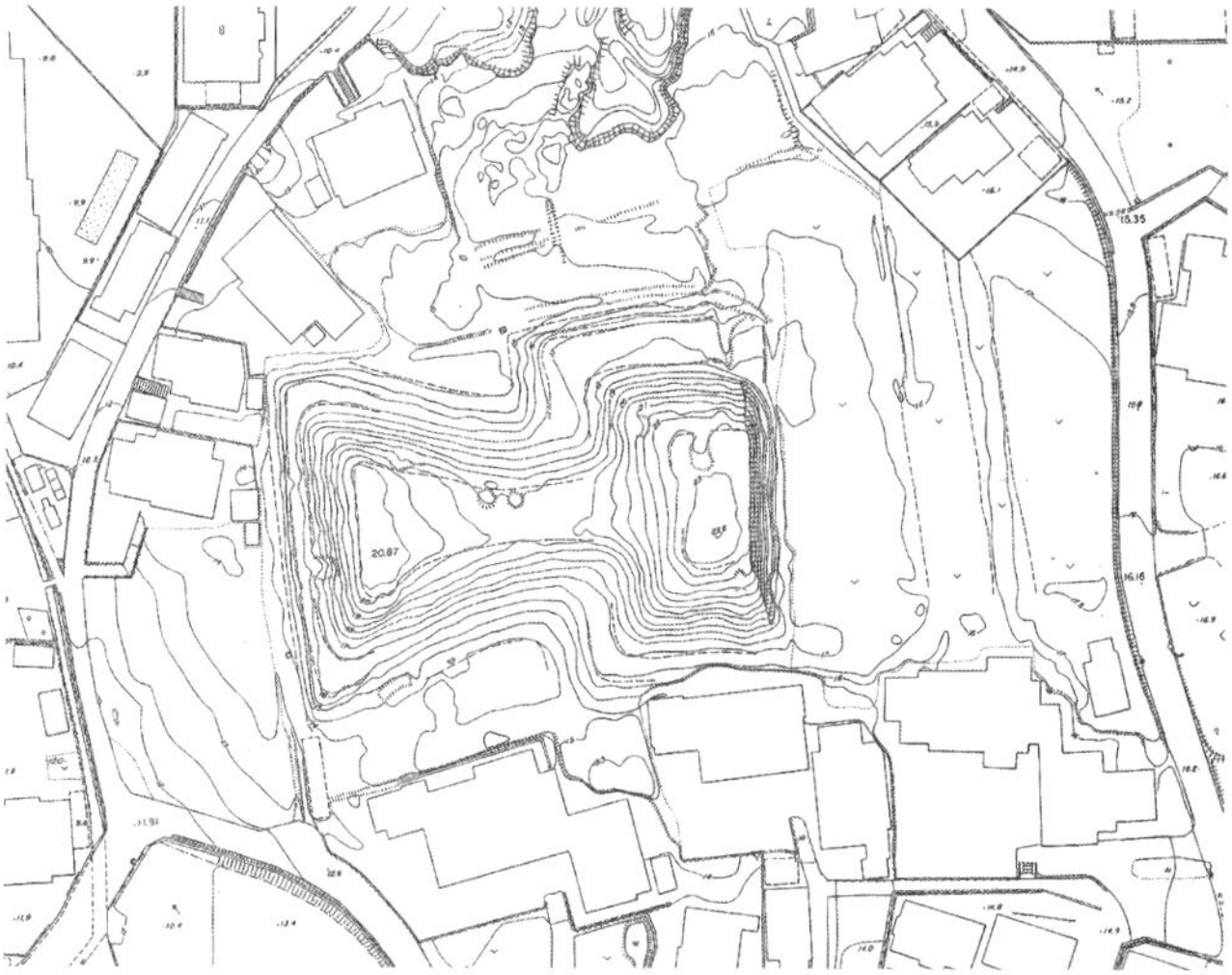

図４　二子塚墳丘実測図

写真５　二子塚古墳整備状況

それを含めると全長一〇四ｍにもなる。死体を納めた埋葬施設は不明であるが、地下レーダー探査で横穴石室と思われる空洞が確認されている。なお、この古墳は大正一四年に日本ではじめて「前方後方墳」の名称が用いられた古墳である。

2．墳丘の築造と被葬者

山代二子塚古墳は大念寺古墳と異なって墳丘の一段目は低丘陵の地山を加工して前方後方形に整えた後に、幅四・五ｍ～九ｍの周壕を掘った土を利用して上部の墳丘を造っている。壕の底はマンガンバンドといわれる黒く固い地質のところまで掘っており、意識して造っているものと思われる。地山を加工した一段目墳丘の上に盛られている土は、水をよく吸う黒っぽい火山灰土と水を透しにくい粘土質の褐色土を相互に盛っていた。それらは土壌改良した土ではない。しかし、性質の異なる土を相互に盛っていることは、盛り土が崩壊しないためのものであろう。そのような工夫は、地山を加工した一段目墳丘の端にも施されている。二段目の盛土が外側に崩れないように、ここの部分に溝を掘り、やや大きめな石を用いた土止めの貼石が廻らされていた。このように大念寺古墳のような高度な技術はないが、随所に墳丘崩壊防止策が見られる。

全国の古墳は古墳時代中期に最も大きなものが造られ、後期になると縮小傾向なるが、出雲地方では後期に最大級の古墳が築造される地域として注目されてきた。山代二子塚古墳は周壕部を含めると一〇四mあまりを測り、この時期としては全国でも最も大きな前方後方墳として知られている。このような大規模な古墳を造ることができたのは、在地勢力の、二子塚古墳の被葬者が社会体制の再編成を行って中央との関係が深まったことが大きな要因と考えられる。そして、六世紀中葉以降の出雲は在地勢力と中央から派遣された日置氏との関係が出雲の繁栄に結びつくのである。それは磐井の乱を受けて、国家安定を図る大和政権の政策の一環であったと考えられる。そのため、日置氏は中央政権との繋がりを利用して玉作を独占させたと思われ、以後、出雲国造を補佐することによって出雲と中央との関係が親密になっていくのである。

3　出雲地方における後期古墳

出雲地方では古墳時代後期になると一人一墳的な小規模古墳で構成されていた古墳群が消滅し、複数の人を葬ることのできる埋葬施設が出現してくる。それは、石を積み上げた横穴石室、石を組み立てた石棺式石室それに山の斜面に穴を掘った横穴墓等がある。

1. 横穴式石室（図6）

①形態及び築造方法

出雲地方の横穴式石室は六世紀中葉に平野部で出現し、それが、後半になると、広く普及し山間部などでも造られるようになる。

横穴式石室の築造方法は墳丘基礎を造った後、「コ」の字形の穴（墓壙）を掘って、その中に石室の下半部を築造していくタイプと丘陵を造成した平地に石室を造りながら壁の外側に土を盛るタイプの二つの方法がある。発掘調査で確認されているものが少ないが、前者は松江市岡田山古墳、後者は出雲市の大念寺古墳が知られている（図7）。岡田山古墳の壁下方は墓壙の壁に沿って内側から石を積んでおり、この墓壙の高さが羨道部（死体を安

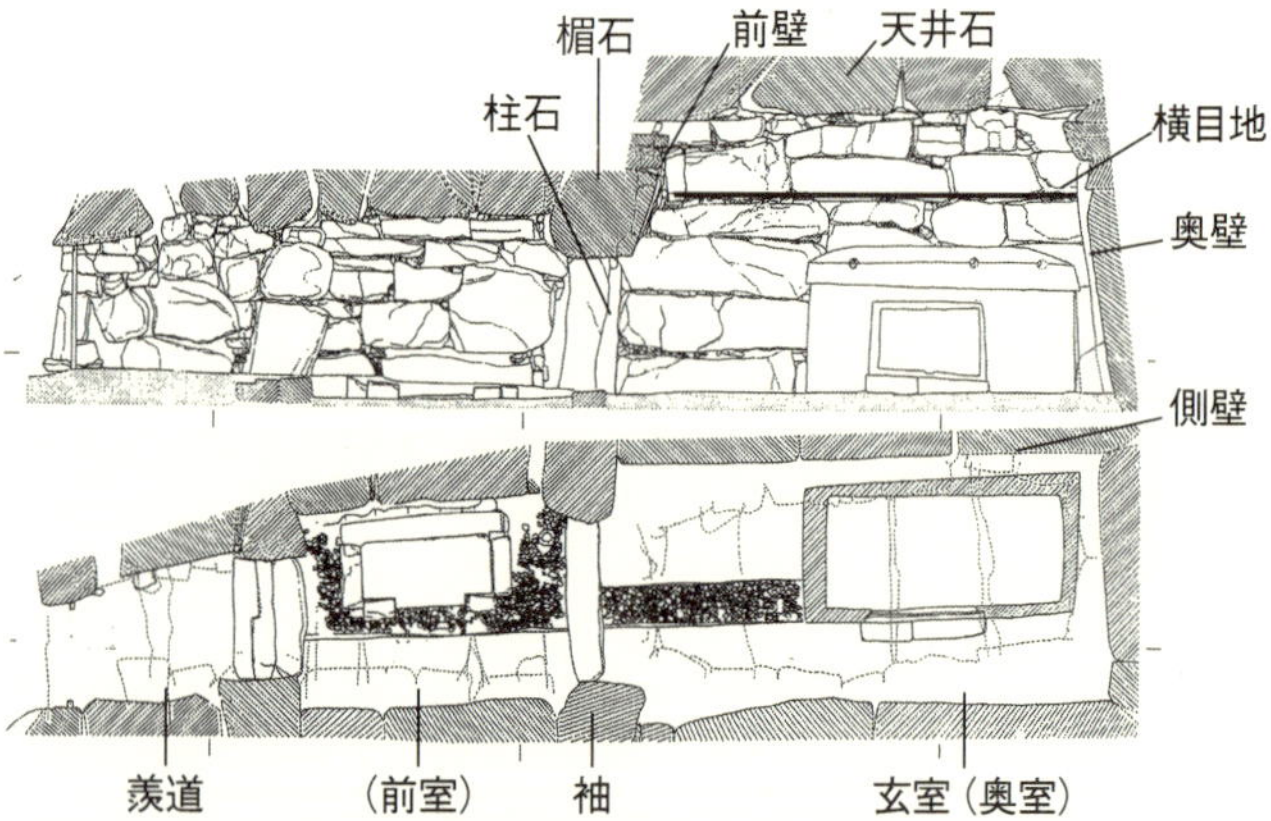

図6　石室の名称（大念寺古墳）

置する部屋にいたる通路）最上部になる。玄室（死体を安置した奥の部屋）上方は積石尻部に土や石で圧力かけた持ち送り技法で石を前にせり出して天井石を積んでいる。一方、大念寺古墳では石室の石を積み、その外側に砕石混じりの盛土を施してスロープを造り、そのスロープを利用して、一〇t以上の石を外側から積み上げる画期的な築造方法で、今のところ、国内で最も古いものと思われる。

さらに築造工程から見た石室は、羨道部の高さまで側壁を造り、羨道部の天井石を載せた後、玄室上方を積み上げて天井石を架ける玄室二段階工程の岡田山古墳タイプと壁全体を積み上げて、天井石を一気に載せる玄室一段階工程の築山古墳タイプがある（図8）。

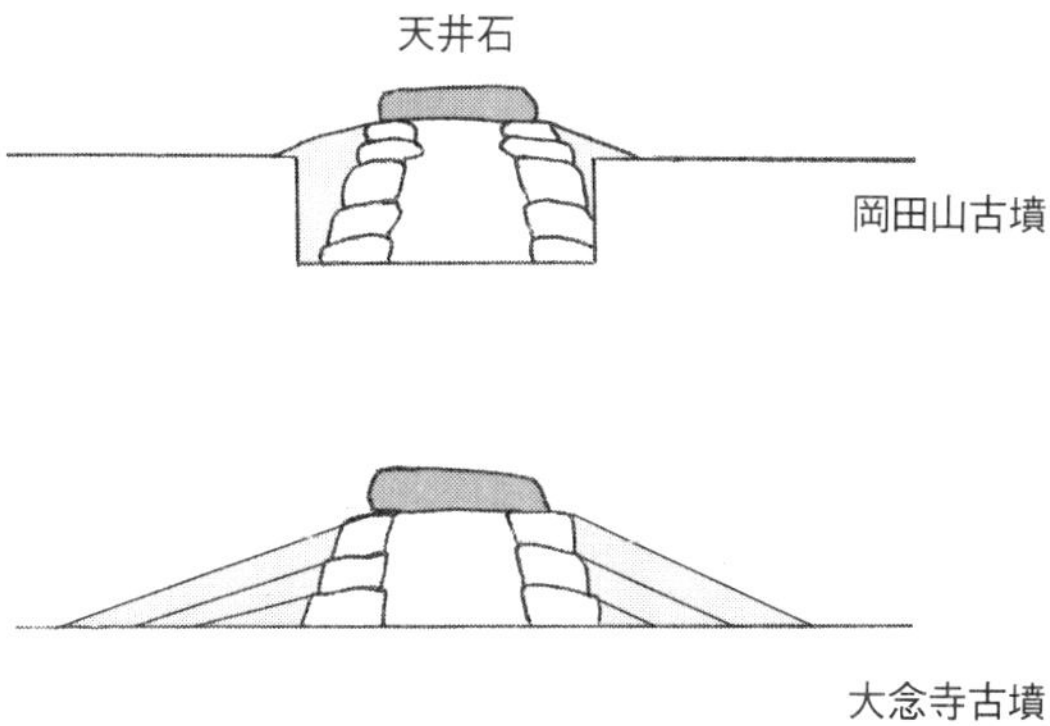

図7　石室の作り方

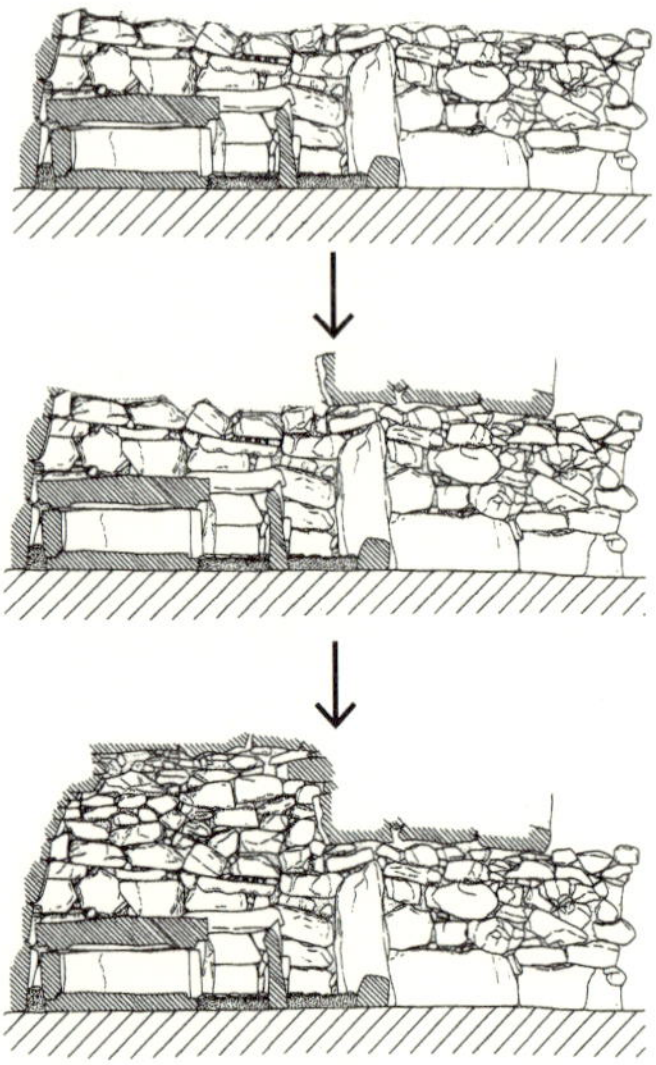

玄室二段階工程（岡田山古墳タイプ）

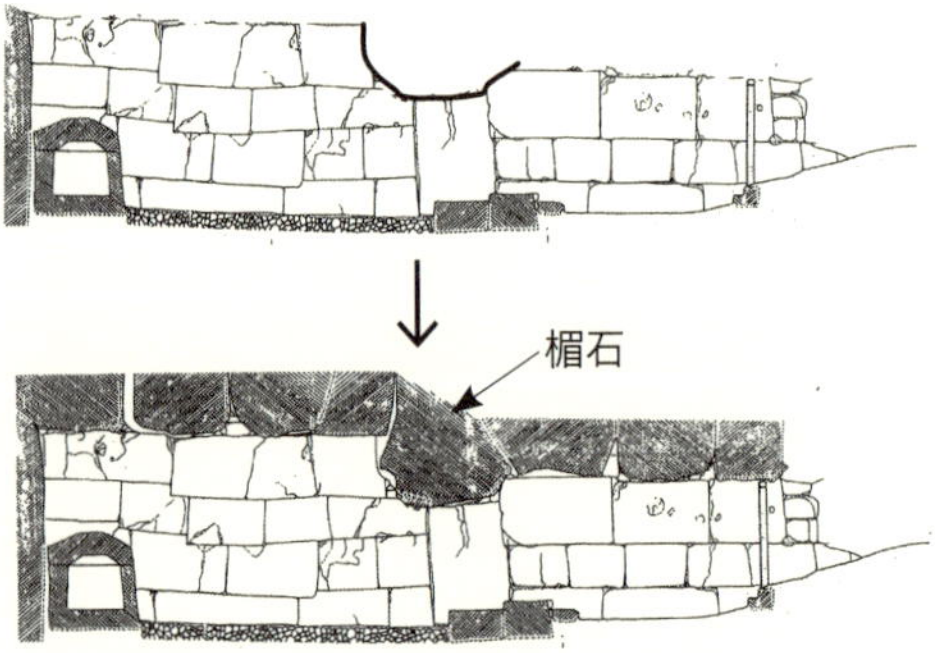

玄室一段階工程（築山古墳タイプ）

図８　石室築造工程図

初期の岡田山古墳タイプは、当時、大きな天井石を載せる技術を持っていなかったので、壁を前側にせり出して湾曲させ出来るだけ小さい石を用いた。石を積む高さの基準は玄室の入り口にある柱石で、玄室の隅上方には奥壁と側壁をつなぐ力石があり井戸のような崩れにくい構造になっている。このような力石や持ち送り技法は北九州の長方形アーチ構造を持つ五世紀中葉以降の佐賀県横田下古墳の系統に含まれる。北九州では六世紀前半に柱石が出現していることから、柱石を持つ出雲の横穴式石室は六世紀中葉前後に出現したと考えられている。

一方、六世紀後半の築山古墳タイプでは、あらかじめ玄室の壁を高く、羨道部の壁を低く積みあげ、玄室入り口上に楣石《まぐさいし》を架けて玄室を固定した後、玄室と羨道部の天井石を載せている。それが、新しくなると、天井石は一方から一気に載せてくるようになる。このタイプは壁のせり出しが緩くなり、断面は台形か方形を呈する。

石材は比較的小さな板状の石から壁下方に腰石と呼ばれる大きな石を用いるとともに切石を使うようになる。形態的には、死体を納める玄室の入り口の左右に袖がある両袖型、片方のみに袖がある片袖型、それに袖のない袖無し型が存在する。

最後に、石室を造る際に設計図があったかという問題がある。入り口を狭くするため、普通なら左右対称に縮めるところであるが、実際は片方を寄せているものが多く、いびつな形をしている石室が少なくない。それは、前もって設計図にそった大きさの石を集めることが至難であるから厳密なものはなかったと思われ、柱石や奥壁等の高さを基準にして臨機応変に石を積んでいたと考えられる。そのため、石室は左右対称で整美なものが少ないのである。出雲地方の横穴式石室は松江周辺に多い岡田山古墳タイプ→出雲平野の築山古墳タイプそして山間部の袖無しタイプへと変遷していった。また、大念寺古墳のように石室を造りながら墳丘の基盤を築く工法は、日本の横穴式石室の築造技術を考える上に極めて重要で、七世紀になって奈良の石舞台古墳で五〇ｔ以上の天井石を載せる事が出来た技術の原点がそこにある。

出雲地方の横穴石室は石材の加工および運搬・石積み等などに優れた技術を持っているので地域ごとに見ていきたい。

②松江平野周辺の横穴式石室

・分布と石室の概要

この地域の横穴式石室は全長四〇ｍ～五〇ｍの前方後方墳や、全長一七ｍの前方後円墳、小規模な古墳群等に用いられている。初期のものは九州の影響を受けている林四三号墳・岡田山一号墳や畿内系の薄井原古墳がある他、高さが一mあまりの竪穴系横口石室の影響が見られる松江市鍛冶屋谷三号墳、側壁下方に立石を用いた石棺系の松江市田和山一号等、特殊な石室も存在している。前方後方墳の横穴式石室は後方部に造られているが、それは墳丘の主軸に対して直角で入り口の右側に前方部がくる方向に開口しているものが多い。その石室のほとんどが岡田山古墳タイプの玄室二段階工程である。新しくなると石棺式石室が大半を占め、小規模なものが島根半島部や大橋側北側に造られるようになる。

・主要な横穴式石室の変遷

この地域の横穴石室で最も古い構造を持つものは、九州系の林四三号墳と畿内系の薄井原古墳である。前者は松江市玉湯町に所在する全長一七mあまりの前方後円墳で、横穴石室はくびれ部に開口する。石室は両袖型で全長四・五m、死体を納めた部屋（玄室）の長さ二・六m・高さ二・一mを測る。壁は五〇cm前後の板状の石を使って、上方に向かって幅が狭くなる持ち送り技法で積み上げられている。横目地がよく通り、築造工程がよくわかる岡田山古墳タイプである（図9）。九州地方では、横穴式石室の開口がくびれ部から後円部に移ってくることが知られている。このように林四三号墳の石室は、五

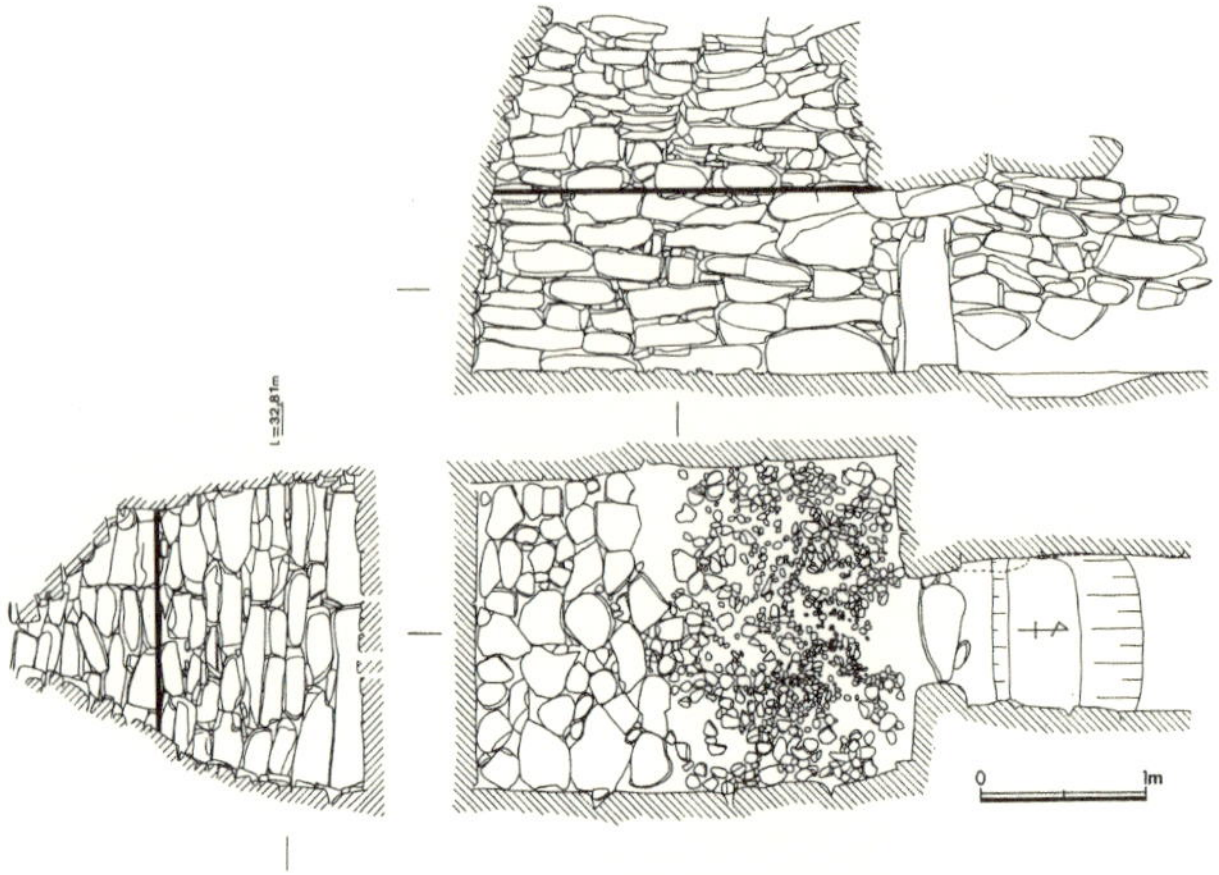

図9　林43号墳石室実測図

世紀代の様相を持つが、袖に柱石を用いるなど新しい要素があるともに、出土した須恵器から六世紀中葉に築造したものと考えられる。

　薄井原古墳は松江市坂本町に所在する全長五〇m測る前方後方墳である。石室は後方部に入り口の方向を異にする二基の横穴石室が造られている。石室はどちらも、柱石を持たない片袖型で、壁は持ち送り技法により、せり出すように積み、断面は湾曲する（図10）。造り方は玄室二段階工法の岡田山古墳タイプである。二号石室は設置場所や使用している石の大きさ等から一号石室より先行して造られたものと思われ、六世紀中葉に築造された石室と考えられる。

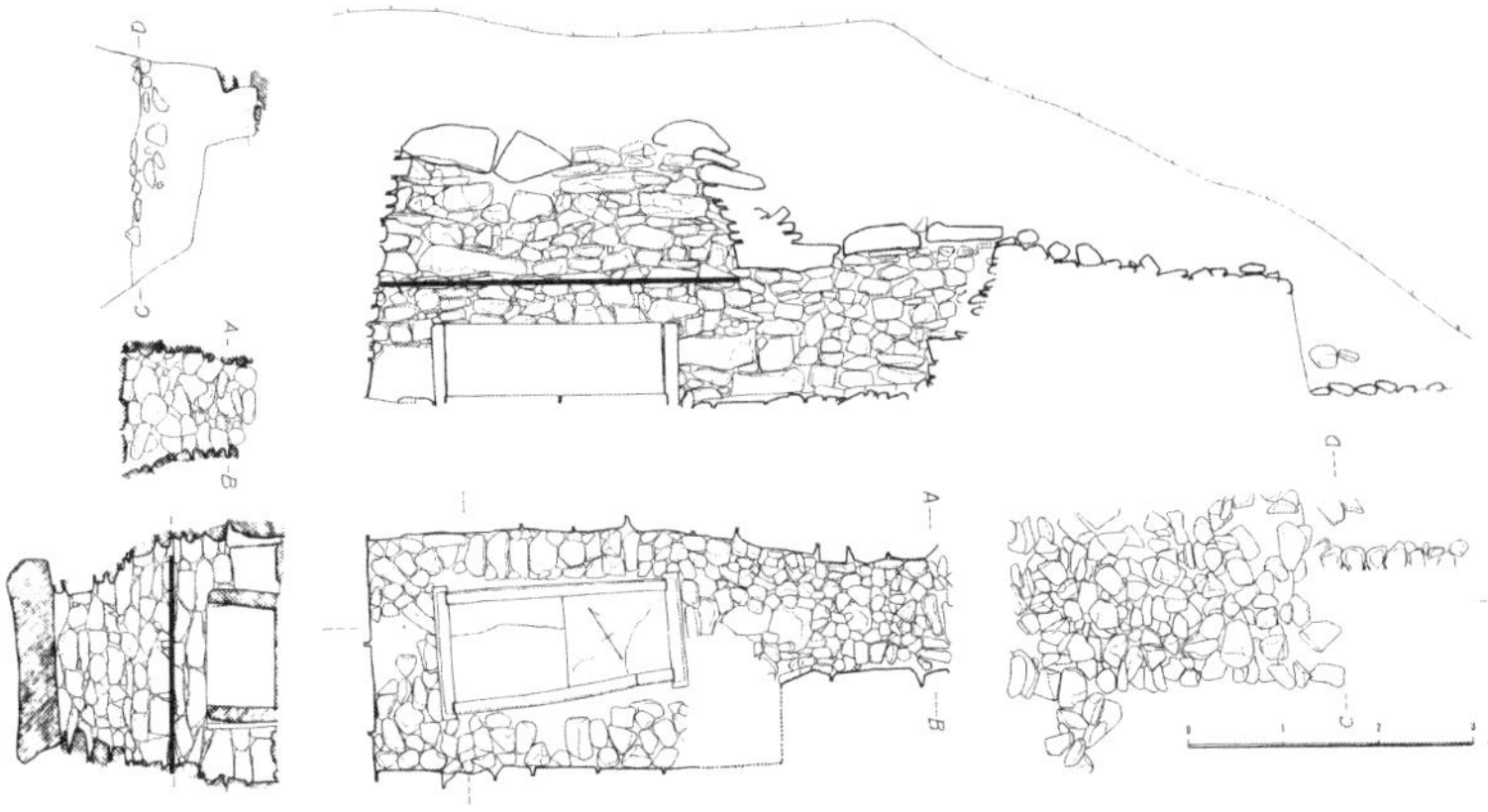

図10　薄井原古墳第２石室実測図

次の段階の岡田山一号墳は全長約二四m、後方部の高さ四m、前方部の幅一四mを測る前方後方墳である。横穴石室は後方部の真横に造られた、全長五・六mあまりの石室で、平面形はややいびつであるが、左右にしっかりした柱石が存在している。しかし、その一つは側壁ラインの中に入りこんでいるため、一見片袖のように見える。玄室内には家形石棺と箱式石棺が存在する。側壁は最下部に長さ二mあまりの石を横積みしている。そして玄門の柱石の高さまで内湾気味にせり出し、そこから上は外湾気味に積み上げている玄室二段階工程の石室である。断面の線変換点には奥壁と側壁をまたぐ力石が置かれ、横方向に石の目地が通って作業工程をよく示している。岡田山一号墳は石室構造や墳丘祭祀で使った須恵器等から六世紀中葉に築造されたものと思われる（図11）。

六世紀後半の石室は全長五〇mあまりを測る前方後方墳の御碕山古墳がある。入り口付近が埋まっているため石室羨造部の詳細は不明で、全長は八m前後になると思われる。玄室は長さ約三・六mの両袖型を呈し、柱石は壁から飛び出て立っている。奥壁下方には長さ二・三m高さ一・二mの巨石が置かれ、側壁はこの石の高さまで、ほぼ垂直に積んだ一段階工程と上方部はせり出すように積み上げている二段階工程が見られる。大きな石を用いている点や柱石の位置等からみて岡田山古墳より新しい構造の石室である（図12）。

③出雲平野の横穴式石室

・分布と概要

出雲平野には数多くの横穴式石室が存在しているが、それらの分布を見てみると三つの地域に分けることができる。すなわち大念寺古墳等がある出雲平野南東及び南側、中村古墳・定岡谷古墳群の島根半島西部、そして、高野古墳群・出西小丸古墳の仏教山周辺である。これらの中心をなすのは、歴代の大首長の古墳が造られている出雲市街地南

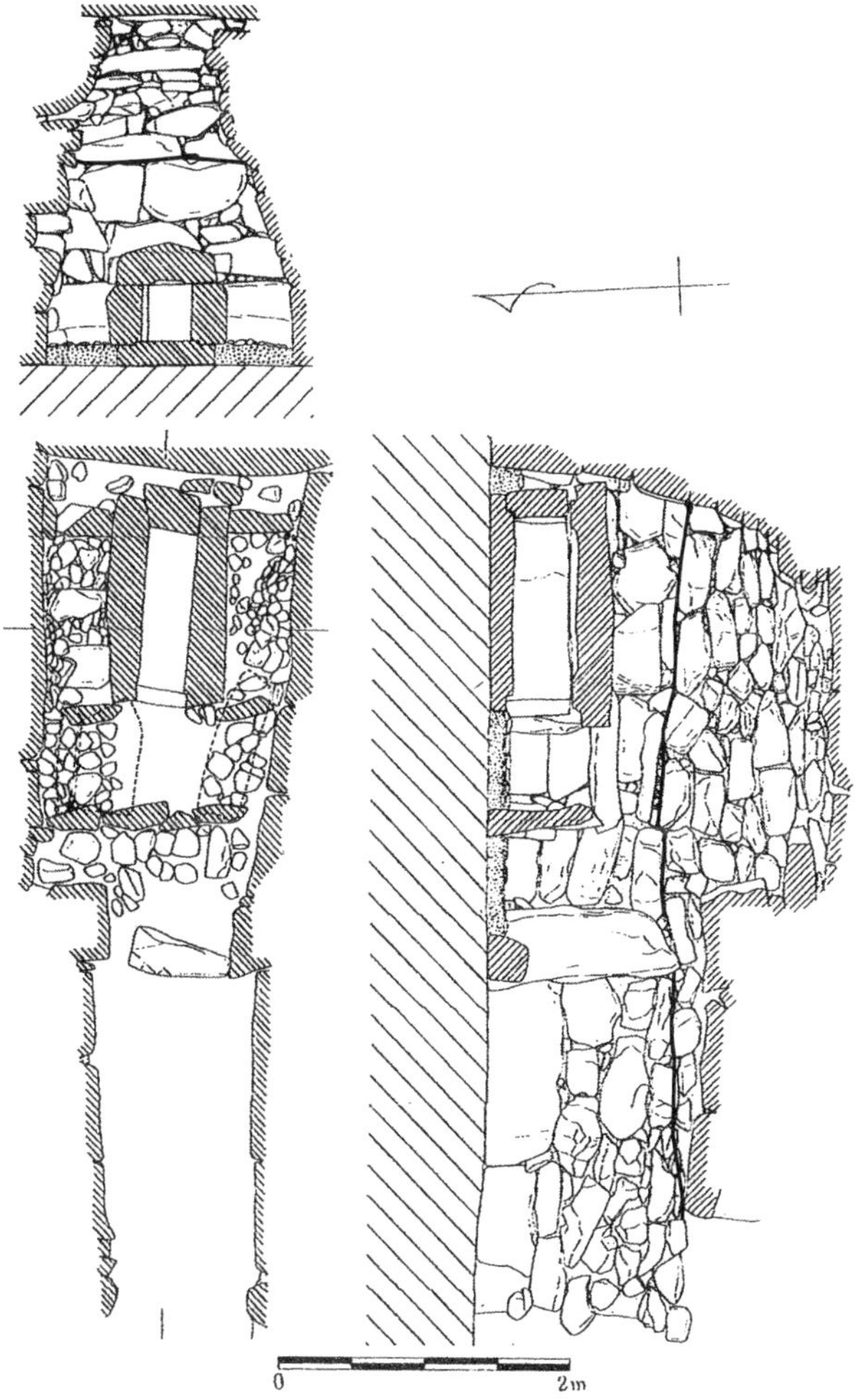

図11　岡田山１号墳石室実測図

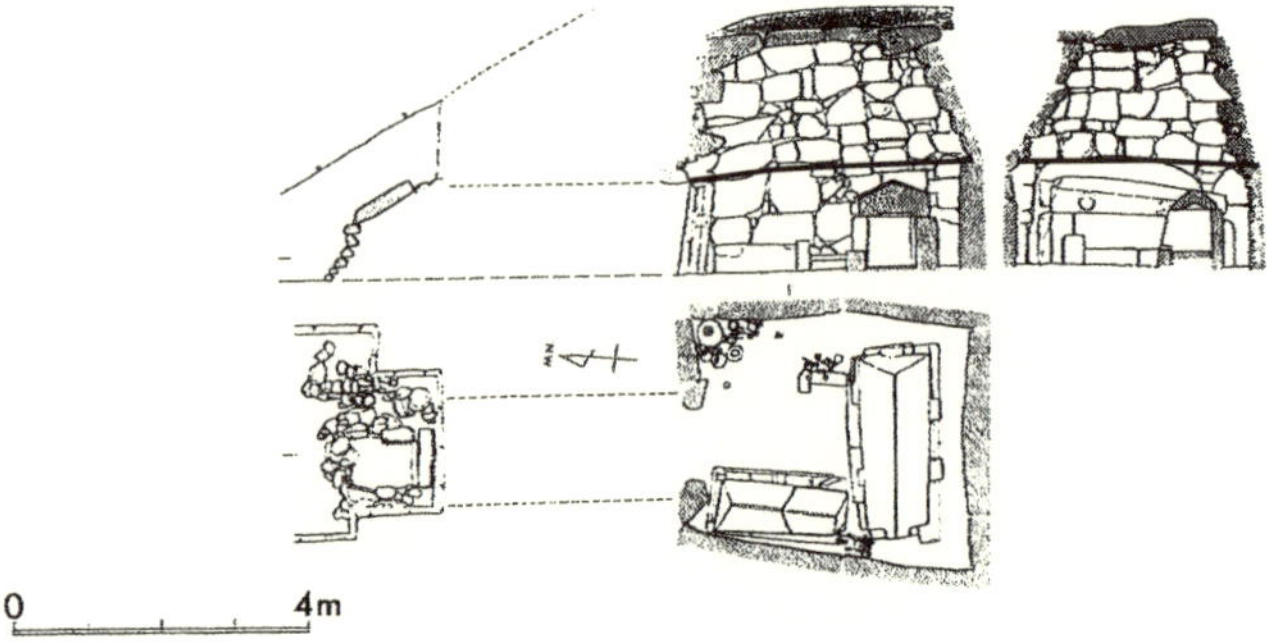

図12　御崎山古墳石室実測図

東地域で、ここには、大規模な横穴石室を持つ大念寺古墳、築山古墳・地蔵山古墳が存在するとともに二〇〇基以上からなる上塩冶横穴群が造られている。

また、出雲平野周辺の古墳は広い地域を治めていた大首長クラスのほか一定地域の首長クラス、それに庶民クラス（横穴群）の三つに分けることができ、階層がより明確である。副葬品を見ても金銅製履《くつ》・金銅製冠《かんむり》、大刀、馬具一式を持つトップクラスと大刀、馬具類のグループ、土器・鉄製品の一部を持つものに分けられ、身分社会が浸透し、社会構成が充実していたと思われる。

この地域の横穴石室は玄室の側壁を一段階工程で積み上げている築山古墳タイプがほとんどで、玄室二段階工程の岡田山タイプは大念寺古墳だけである。天井石は柱石の上に楣石を架けた後、羨道部・玄室部を載せているものが多く、築山古墳・放れ山古墳・中村古墳は、楣石下の側壁を形状に合わせて刳り抜いている。天井石を一つの方向から一気に載せるものは、島根半島西部の小規模な石室に存在する。また、島根半島西部では左右にある柱石の上に細長い石を架け、その上に天井石を載せた門状の構造を持つ石室が小谷下古墳・山根垣古墳で見られる。石材は切石を用いた古墳が多く、入り口を狭めるにあたっては大半が、奥壁に向かって左側の壁を寄せている。

また、この地域の横穴式石室には朝鮮半島との関係が伺えるものがあり注目される。大念寺古墳の土壌改良、石積み、石棺入り口の観音開きの扉等は大陸の技術を用いたものと思われる。その他、妙連寺山古墳の観音開き状の閉塞石や放れ山古墳のアーチ構造の石室も他に類例のない特殊なもので朝鮮半島に似たものを求めることができる。

・大首長クラスの横穴式石室

出雲平野周辺の大首長墓は大念寺古墳→上塩冶築山古墳→地蔵山古墳の順に造られた。大念寺古墳は、玄室二段階工程で造られた石室で、一〇t以上の割石を使った当時としては最高レベルの技術で造られたものである。それが次の段階の上塩冶築山古墳では全長一四・六mを測る玄室一段階工程の切石造りの整美な石室が出現してくる（**写真13**）。

写真13　上塩冶築山古墳石室

写真14　上塩冶築山古墳
切組積み

畿内では七世紀になって本格的に切石の石室が造られていることから、この古墳も七世紀代のものではないかと言われた時期もあったが、現在では六世紀後半の古墳と考えられている。それは、副葬品の他、大念寺古墳の石棺のように大きな凝灰岩を切り出す技術がすでに出雲に存在していたからである。玄室は側壁最上段に長さ二m、幅一mの巨石を積み上げ、石の角を「L」字形にカットして石を組み合せた「切組積み」が見られる（写真14）。また、楣石と接する側壁はかみ合わせが良くなるように「ノ」の字形に削り取られ、玄室の横断面はやや内傾し、壁面は揃って綺麗な仕上がりとなって

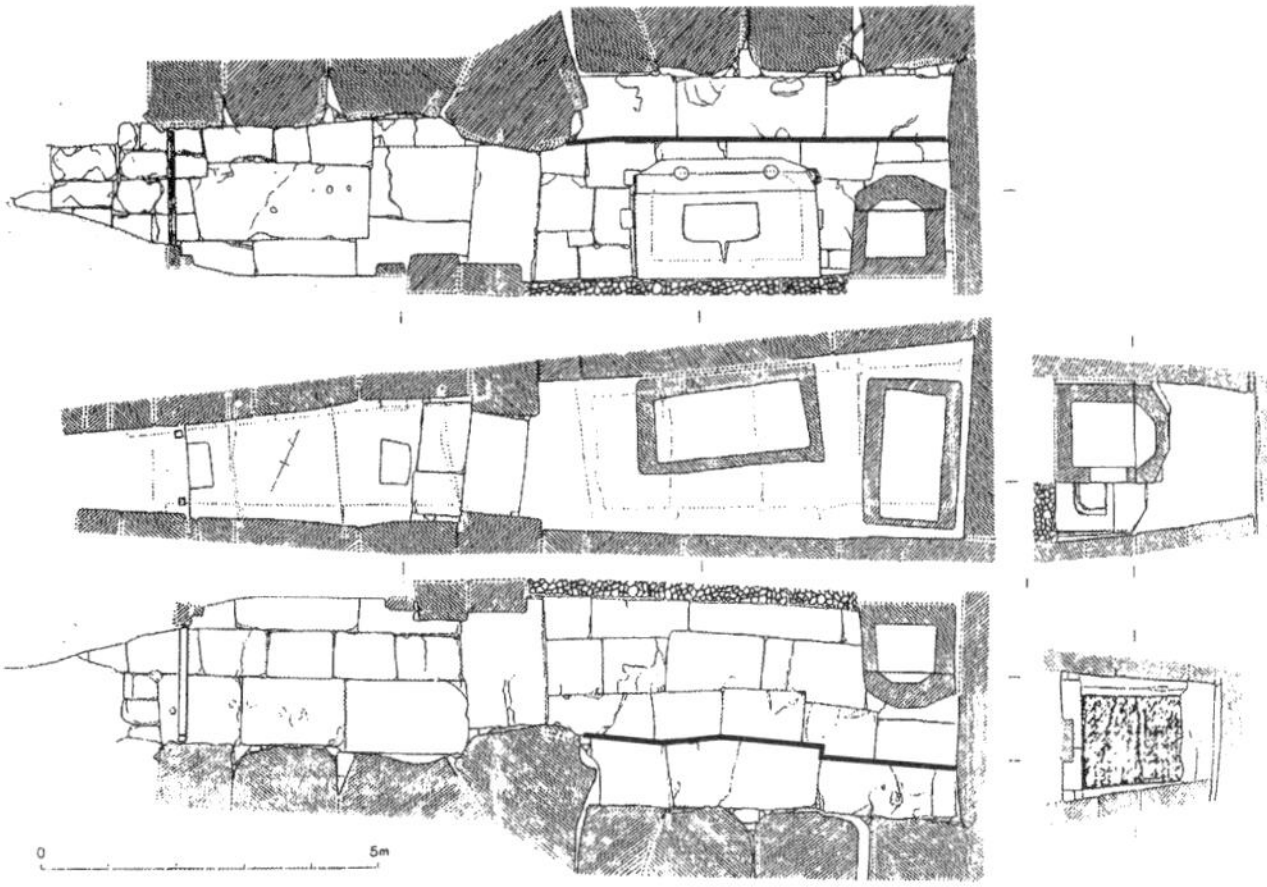

図15　上塩冶築山古墳石室実測図

いる。石積みは大念寺古墳と同じ工法で積み上げていると思われる。また、切り石を綺麗に組み合わせ最上段に巨石を用いていること等、築造技術が一段階アップされている石室である（図15）。この古墳は、径七七ｍ前後の円墳になることが調査で確認されており、墳丘周辺から出雲東部との関係が伺われる祭祀用の子持ち壺が出土している。

次の地蔵山古墳は七世紀初頭の古墳と思われる。この古墳の墳丘は開墾等により削り取られ、詳細は不明。横穴式石室は全長九ｍの複室構造を持つ切石の石室で、奥室はすべて凝灰岩の一枚石からなる。前室との境には二枚の石を合わせた刳り抜きの入り口があり、前室の壁は切石を二段積み上げ、その前方左右には柱石が存在する。この石室は石棺式石室とよく似ているが、柱石の存在や天井石等、異なるところが多く、横穴式石室の変遷の中で生まれてきた形態と思われる。

・首長クラスの横穴式石室

地域の首長と思われる古墳には六世紀後半の中村古墳、妙蓮寺山古墳、放れ山古墳等がある。中村古墳は出雲平野北側に築造された径三〇mの円墳で、石室は全長九・三mの複室構造の両袖型を呈する。奥壁は一×一・五m前後の大きな石を二段積み上げ、最上部には薄い板状の石を用いている。一部に「切組積み」が見られ、壁全体を積み上げた後、天井石を載せている築山古墳タイプである。副葬品は二〇〇点あまり出土しており、墳丘から祭祀用の子持ち壺が見つかっている。また、副葬品はきれいに残っているのに、石棺が故意に使用できないよう破壊されていた。当時の葬送儀礼に関する一例を示すものとして注目される。

出雲平野南側の妙蓮寺山古墳は約全長四九mの前方後円墳、石室は六・五mあまりの両袖型である（図16）。奥壁は一枚の巨岩をほぼ垂直に置き、側壁は下方に大形の石を用い、上方に小石をほぼ垂直に積み上げている。柱石の高さに横目地が良く通っている玄

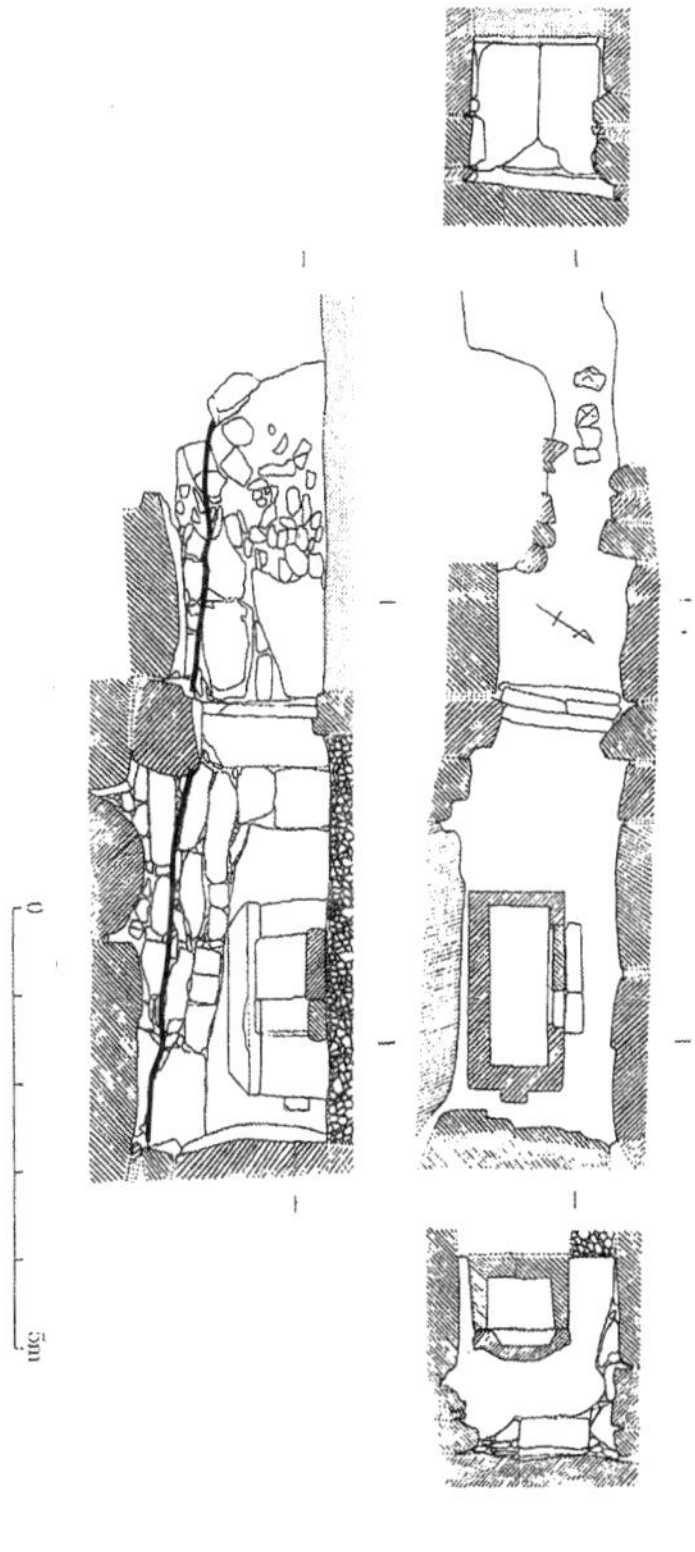

図16　妙蓮寺山古墳石室実測図

室一段階工程の築山古墳タイプである。この古墳で注目されるのは円柱状の石で押さえてあった観音開き状の閉塞石で朝鮮半島の影響が考えられる。

放れ山古墳は妙蓮寺山古墳の東側に存在する古墳で、墳丘は後世に削られ詳細は不明。横穴式石室は全長六・二ｍあまりの両袖型の石室である（写真17）。奥壁はⅠ枚の巨石をやや内傾させて置き、側壁は切石で構築し、一部に「切組積み」が見られる。奥壁上部の左右端から側壁にかけては、「L」字形にカットし、奥壁と側壁を連結する石がある。

玄室の側壁はかなり内湾して積み上げられており、このような石室は他に類例が無く、朝鮮半島のアーチ構造の壁に類似している。

④出雲山間部の横穴式石室

出雲山間部は古墳時代後期になってはじめて数多くの古墳が造られるようになり、地域の支配体制がようやく整えられる。横穴式石室は斐伊川及びその支流域にある雲南市大東町や奥出雲町、それに神戸川流域の飯南町頓原に分布している。それらのほとんどが小規模な円墳であるが、奥出雲町の穴観音二号墳は全長二九mあまりの横穴式石室を持つ前方後円墳である。その他、亀嵩地区の常楽寺古墳からは人物・馬形埴輪が出土しており注目される。

また、両袖型から袖無し型へ移る過度期の古墳である奥出雲町の穴観音古墳は径一二mあま

写真17　放れ山古墳石室

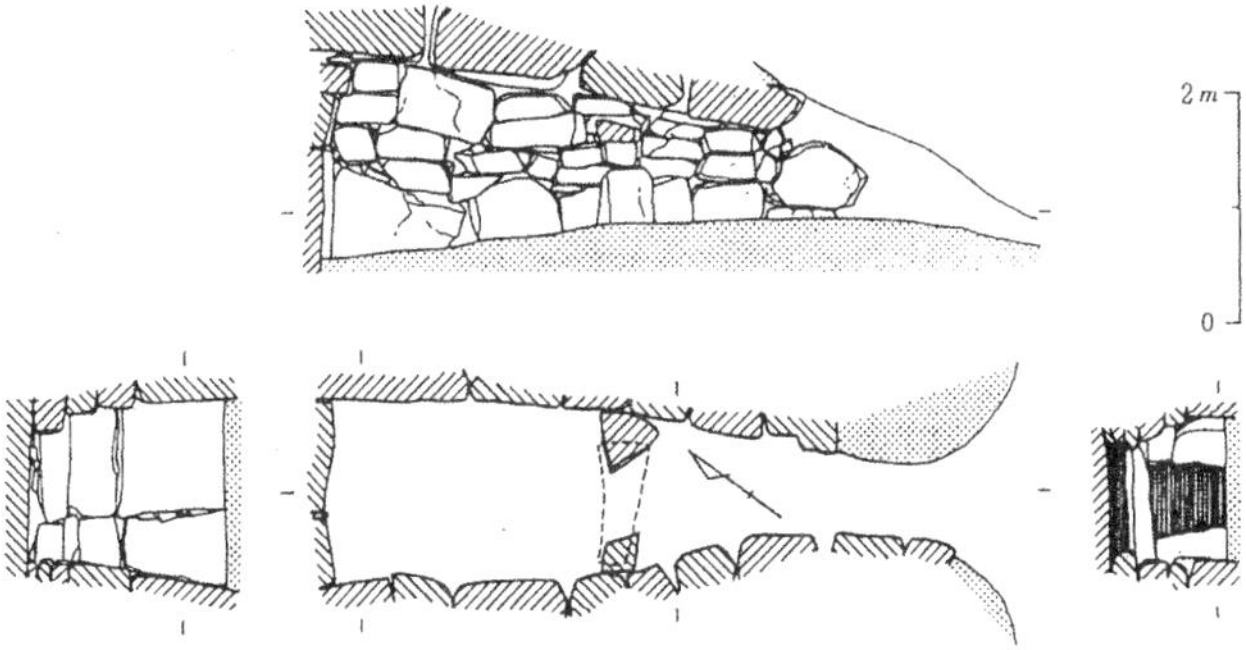

図18　穴観音古墳石室実測図

りの小円墳で石室は全長五・〇mを測る（図18）。入り口から二・五mの側壁内側に柱石を立て、その上に石を架けた門状の施設が造られている。その門状の施設から奥が玄室で、門状の施設が無くなったものが袖無し型の石室である。側壁は、奥を高く、入り口に向かって低くなるように積んでおり、天井石は一気に載せられている。

奥出雲地方の袖無型の石室は一枚石の奥壁が多く、側壁は石の積み方で玄室と羨道部の区別が付くものとそうでないものがある。飯南町頓原比丘尼塚古墳や奥出雲町穴観音二号は明らかに石の積み方が異なっている。

奥出雲町の岩屋古墳は七世紀初頭頃の最も新しい両袖型の横穴石室である。石室は全長七・五m、玄室の長さ二・六五m、幅二・一m、高さ一・九mを計る、奥出雲地方では抜きんでた規模を持つ。壁は基本的に一枚の切り石によって構成されており、玄室は横方向、羨道部は縦方向に切石を立てて構築している。この古墳の近くには仁多郡の郡家推定地や高田廃寺が存在していることから、奥出雲を代表する首長の古墳と思われる。

2. 石棺式石室

①石棺式石室の概要

出雲地方には石棺式石室と呼ばれている家形石棺に羨道部を取り付けたような特異な石室が存在する。この石室は九州地方の横口式家形石棺や熊本県の宇賀岳古墳等の影響を受けて、出雲独自に開発された石室形態と考えられており、六世紀後半に松江周辺を中心に分布する。出雲地方では六世紀中葉には大念寺古墳の石棺のように大きな凝灰岩を切り取る技術が既に伝わっており、六世紀後葉には広く切り石を使った石室が普及している。石棺式石室は一枚の石を組み合わせて玄室を造り、天井は屋根形に加工したものである。玄室入り口の玄門は一枚の石を刳り貫き、閉塞用の切り込みも見られる。この石室は、設計に基づいて壁となる石をあらかじめ切り出し、石室築造時には組合せるだけという画期的な造り方で、現在の家の建築に用いられているツーバイフォー工法と同じである。

そして、石棺式石室には向山古墳や太田二号墳のように特殊な石棺もあるが、家形石棺のような本格的な石棺が見られないことから石室そのものが屍を入れた棺という性格を持っている。また、この石室は凝灰岩を切り出し、組み立てるという特殊な技術が必要なので専門の工人集団がいたと思われる。

初期の石室は床石を敷いた後に奥壁・前壁を立て、その外側に切り込みを入れた側壁を組合せて玄室を造っている。それが、奥壁・前室に切込みを入れて側壁を挟むようになり、入り口が中央によってくる。その壁の組み合わせの変化は奥壁に向かって横方向から天井石を載せるのに強いものから、前後に強い方向に代わってきている。また、木製観音開の閂《かんぬき》を模倣した陽刻の閉塞石や、刳り貫き玄門等は中北九州に類例があり注目される。

②各時代の代表的な石棺式石室

出現期の松江市古天神古墳は長さ二五ｍあまりの前方後方墳で、玄室は幅二ｍ、奥行約一・六ｍ、高さ一・八ｍを測る。奥壁は一枚石で構成され、側壁は左壁二枚、右壁三枚からなる。奥壁と前壁の左右に切り込みを入れた側壁を置き、羨道部を造った後、玄室の上方の壁を積み天井石を載せている。入り口は右端に設けられ築造時期は六世紀後半である（図19―1）。

六世紀後半には岩屋後古墳が造られる。この古墳は水田開発のために墳丘が削りとられ、巨大な天井石がむき出しになっている。石室は玄室のみ現存するが幅三・三m、奥行き二・〇mを測る横長の長方形を呈し、天井石は平入家形に加工したものである。玄室の壁はすべて一枚石で構成されており、両端に若干の抉りが入った奥壁・前壁が側壁を挟む型である。以後、このタイプが主流となる。玄室入り口は前壁の中央よりやや左側に、開けられている（図19―2）。

六世紀末の向山古墳は松江市教育委員会が平成六年～九年にわたって調査を行った、数少ない石棺式石室である。墳丘は、三〇mあまりの方墳。石室は凝灰岩の一枚石で造っている玄室と自然石を積み上げた羨道部がある。玄室は二・〇五m×一・九七mの正方形に近い形を呈し、高さ一・七八mを測る。玄室の造り方は岩屋後古墳と同じである。入口は前壁中央部に開けられ、閉塞石は表面に門状の陽刻を持つ。副葬品は馬具、武器、玉、須恵器が追葬時に玄室から掻き出された状態で検出された。また、羨道部天井に子持ち壺を置き、入口付近で祭祀を行っていた。

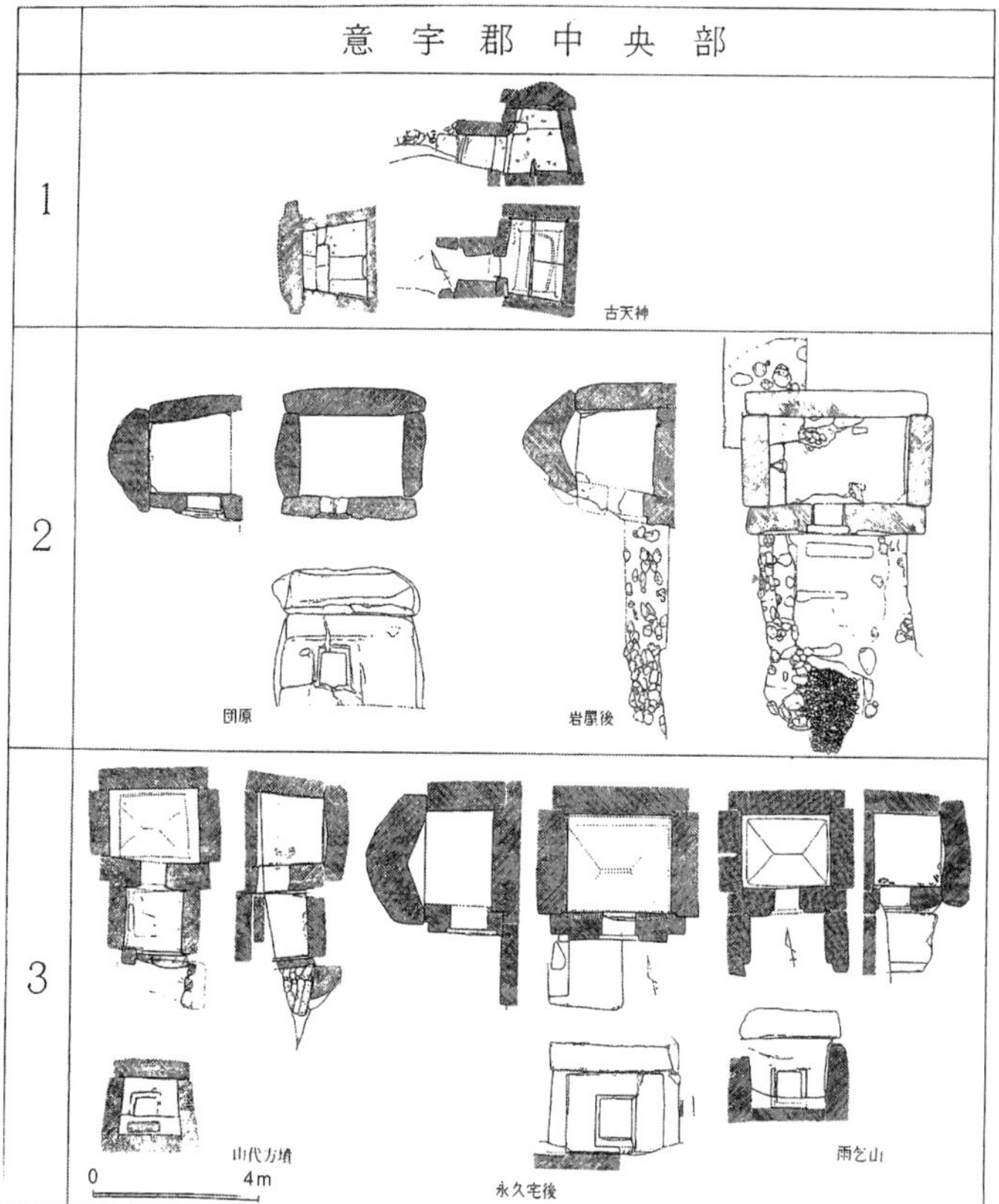

図19　石棺式石室の変遷図

最も新しい段階の永久宅後古墳は径一五mあまりの小規模な古墳で七世紀初頭頃のものである。羨道部は破壊されて現存していない。玄室は幅二・四七m、奥行二・二二mの正方形に近い形を呈し、高さは一・九六mを測る。天井石は、厚み一mあまりの石で平入り四注式の家形に加工している。壁は一枚の凝灰岩の切石から構成され、奥壁、前壁と側壁の接地面はお互いの壁を切り込んで組み合わせた整美な造りである。前壁の中央には刳り貫きの入り口がある（図19―3）。

3．横穴墓

①形態と分布

横穴墓は山の斜面に穴を掘った墓である。まず、前庭部と言われる平坦部を削り出し、そこから細長い羨道部を掘り進み、その奥に死骸を安置する部屋（玄室）を造っている。玄室は崩れないように、土が固くしまった層に達して掘っているため、羨道部の長さは地盤の堅さに左右される。また、岩盤に掘っているものや、部屋が二つの復室構造を持つ横穴墓もある。出雲地方では全域で横穴墓が造られており、遺跡数は四〇〇を超え、横穴の数は四〇〇〇穴以上と推定されている。

出雲地方における横穴墓の出現は、横穴式石室より少し遅れた六世紀後半で、石棺式石室とほぼ同じ時期である。安来平野および松江平野周辺で最初に造られるようになるが、それらは、ほとんどが天井の丸いタイプで、家の壁を意識したものや断面が山形を呈したものも若干ではあるが造られている。横穴墓は同じ場所で次から次に造られ群を形成するようになる墳墓である。七世紀になると出雲市の上塩冶横穴群のように二〇〇穴以上からなる大規模な横穴群が出現し、出雲全域で造られるようになる。首長墓の前方後円墳や前方後方墳等大形古墳が造られなくなったこの時期に、横穴墓が普及・拡大しているのは驚きである。このことについては後で詳しく述べる。

また、七世紀になると地域の特色が出てくる。出雲東部は正方形か横長で平入の家形が多く、石棺式石室の形態に似たものが大半を占める。それに対し出雲西部では正方形ないし縦長の長方形プランの妻入りが主流になる。そして、山間部は長方形プランの断面三角形のものがほとんどである（図20）。さらに、家形の屋根や壁を忠実に表現しているる横穴墓が造られるようになり、島根半島東部と松江市の十王免横穴群では羨道部に石積したものが出現してくる。

②死骸を安置する施設

横穴墓の死骸を置く施設はベッド状や石棺、陶棺を安置しているもの、さらに石や須恵器片を床に敷いているもの等がある。それらは、主に平野部の横穴墓に見られ、溝や段によって左右に造られたベッド状の施設が最も一般的で多い。松江平野及び島根半島東部では部屋の中央に縦方向の溝で区画し、松江市の安部谷横穴群や出雲平野等は、左右に溝ないし段で死床を造っている。

石棺は組み合わせの家形石棺と箱形石棺があり、前者は出雲平野部全体でみられ、後

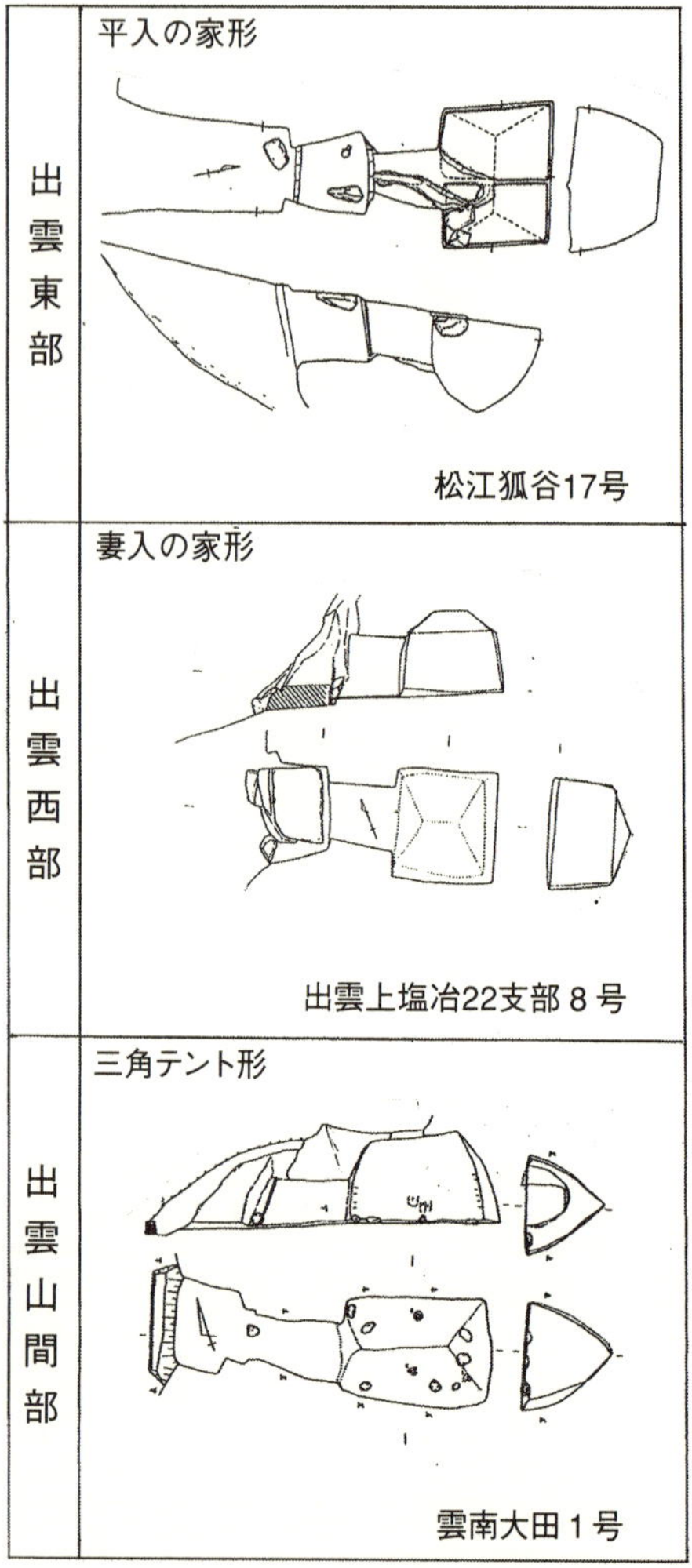

図20　横穴墓の地域性

者は松江市を中心に奥出雲町の横田にも存在する。それらの石棺は、奥壁の前に安置するタイプと左右の側壁の前に置くタイプがある。また、安来及び松江周辺では須恵器片を敷いた死床が比較的多く存在し、出雲では石床が見られる。その他、注目されるものとしては松江市東出雲町渋山池横穴群や安来市吉佐町平横穴群の陶棺がある。

③墳墓祭祀

葬送儀礼に使いそれを副葬したと思われる須恵器は蓋坏・𤭯・高坏・堤瓶《ていへい》・小壺があり、七世紀後半以降になると平瓶《へいへい》・長頸壺が出てくる。出雲東部や奥出雲地方では酒を入れていたと思われる横瓶《よこべ》がある。また、横穴墓には後背墳丘と呼ばれる高まりを持つ施設が平野部を中心に確認されている。安来市岩屋口一号横穴は上方尾根に全長一二mあまりの前方後円墳形をした後背墳丘を持つ。発掘調査で人工的な盛り土と確認され、その墳丘に祭祀で使った埴輪を墳丘にばらまいていた。同じく、安来市の矢田横穴群では、前庭部から祭祀に用いたと思われる円筒埴輪が出土している。このように、安来平野では円筒埴輪の出土例が多い。その他、閉塞に伴う祭祀も見られる。

④副葬品から見た地域色

副葬品には須恵器だけか若干の鉄器、耳環を持つものが大半を占める。しかし横穴石室が普及していない安来平野では、権力者が横穴墓を造っているので首長墓と変わらない豪華なものもある。鷺の湯病院一号穴では珠文鏡・金銅製冠《かんむり》立飾《たちかざり》・金銅装単龍環《たんりゅうかん》頭《とう》大刀・金銅装円頭大刀・銀装大刀・金銅装大刀・馬具一式、金環・銀環・琥珀《こはく》製ナツメ玉、ガラス臼珠・金銅製の玉・金の糸でつないだナツメ形の玉・鹿の角で作った直弧《ちょっこ》文の柄がある刀子等が出土した。これらは安来平野一帯を治めていた大首長クラスの副葬品である。その他、首長クラスのものと思われる横穴墓は大刀・鉄鏃・刀子・それに轡《くつわ》・鞍《くら》金具・鐙《あぶみ》・鎖《くさり》等の馬具一式を持つ宮内Ⅱ―一号穴や銀装圭頭《けいとう》大刀・大刀・冑《よろい》・馬具一式の鳥木横穴が知られている。これらの副葬品は他の地域では横穴石室から見つかるもので、安来平野では、金銅製品・馬具一式等を持つクラス・大刀・鉄鏃・耳環・玉類等のもの、それに須恵器に若干の鉄器、耳環等の三段階に分けられ、横穴墓の中で顕著に格差が見られる。

それに対し、横穴式石室が普及している松江平野周辺では、中竹矢一号穴のように鉄剣・鉄鏃・馬具の一部、ガラス玉、刀子・鉄斧等の豊富な副葬品が出土した横穴墓もあるが、大刀・鉄鏃・刀子・耳環が一般的で、七世紀に入ると大刀にもう一品の刀子等だけという貧弱なものになる。このように、この地区では金銅製品・馬具一式を伴うものはなく、明らかに安来平野とは異なっている。

一方、出雲東部よりやや遅れて横穴墓が普及する出雲平野では、上塩冶三三支群一号穴から金銅装大刀・耳環・鉄器が見つかっている他、二二支群九号穴の鉄刀・耳環・玉類・金糸がある。有力者の副葬品は大刀を持つものがあるが、ほとんどが須恵器に玉類、耳環等である。それに、奥出雲地方では金銅装の短刀が出土した横穴墓があるが、土器に鉄鏃・刀剣類・耳環・刀子等の副葬品を伴うものが多い。このように地域によって格差が見られる。

⑤主要な横穴群

上塩冶横穴群は出雲市上塩冶町に所在する県下最大の横穴群である。横穴墓は大井谷川の左右の標高二〇m～五〇mの丘陵斜面に三六あまりのグループに分かれて造られている。その数は二〇〇穴あまりが確認されており、未発見のものを加えれば数百基になるものと思われる。上塩冶地区に横穴墓が造り始められたのは、出雲東部よりやや遅れた六世紀の終わり頃で、丘陵の先端に位置する三四支群四号穴や三三支群一号穴がまず現れ、谷の奥に向かって七世紀代に盛んに造られるようになる。六世紀代と思われる横穴墓は長方形で丸天井のアーチ構造を持つものが多いが、七世紀に入ると方形プラン

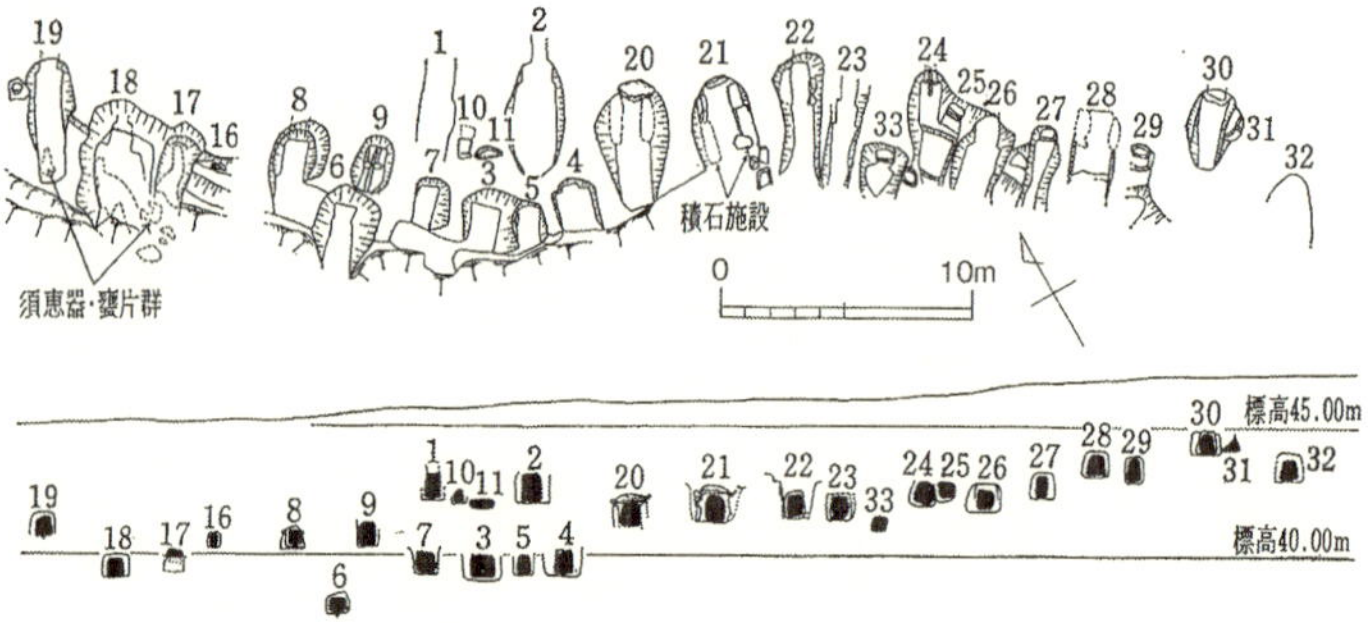

図21　十王免横穴墓群配置図

の妻入り家形のものが大半を占める。また、この時期になると凝灰岩にも掘られるようになり、七世紀末～八世紀初頭まで造られる。

松江市十王免横穴群は工業団地計画に伴う発掘調査が昭和四六年に行われ、三七穴あまりが検出された六世紀後半～七世紀末の横穴群である（図21）。そのうち二七基が県指定史跡になり保存されている。横穴墓は標高四〇ｍ～四五ｍの間に一部二段にわたって横ならびに造られている。初期のものは丸天井で縦長の横穴墓であるが、七世紀に入ると壁と屋根がはっきり区別された平入の家形が多く造られるようになる。そして、羨道部入り口左右に石を立て、その前に石積みしたものが出てくる。死体を納める施設には二号穴で横口式の組合せ家形石棺があり、一二穴で石棺を据《す》えた痕跡が見つかっている。また、須恵器の破片を敷き並べた横穴が四例ある他、部屋の左右を一段高くして屍床を造っているものや、中央に溝状の凹みを持つものも存在する。

松江市安部谷横穴群は国指定の史跡である。この谷に少なくとも六ヶ所以上のグループに分かれて横穴墓が造られているが、標高二五ｍの西側斜面に並ぶ五基からなる第一支群が指定地となっている。これらは角礫凝灰岩を刳り抜いて造った出雲地方でも最も整美な横穴墓として著名である。北から一～五号が並び、五号穴だけがやや粗雑な造りで未完成のものと考えられている。他の四つの横穴は壁と屋根がはっきり区別され、天井は平入りの四注造りである。玄門入り口には石をはめ込む閉塞用の切り込みがあり、一号穴・四号穴は妻入家形の前室が存在していたと考えられている。副葬品は古くから開口されているので詳細は明らかでない。ただ、表採された須恵器から六世紀後半に造られた横穴群と考えられている。

⑥装飾古墳

出雲地方の横穴墓には玄室の壁面に線刻で絵を描いた装飾古墳が数穴確認されている。出雲市芦渡町の深田横穴墓は砂岩質の丘陵斜面南向きに掘られた横穴墓である。玄室は横長の長方形で、その前に前室状の施設を持つ。玄室は平たい天井と壁の間に明瞭な界線があり、天井には朱ないし赤色顔料を塗った痕跡が残る。開口が古いため副葬品は不明。壁画は奥壁と右側壁に人物群の線刻画が描かれている。奥壁左端の人物像は頭に三本の花弁状の立飾りをつけており、冠を頭に載せた状態を表現しているものである。他の人物は六から七体あるが、いずれも簡略化している。

松江市十王免横穴群は六世紀末から七世紀後半の一号・二号・七号穴で線刻画が見られる。壁画は天井・壁に描かれているが、いずれも鮮明ではない。弓を持った人物、舟・波状文・小動物等がある。また近くにある狐谷横穴墓からも弓を持った人物や四足の獣、舟・木の葉等を描いた壁画が見つかっている。

なお、安来市穴神一号横穴は家形石棺前壁外面に赤色顔料で三角文・蕨手文《わらびてもん》らしきものが描かれているが詳細は不明である。

4　集落の再編成と産業の集中化

1. 部民制の導入

部民制とは大和政権に対する従属や奉仕、朝廷の仕事等を振り分けた体制で、仕事に関わる集団と豪族等に所属する一団がある。

六世紀中葉の松江市岡田山一号墳から出土した鉄剣に「額田部臣」と書かれた銘文がある。これは、現在、部民制の成立に関して我が国で最も古い確実な資料としてよく知られている。額田部は『出雲国風土記』で、大原郡少領として見え、額田部押島は新造院を建立した。このように額田部は奥出雲地方の有力な氏族であったが、意宇郡を本拠とする国造出雲臣と同族であり、額田部管掌に与った者と考えられている。額田部臣は部民を統率して欽明天皇の皇女である後の推古天皇の宮に奉仕していた。出雲臣は神門臣や健部臣とも同族であることが、文献資料等で認められており、出雲国造は同族ないし配下のものを部の管理者に任命し、部民制的貢納を通じて権力を持ってきた。部民制導入は古墳時代中期の朝鮮半島遠征に伴う畿内との関係や中央から派遣されてきた日置氏の助言等により比較的スムーズに導入できたものと思われ、以後、日置氏が出雲国造の後ろ盾として貢献していくのである。それは『出雲国風土記』に日置氏が三ケ所、寺院を建立し、各地に日置部が見えていることから伺うことができる。日置氏は部民制導入にあわせ、仕事の配分及び身分等の整理を行うとともに村落の再編成や須恵器生産および玉作を一定の区域内に集中させるように指導したものと思われる。そのことにより、地域のまとまりと生産性の向上につながったのである。また、日置氏は太陽神を司っていたので神に対する奉仕方法を国造等に教え、玉を神に供えて霊験新たな玉とし、全国の玉作を独占するようになるのである。

2. 片屋根構造の住居からなる集落

古墳時代中期は壁際に炉を持つ竪穴住居が谷部や山裾に造られていたが、中期末から古墳時代後期には村落の再編成に伴い丘陵斜面に住居を構えるようになる。その住居跡は長方形や三日月形に加工した段状の狭い平坦面に一列しか柱穴が存在していないことから、今まで段状遺構と呼ばれ、明確な住居と認識されてこなかった。ところが、六世紀前半の段状遺構から移動式カマドや甑が出土するようになり、この遺構が住居跡であることが明らかになってきたのである。

発掘調査で検出されている加工段からどのような建物が復元できるのであろうか。その決め手になるのが、山際の壁に沿って一列に柱穴が検出されているものが多いことである。それから想像される建物は、片屋根構造の張り床を持つものである。主となる柱は地山を削りだした平坦部に一列、それから下方の自然斜面に一列に柱を立て、その柱に横方向に木を渡し、その上に垂木を架けて片屋根を造ったものと思われる。また、加工段は斜面方向に木か竹で広い床を造り出していた。冬は冷たい風が入らないように張り床の下に土嚢を積み、夏は涼しい外気を取り入れていたと推測される。張床の柱および下方の主柱は表土の土に納まっているため、発掘調査で痕跡を検出できないのである（図22）。

この建物の拡張された床は従来の住居よりも広く造ることができ、季節によって温度調整をするとともに、「トイレ」も付設した可能性もある新しい機能を持った住居と言えよう。入り口は切妻方向で、斜面の等高ラインに沿って家と家をつなぐ路があったものと想像され、斜面ごとに小さな集落が形成されていた。また、この住居跡は建て替えを行っているものが多く、同じ場所で長く生活している様子が伺えることから、同族集団による集落と考えられる。このように部民制に伴う村落の再編成を行って、支配体制を充実させた可能性がある。古墳時代中期と比べ飛躍的に住居の数が増加しているが、それは、新たな灌漑技術や鉄製の農耕具等の普及で農地

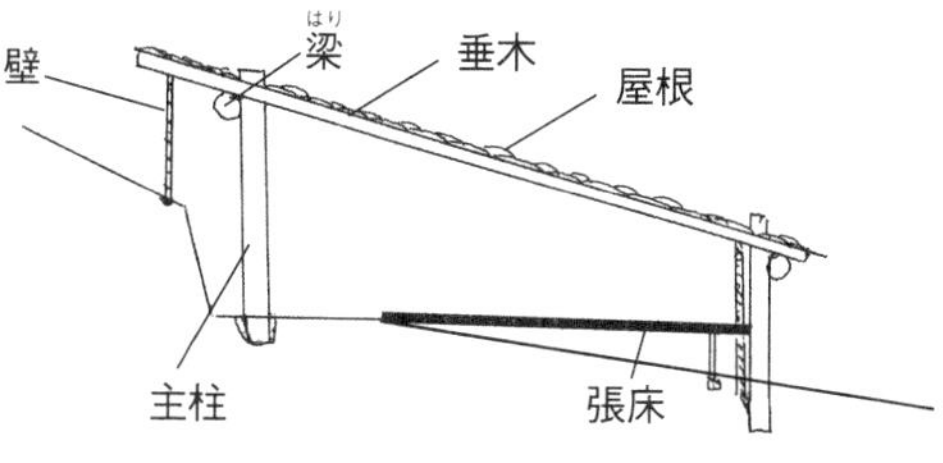

図22　片屋根構造の住居跡模式図

拡大が可能となり、人口が増加したことが背景にあるものと考えられる。

3. 産業の集中化

①須恵器生産

五世紀から六世紀初頭にかけての須恵器生産は安来市や松江市南郊等で行われていたが、六世紀中葉以降になると松江市大井町・大海崎町に集中してくる。この地区は西側に嵩山が聳え、東側に中海が広がっている所である。窯跡は嵩山から派生する丘陵斜面や谷間に九カ所あまり存在している。ここは『出雲国風土記』の嶋根郡朝酌郷にあたり、大井濱の条文には「大井の濱　即ち　海鼠・海松あり　又　陶器を造る。」という記述がある。この窯跡群は五世紀後半に出現し、六世紀後半から八世紀前半まで独占的に須恵器生産を行ってきた。

・大井窯跡群の様相

大井窯跡群は大きく分けて四つの地域に分けられる（図23）。大井集落西側の小さな谷に存在するA地区の廻谷窯跡、寺尾窯跡は最も古い須恵器を生産した所である。いずれも、五世紀末から六世前半の蓋杯・高杯等の破片が表採されているが、詳細は不明。

B地区の窯跡は大井集落の北西に伸びている谷に存在する。池ノ奥窯跡群は松江市教育委員会によって発掘調査が行われ、三基の窯が見つかっている。六世後半から七世紀初頭の四号窯跡は全長一四・三m、最大幅二mを測る半地下式で天井は粘土を張った窯である(図24)。焚き口から奥に向かって序々に幅が広くなっており、床面の傾斜は比較的緩やかで一八度~二一度を測る。五号窯は六mあまりしか残っていなかった。四号窯と同じ構造を持つものと考えられ、時期もほぼ同じであるが補修の痕跡がなかったことから操業時期は短いと思われる。六号窯は九世紀の須恵器を焼いているため、床面の傾斜が二四度~二六・五度と急で、窯の一部が検出されている。この窯跡群の奥に存在する明曽窯跡・勝田谷窯跡は、採集された八世紀代の須恵器から窯跡

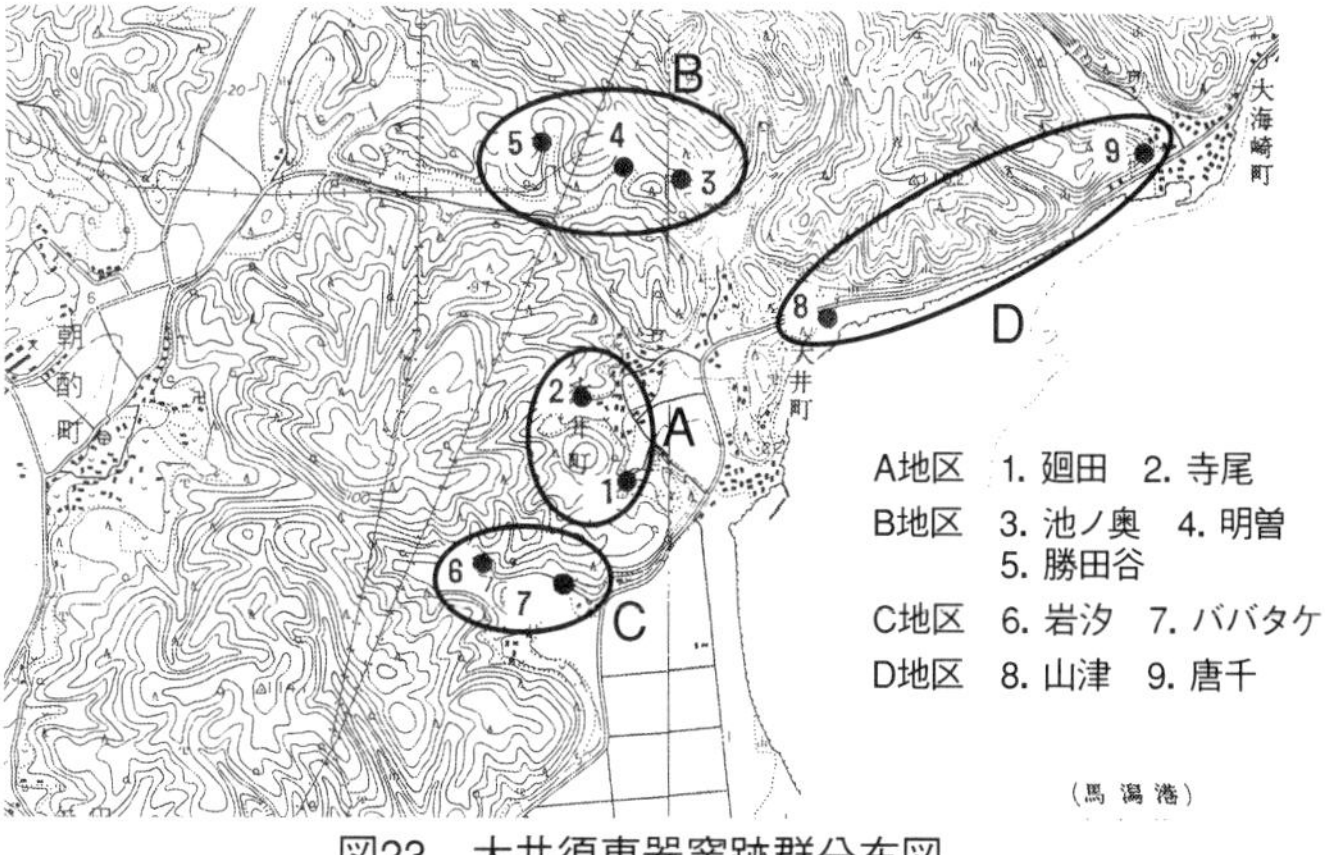

図23　大井須恵器窯跡群分布図

と想定されているものである。

大井集落と福富集落の間にある小さな谷の南斜面に造られているC地区には岩汐窯跡、ババタケ窯跡がある。前者は六世紀末~七世紀中にかけて、後者は七世紀初頭から八世紀前半に操業し、前者から後者に生産の中心が移っていったものと思われる。両遺跡は三〇〇mあまりしか離れていないので同じ工人集団による操業と推測されるが、窯本体の詳細は不明である。しかし、多量の須恵器や窯壁が採集されており、この地区には少なくとも五基以上の須恵器窯が造られていると考えられている。

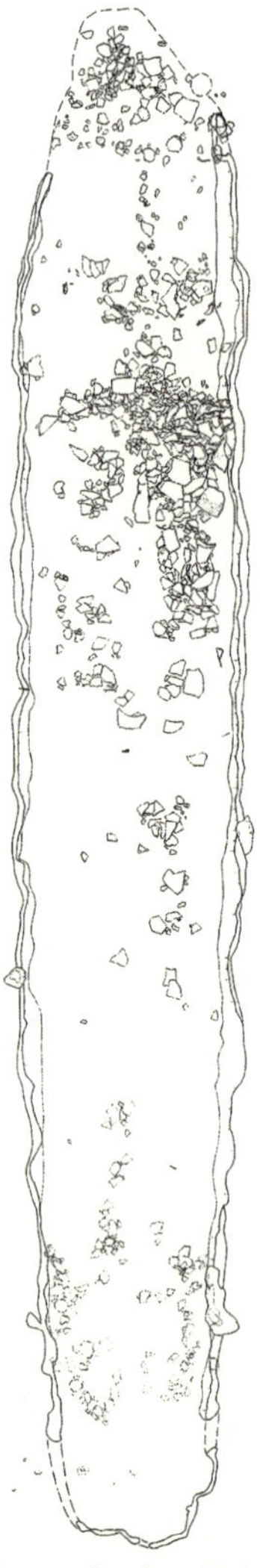
図24　池ノ奥4号窯跡実測図

D地区は大井集落から大海崎集落にかけての中海沿岸近くにある窯跡群で、六世紀後半から八世紀前半にかけて操業していた。山津窯跡は松江市教育委員会によって発掘調査が行われ、六世紀後半の一号窯は中海に面する斜面で見つかった。上方は破壊され幅は二・三m前後で胴張りが少なく、一〇mをこえる規模と考えられている。一号窯の上方にある二号窯・三号窯は部分的な調査しか行っておらず全体の様相は不明である。二号窯は一号窯よりやや新しい七世紀代、三号窯は八世紀前半に操業している。また、一号窯の東側斜面から八世紀前半の四号、五号窯の一部が見つかった。そして、唐千窯跡は大海崎集落西側の丘陵先端部に存在し、採集された須恵器から窯跡が推測されている。

このように大井窯跡群は五世紀末から九世紀にかけて須恵器の生産を行ったところである。山代二子塚古墳の被葬者が六世紀中葉に須恵器の生産を大井に集約して独占的に生産するようになると、窯跡は一カ所から三ヶ所に拡大される。しかし、国司の力が強まってくる八世紀の後半には数が激減し、わずかに池ノ奥（九世紀）で生産されているにすぎない。

大井窯跡群はまさに出雲国造家の繁栄と時を同じくしていることから、出雲国造が大きく関わって操業していたものと思われる。

②玉作の集中化

古墳時代中期の玉作りは出雲東部を中心に奥出雲の雲南市大東町まで拡大し、現在のところ一三あまりの遺跡が確認されている。それが後期になると松江市玉湯町の花仙山周辺に集中するようになり、大規模な工房集落が現われてくる。

堂床遺跡は松江市玉湯町の比較的大きな谷の谷頭に造られた工房集落で、標高五〇m～七〇mの丘陵斜面に存在する。工房は六世紀前半に六棟が造られ、後半になると西側にも拡大して九棟に膨れあがり全盛期を迎え、それが、六世紀末～七世紀前半にかけては四棟に減り、七世紀後半をもって集落が無くなる（図25）。ここでは碧玉・水晶・メノウ・滑石の石材を使用し、碧玉は勾玉、管玉、丸玉、平玉、メノウは勾玉・丸玉、そして水晶から勾玉・管玉・丸玉等が造られ、滑石は臼玉のみを生産していた。この遺跡は工房の他、工人の住居跡や玉作に必要な道具を修理するための鍛冶工房も検出されており、本格的な専業集団による工房集落といえよう。この工房が、六世紀後半から七世紀前半にかけて全国の玉作を独占した出雲の玉作りを支えていたと考えられる。

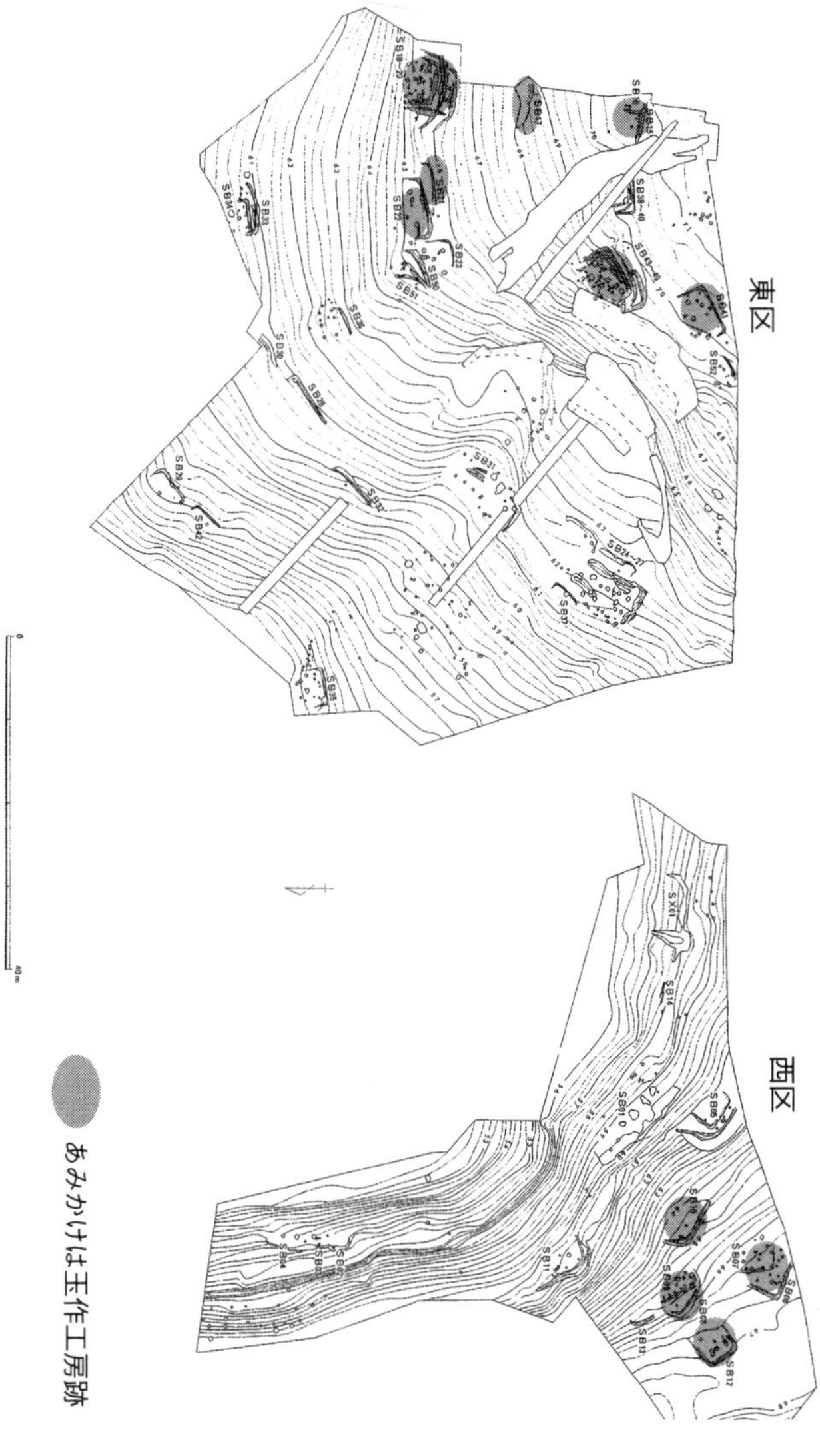

図25　堂床遺跡遺構配置図

5　出雲独自の墳墓祭祀

古墳時代中期は畿内的な造り出し部で祭祀を行っていたが、古墳時代後期になると再び出雲独自の墳墓祭祀を行うようになる。円筒埴輪は中期後半の古曽志大谷一号墳のように古墳の頂上部や段の部分にぎっしり廻らしているのが普通の使い方である。それが、後期の岡田山一号墳になると、墳丘で子持ち壺等の須恵器とともに埴輪が祭祀として使われるようになり、横穴墓の後背墳丘や入り口付近からの出土例も増えてくる。このように、埴輪が祭祀用具としての性格を持つようになるのである。

もう一つが出雲独自の形態を持つ子持ち壺を用いた祭祀である。他の地域の子持ち壺は底のある壺に脚部がつき、肩に小さい壺や動物・人物などを載せたものが一般的で、石見地方の浜田市めんぐろ古墳のものがよく知られている。ところが、出雲の子持ち壺は底のない穴の開いた壺に脚部が付き、肩に小さい𤭯か子壺が載っている独自のものである（図26）。この土器の最も古いものは山代二子塚のくびれ部から見つかっており、その後、松江市を中心に分布し、六世紀後半には出雲平野の古墳からも出土するようになる。山代二子塚古墳に葬られている大首長は六世紀中葉に出雲東部を総括するが、その後、出雲平野を治めていた上塩冶築山古墳からも子持ち壺が出土するようになって、出雲地方全体の融合が図られ、国造的支配体制が整ってくるのである。

出雲地方では弥生後期から古墳時代前期にかけて鼓器台等を使った独自の墳墓祭祀を行ってきた。古墳時代後期に再び出雲ならではの祭祀が出現していることは、地域が一つになって発展していることを示していると思われる。

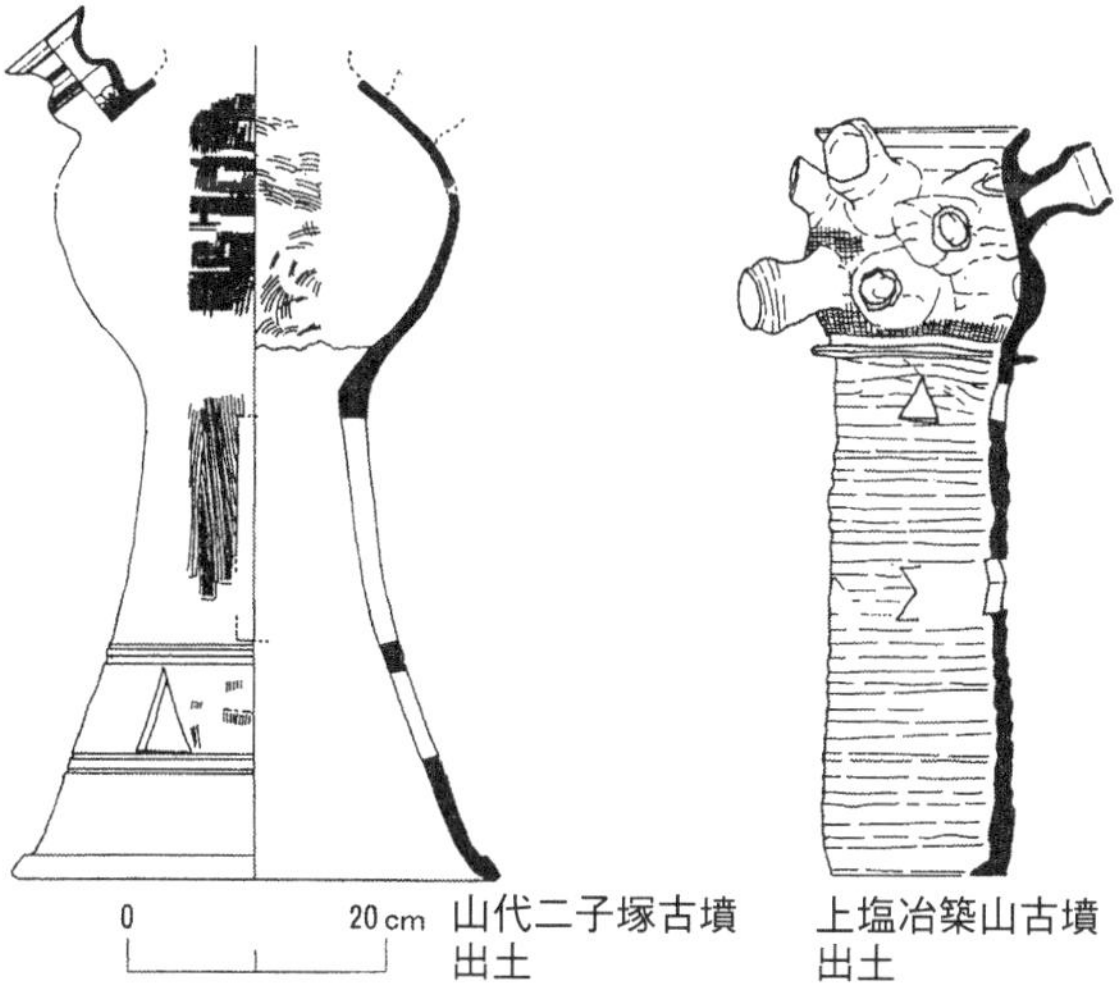

図26　出雲出土の子持ち壺　実測図

コラム16

「古墳時代後期は地方の時代」

六世紀後半の出雲地方は、前方後方墳が造られているので特異な文化を持つ地域と言われてきた。ところが、この時期は、各地で豊かな文化を醸し出しているのである。石棺式石室は松江を中心として分布し、横穴石室がない。安来平野では横穴墓から豊富な副葬品が見つかり、円筒埴輪を伴うものが多い。石見地方でも益田平野周辺の石室は両袖ないし片袖型であるが、石見山間部では無袖型のものが主に見られる。また、出雲に近い大田市や邑智郡の横穴墓は家形をしたものがある。一方、鳥取県の東部では中高天井と呼ばれる天井石の一つが高くなっている特異な横穴石室が造られ、西部には側壁の石を立てたものが多く、出雲の石棺式石室の影響を受けた石室が存在する。

このように、地域によって古墳の様相が異なっていることから、六世紀後半は最も地方の文化が花開いた時期であった。それは、部民制が浸透することによって、地方の技術力や産業が発展し豊かになっていることを示している。特に出雲地方では六世紀中葉以降、産業の集中化を図り、玉作を独占するようになって加速したものと思われる。このように、六世紀後半は地方の時代といえる時期であったと思われ、出雲だけが特殊な文化を持っているのでないのである。これからの地域づくりも全国的に同じものでなく、地域の文化、個性を生かしたものにしてほしいと切望する。

コラム17

「ゼオライト効果を発掘調査で実証」

島根県産のゼオライトは福島原発事故の放射能吸着材として注目を集めたが、さほど効果はなかった。ところがゼオライトは水の浄化、脱臭、それに土壌を活性化して地力を増進する効果があるとされ、造園の分野ではかなり普及している。また、ゼオライトは熱すると遠赤外線が多く発することから魚や芋等をおいしく焼くことができる。現在、島根県の業界ではいろんなものを吸収する性質を応用した新たな活用方法について盛んに開発・研究を行っているところである。

このゼオライト効果が意外なところで実証されていた。それは、松江市玉湯町の岩屋古墳の箱式石棺に残っていた人骨である。石材のすべてをゼオライト一〇〇%の白粉石を使っていた一号、三号の石棺は人骨が、きれいに残っており、普通の来待石の天井石を用いていた二号石棺は頭蓋骨のみであった。一号石棺からは三〇歳前後の男性骨、女性骨、それに六歳あまりの子供の人骨がほぼ完全な形で見つかり、また、三号石棺は三〇歳前後の女性と一〇代後半の女性の人骨が残っていた。このように石棺全体が白粉石で覆われた一号、三号石棺の人骨の保存状況は大変な驚きである。石屋古墳は六世紀後半であるから一四五〇年前の人骨がゼオライト効果によって保存されてきたといえる。その性質を利用した活用が期待されるところである。

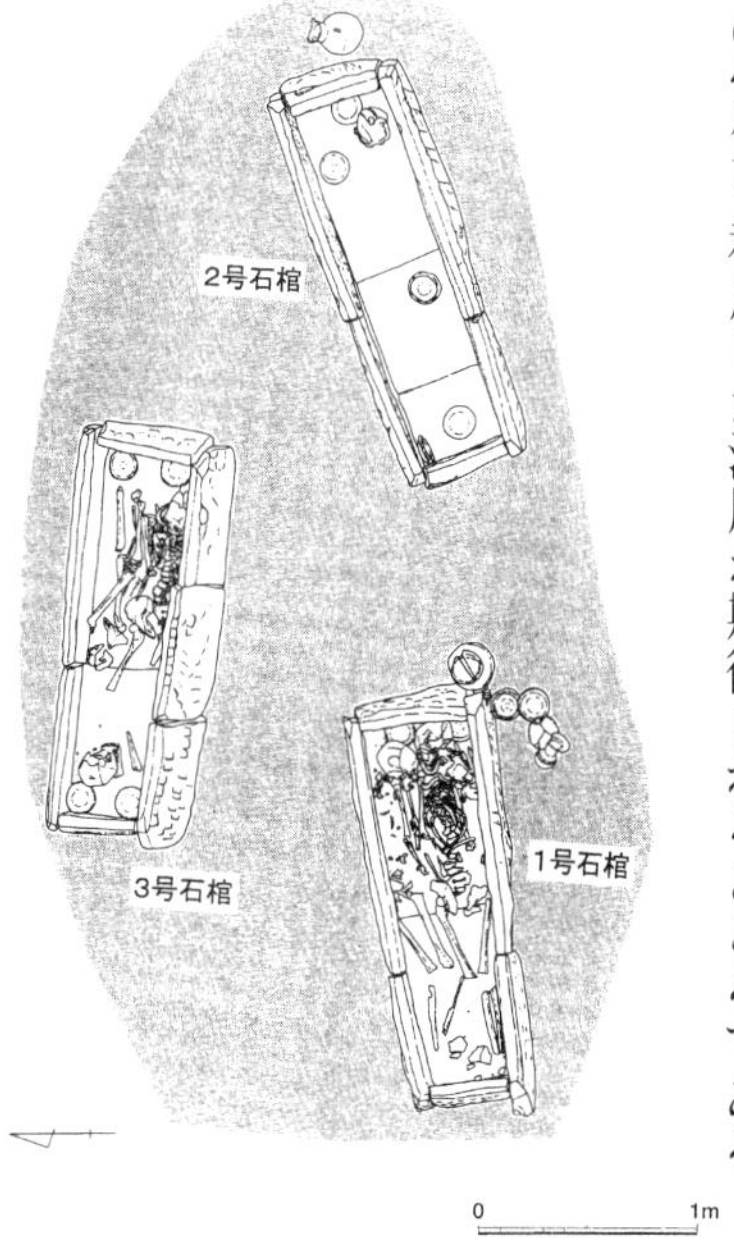

岩屋古墳 石棺人骨出土状況図

第8章　中央政権の強化と律令社会の成立

1　終末期古墳

七世紀前半以降の終末期の古墳は松江市意宇平野の中心地から離れた出雲平野や安来平野それに須恵器の生産地である松江市大井地区に小規模なものが造られている。それらは、切石からなる横口式石槨系の石室と墳丘に列石を伴う横穴式石室がある。

1．横口式石槨系の石室（図1）

松江市朝酌町にある廻原一号墳は出雲地方唯一の畿内系「横口式石槨《せっかく》」として位置づけられている。

この古墳は緩やかな丘陵斜面を整地した後、石室と墳丘を築造している一辺九～一〇cmの方墳である。石室は荒島石を刳り貫いた長さ一・五二～一・六四cm、幅六四～七一cm、深さ六一～六五cmを測る身に天井石が載っている。羨道部の側壁は下方に板状の石を立て、その上に平らな石を横積みしたもので、幅は石槨部より若干広くなっている。

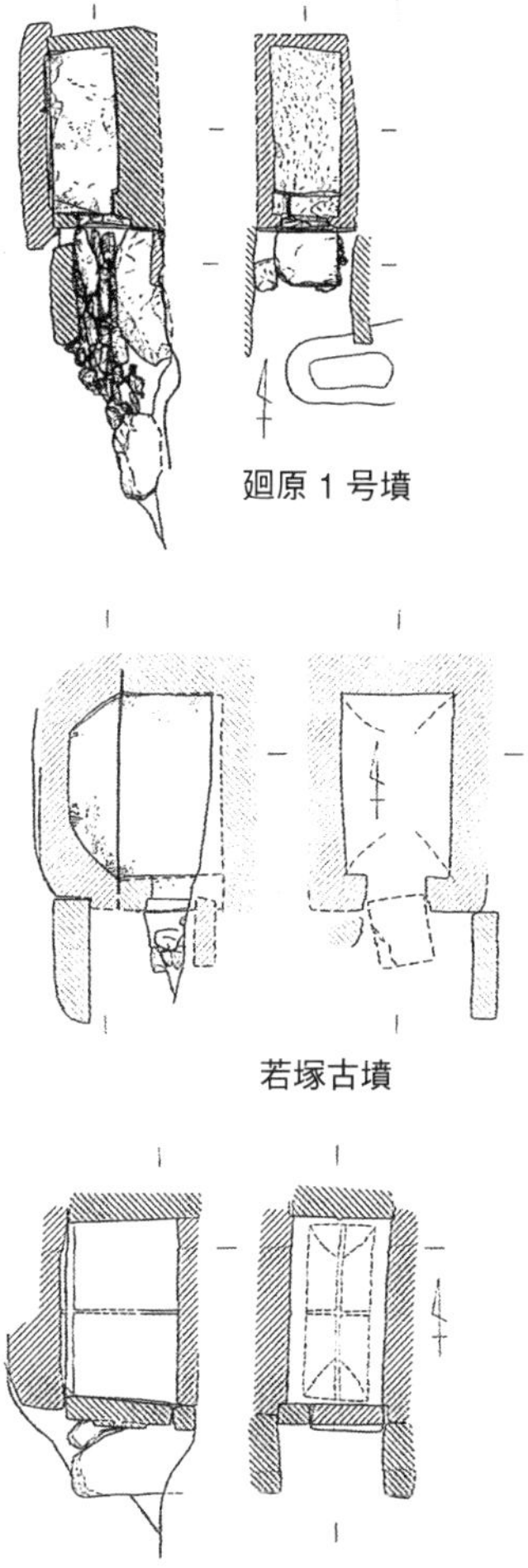

図1　横口式石槨系石室

側壁の積み方は近くにあるイガラビ古墳の横穴石室と同じで注目される。

その他、松江市宍道町鏡北廻古墳や安来市久白町若塚古墳がある。これらの古墳は家形をした天井石を持っているため石棺式石室の最も新しい形態のものと考えられている。ところが、石室は幅が狭い長方形を呈しており、従来のものとは大きく形態が異っている。石棺式石室が複数埋葬を基本にしているのに対し、この石室は一人を葬るためのもので、石棺式石室の要素を一部に残すが、石槨系の石室の影響を受けて出現したものと思われる。さらに若塚古墳の石室は廻原一号墳と同じ造り方をしており、築造時期も七世紀代になるのでここではとりあえず横口式石槨系の石室と捉えることにする。

鏡北廻古墳は一辺一〇mあまりの方墳。玄室は長さ一・八m幅一・〇mを測る縦長の長方形を呈した石室である。床、壁は一枚の切り石で構成され、閉塞石には出雲地方で多い閂状の陽刻が施されている。玄室各壁の中央には縦方向、天井との境には横方向の幅三cm～七cmの突帯が存在する。

若塚古墳は標高四〇mあまりの丘陵上に造られた小規模な古墳である。羨道部の大半は破壊され、玄室は廻原一号墳と同じように一枚の石を刳り貫いて床・壁を造りだしている。大きさは奥行一・七五m、幅一・一八mの長方形を呈し、高さ一・三五mを測る。羨道部は玄室より幅が若干広い。

2. 墳丘に石列がある横穴式石室

終末期古墳の横穴式石室は石を敷いた床や、墳丘に外護列石を持つものが出てくる。その最も古いものが、丘陵斜面の山側をカットして造っている出雲市上石堂平一号墳である（図2—I）。墳丘は東西八・八mを測る不整形な長円形を呈し、南側の自然斜面に三段の石垣状列石が造られている。石室は全長三・七m、玄室長さ二m、幅一・一m、高さ一・三mあまりを測る。玄室の入り口左右に柱石がある両袖形で、奥壁は一枚の切り石、側壁は二～四段石を積んでいる。各段に横目地がよく通った丁寧な造りである。天井は現存しているのが一枚で、床には板状の石が敷かれていた。墳丘から出土した須恵器から七世紀初頭と考えられている。

次の時期になると出雲西部と東部で様相が異なる。出雲市三田谷三号墳は一辺五・五m～六mの小規模な方墳で、方形の外護列石が石室を取り囲むように廻り、一部二、三段に積み上げられていた。石室上方部は破壊されているが、長さ三・九m、幅一・〇五mの袖無しタイプ。側壁下方の壁は長さ〇・六m～〇・八mの凝灰岩の切石を立て、奥壁は横幅いっぱいのやや大きな石を用いている。床面は奥壁から二mあまり手前まで板状の石を丁寧に敷いており、築造時期は七世紀中頃である（図2―Ⅱ）。

出雲市光明寺四号墳は破壊を受けて横穴石室の石が抜き取られていた。元々は長さ四mあまりの石室であったと思われる。しかし、入り口左右から方形に外護列石がきれいに廻っている。それは一辺八・六m～九・〇mでほぼ正方形を呈し、その石列の上段には四・九五m×七・〇mの長方形にもう一つ列石が施されている。墳丘はほとんどが盛り土で構成されており、七世紀後半の須恵器が出土しているので、その頃の築造と思われる（図2―Ⅲ）。

このように出雲西部地域では石室入り口前方の斜面に何段か石列がめぐるものが七世紀初頭に出現し、それが、石室の周りに列石が方形に施され、七世紀後半には上下二段にわたって方形の列石が廻るようになる。このような外護列石は畿内の他、岡山、広島、長崎県対馬に分布しており、七世紀になって畿内から広がったものと考えられている。

一方、松江市周辺では須恵器工人集団と関わりのあるイガラビ古墳群がある。この古墳群は松江市大井地区に所在する一〜三号墳と四号墳〜七号墳の二つのグループに分けられる。最も古い一号墳は丘陵の斜面を利用して「U」の字形に溝を掘って墳丘を作り出し裾の一部に不整形な石列が廻るもので、七・五m×八・〇mを測る。玄室は横幅一・七m、奥行一・一mの石棺式石室の流れをくむ構造である。石室の壁は、まず、平面形に沿って幅〇・五mの溝を掘り、その中に大きめな板状の石を立て、石の外側に土を盛った後、上に扁平な石を一枚〜六枚横積みして壁を造っている。天井石は羨道部側を載せた後、玄室上方の壁を完成させ天井石を置いている。床には大きめな板状の石を敷き、羨道部の幅は〇・九m前後である。この古墳の周辺から二二・五cm×二四・二cmの須恵質のレンガ状の塼《せん》と陶棺の蓋が見つかっていることから、塼の上に死体を置き、陶棺の蓋で覆っていたと考えられている。塼は大阪から兵

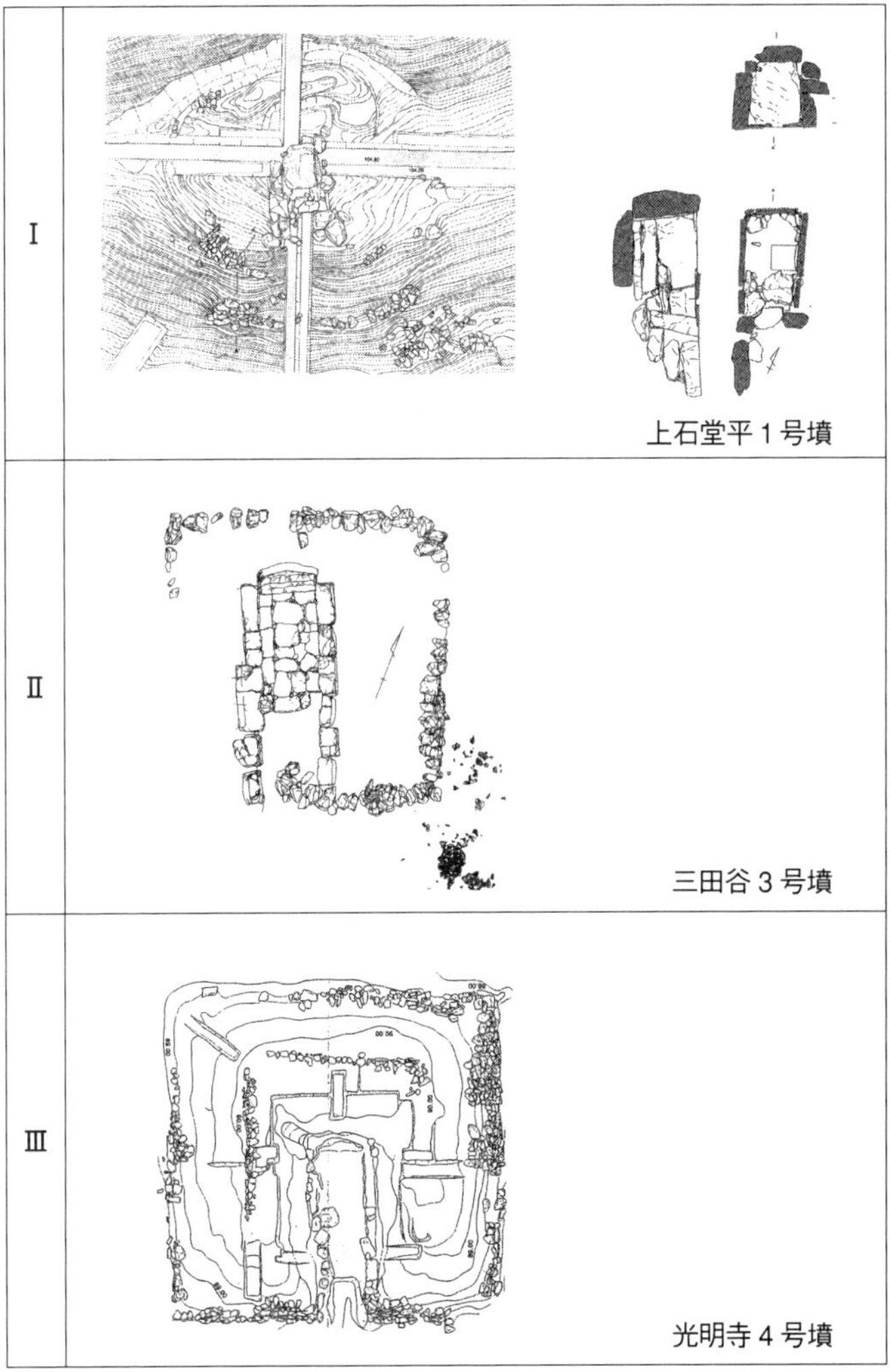

図2　出雲西部終末期古墳変遷図

庫、岡山にかけて出土しているが、大阪の陶邑古窯跡群の工人集団に関わる野々井古墳等からも見つかっているので陶邑古窯跡群との関係が推測されている。築造時期は七世紀前半である。

二号墳は、一号墳と同じように斜面を「U」の字形に溝を掘り、その内側を整地した後、石室の壁外側に土を盛って墳丘を築造し、裾には一段〜三段の石が廻る。石室は全長三mあまりを測る横穴石室、玄室は縦長の長方形を呈し、入り口左右に柱石が存在する両袖型である。玄室から羨道部にかけては、ほぼ同じ幅に造られ、床面には板状の石を敷く。玄室は大きな一枚の石を立て、その上に扁平な石を数枚積み重ねて壁を造っており、壁下方の大きな石は一号墳と同じように溝の中に立っている（図3—Ⅰ）。このように、石室構造は異なっているが、一号墳と同じような古墳の造り方をしているので、築造時期はさほど離れていないと思われる。

七世紀中葉になるとイガラビ三号墳のように、「U」の字形の溝が墳丘の半分しか存在しないようになり、裾の石列もまばらになる（図3—Ⅱ）。横穴石室は袖無タイプで、床面も小さな石を用いた敷石に変わり、それが、七世紀後半には古墳が小型化するとともに、墳丘がなくなり石室に若干の盛土を施したものになる（図3—Ⅲ）。

Ⅰ

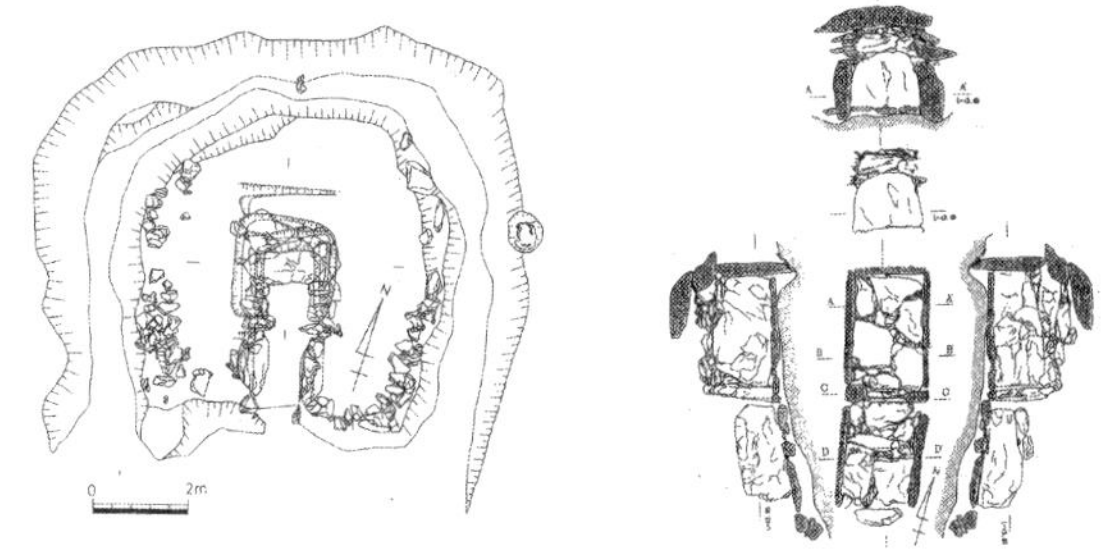

イガラビ２号

Ⅱ

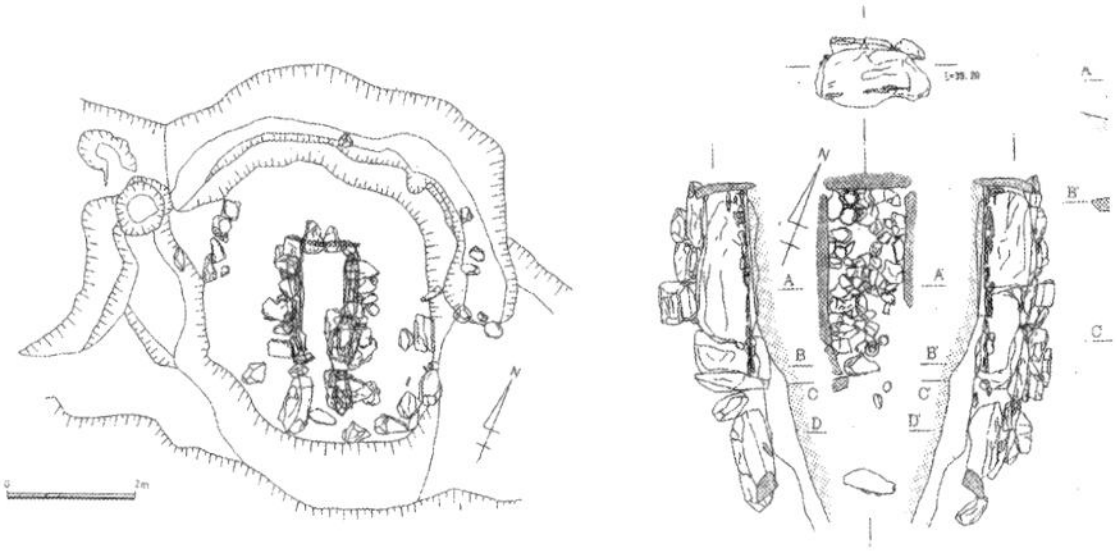

イガラビ３号

Ⅲ

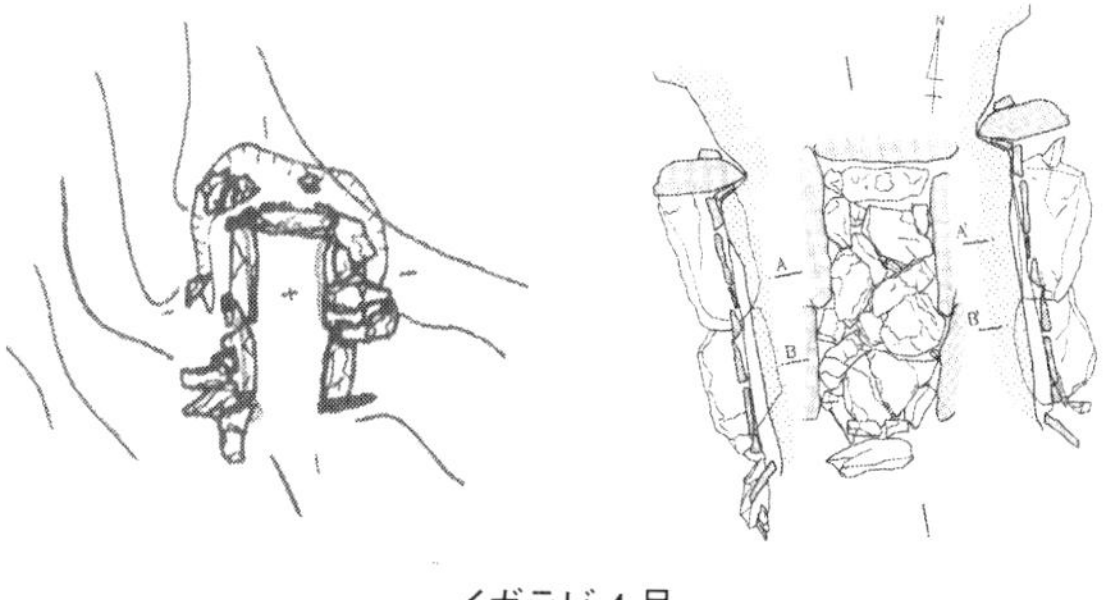

イガラビ４号

図３　出雲東部終末期古墳変遷図

3. その他の石室

奥出雲町仁多にある径一〇m前後の円墳と思われる無木一号、二号墳の石室は、平面形が「L」字形をした特異なものである（図4）。横長の玄室側壁の片方が入り口方向に一直線に伸び、羨道部と繋がっているもので、一号墳は玄室の側壁・前壁が切り石の一枚石で構成されている。二号墳は下方に横長の切り石を据え、その上方に扁平な石を積み上げた壁である。玄室は両古墳とも横幅二m前後、奥行〇・

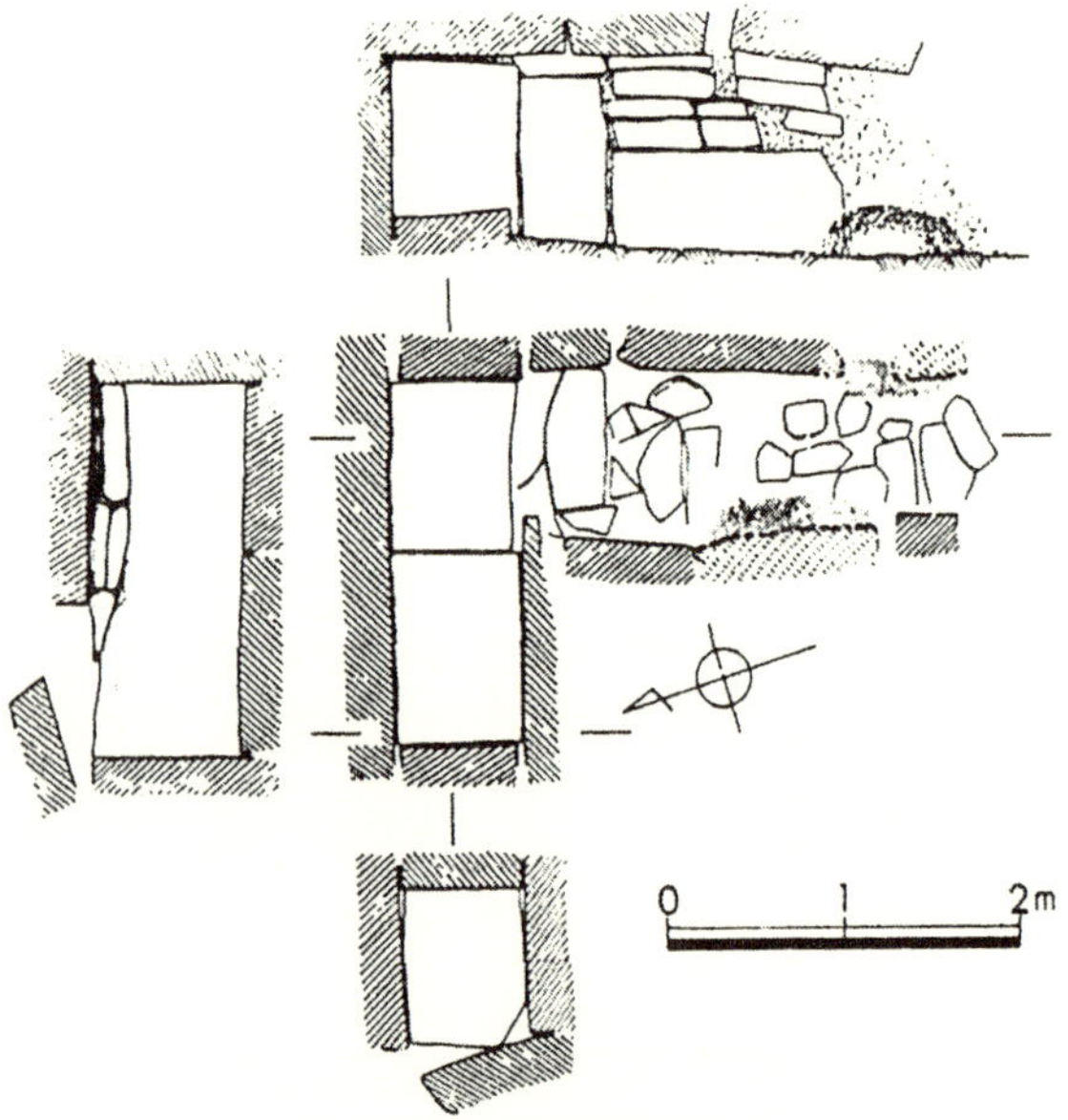

図4　無木1号墳石室実測図

九ｍ、羨道部の奥幅は一ｍあまりで入り口に向かって狭くなっており、玄室の床は二枚の切り石からなる。一号墳は羨道部の床にも板状の石を敷き、終末期古墳でよく見られる玄室の床が、羨道部より一五㎝あまり高くなっている。二号墳から出土した須恵器の長頸壺や床面の構造等から終末期古墳と思われ、この特異な構造の石室は広島県の尾市古墳の「十」字形の石室や石棺式石の影響を受け、出雲独自で生まれたものと考えられる。

2　横穴墓と集落の再編制

奈良の飛鳥に都が置かれた六世紀末から七世紀末にかけては、中国にならった律令国家を誕生させるための準備を行った時期である。聖徳太子の冠位十二階の制度、十七条の憲法や、六四五年の大化改新、そして六七〇年には全国的な戸籍がつくられるなど、新たな制度が整えられ、中央集権的な支配秩序が整ってくる。地方では古墳築造について締め付けが厳しくなり、出雲地方でも前方後円墳や前方後方墳等の首長墓が姿を消すようになる。ただ、松江市のイガラビ古墳、廻原一号墳、出雲市の光明寺四号墳等（写真5）小規模な終末期古墳は特別に認められた古墳であると思われる。また、七世紀の前半に入ると五世紀から作られている須恵器の蓋坏がなくなり、全国一斉に蓋付の埦が出現し、社会が大きく変わってくるのである。

出雲地方では七世紀初頭の松江市山代方墳出現以降、国造制的な支配秩序が確立されたと考えられているが、中心地である意宇平野周辺では、その後、目立った終末期古墳は存在していない。しかし、一方ではこの時期に横穴墓と集落が急増しているのである。中央政権は律令社会実現に向けて、戸籍の作成等を地方に行わせ、村落の支配体制を充実させる必要性があった。そのため、耕作地を与え、一族を一定の範囲内に住まわせ、新たな村落を形成したと考えられる。そして、近くに墓を造ることにより、その土地から離れにくいようにしたものと思われる。

写真５　光明寺４号墳

出雲地方の横穴墓は一九九七年に山陰横穴研究会が集計した遺跡数が約四四〇ケ所で、一〇穴以上確認されているものが二三あり、その総数が四一八穴である。上塩冶横穴群を三〇〇穴とし、その他の横穴墓を一ケ所あたり八穴で計算すると四〇〇〇穴になる。まだ、見つかっていないものが二割程度あるとしても五〇〇〇穴前後が造られていたことになる。横穴墓は七世紀のものが多く、しかも長い間使用されているので、七世紀代は同時期に横穴墓が三〇〇〇穴以上が存在していたと思われる。『出雲国風土記』には六二郷が記載されており、戸数は三一〇〇戸で人口六万人と考えられている。この数字が正しいのであれば、各戸ごとに横穴墓を造っていた可能性があり、それは、七世紀になると横穴墓の副葬品が急激に貧弱なものとなってくることからも伺えるのである。

村落は小さなグループが数個集まって形成しているが、それが『出雲国風土記』に出てくる「里」にあたり、里が三個集まって郷となり、その上に郡がある地方自治の支配体制が大宝律令で定められている。それ以前は国造（国卒）―評造り―五十戸造の制度があり、出雲国府跡からは大原評と書かれた木簡が出土していることから、出雲地方では七世紀末までに支配体制は整っていたものと思われる。今まで、七世紀の出雲については終末期古墳ばかり注目され、社会状況について検討されなかった。この時期は初の全国的な戸籍である庚午年籍《こうごねんじゃく》を作成するため、地方は時間をかけ、耕作地、村落、墓を一体化する重要な期間であったと考えられる。

このように、出雲地方は七世紀になって村落の再編成を行うとともに庶民を中心とした社会構造をつくり上げていった。そのことが、『出雲国風土記』に出てくる「時によりて老若男女が集まりうたげをする」という大らかな社会が形成されてきたのである。また、『出雲国風土記』に一つの里に二つの割合の神社が記載されていることから、神に対する信仰はかなり深く浸透し、庶民は充実した生活を送っていたものと思われる。

さらに、庶民に対して手厚い政策を行ったことを知る手がかりになるのが、正倉院に残っている「出雲国大税賑給歴名帳《たいぜいしんごうれきめいちょう》」である。これには一般の人たちに対して飢饉の時等に、食料を支給する対象者が記載されている。出雲郡漆治郷の対象者として八〇歳以上の高齢者四名、妻のいない六〇歳以上の男性三名、夫のいない五〇歳以上の女性三七名、一六歳以下で父母がいない者三名、一人では生活できないもの一三名が載っている。これだけ、大和政権が庶民に対して配慮しているのは、七世紀から律令社会に向けて地方が庶民を中心とした社会を構築してきたからに他ならないと思われる。

3　出雲地方の特色ある須恵器

1. 新羅土器を模倣した出雲の土器

律令時代の須恵器は、全国的にほぼ同じ形をしており、畿内の陶邑窯跡群で作られた土器に類似するものが多い。ところが、出雲地方は、他の地方で見られない器種や器形、技法を持つ須恵器を生産している地域として注目されてきた。

出雲地方の輪状つまみを持つ蓋は、横穴式石室や横穴墓から見つかっている七世紀後半のものが最も古い。畿内では、八世紀初頭から生産され、八世紀後半になると京都府篠窯跡群や兵庫県札馬窯跡群でも作られるようになるが、平城宮等の出土例からみて生産量はさほど多くなかったものと思われる。つまみは直立しており、出雲のものとは形態が異なっている。出雲地方の輪状つまみは、高さが低く、外傾しているものが大半を占め、機能としてはあまりよくないものである（図6—①）。しかし、七世紀末には出雲地方全域に広がり、八世紀前半になるとほとんどの蓋に用いられ、後半に減少し消滅する。畿内のものと比べ出現する時期が古いことから、出雲地方で発生したものと思われる。

律令時代の無台坏は、単純な口縁部を持つものが全国的に普及している。しかし、出雲地方の坏は、他の地方にはない形態を持つ。七世紀後半に口縁部が短く外反しているものが出現し（図6—②）、八世紀後半には新たに口縁部内側が膨らんで丸みがあるものや口縁端部内側に外傾した平らな面を持つ坏が現われ（図6—③）、八世紀末～九世紀初頭には消滅する。

さらに、灯明皿形土器と呼ばれる八世紀前半～後半の小形の皿は、寺院跡から見つかることが多く、ススが付着していることから、仏教に関係する灯明専用の土器と考えられてきた。ところが、集落跡からススの付着がない出土例が増えるとともに、寺院跡と考えられている松江市堤平遺跡では、土師器の坏を灯明として利用していたため、灯明専用ではないことが明らかになった。現在のところ出雲地方では、四〇をこえる遺跡から二〇〇点以上が出土している。それらは集落跡が大半を占め、寺院や祭祀関係の遺跡もある。一遺跡あたりの出土数は寺院、祭祀関係が多く、出雲国府跡からも三〇点以上が見つかっている。この土器は仏教や祭祀に伴う色々な用途に用いられたものと考えられ、口縁部近くで大きく「く」の字形に屈曲するものと、低部から口縁部にかけて緩やかに外反するものがある（図6—④）。類似したものが北陸地方の仏教関連遺跡である宿向山遺跡・三小牛ババ遺跡等から出土している。それらは出雲のものより時期的に新しいので、灯明皿形土器も出雲地方で出現し、独自な展開をしたものと考えられる。

このような、出雲地方で生産された独特の土器は、近年、新羅土器に類似していることが明らかになってきた。慶州市に存在する沙正洞遺跡、慶州舎羅里五二五番地遺跡、皇吾洞一一八―六番地遺跡、慶州西部洞四―一番地遺跡等の古墳や生活住居遺跡から出土したものに似ているのである。それらは、山代郷北新造院や出雲国分寺の新羅系の瓦が出現する段階に新羅の瓦職人から伝わって、新羅の土器を模倣して作ったものと考えられる。

それら模倣した須恵器は、規格、形態に統一性がない。その傾向は出現当初から見られ、顕著になるのは普及する段階で、さまざまな形態をしたものが出てくる。出雲では、窯跡や工人に対しての規制が緩く、ある程度工人に任せて独自の文化を育ませていたからこそ、このような傾向が生まれたものと思われる。

2. 糸切り技法出現の背景

ロクロ台から土器を糸で切り放す糸切り技法は七世紀末に出雲、武蔵、尾張、北陸地方で出現している。出雲地方は、八世紀代の坏類、皿類のほとんどに見られ、他の地方

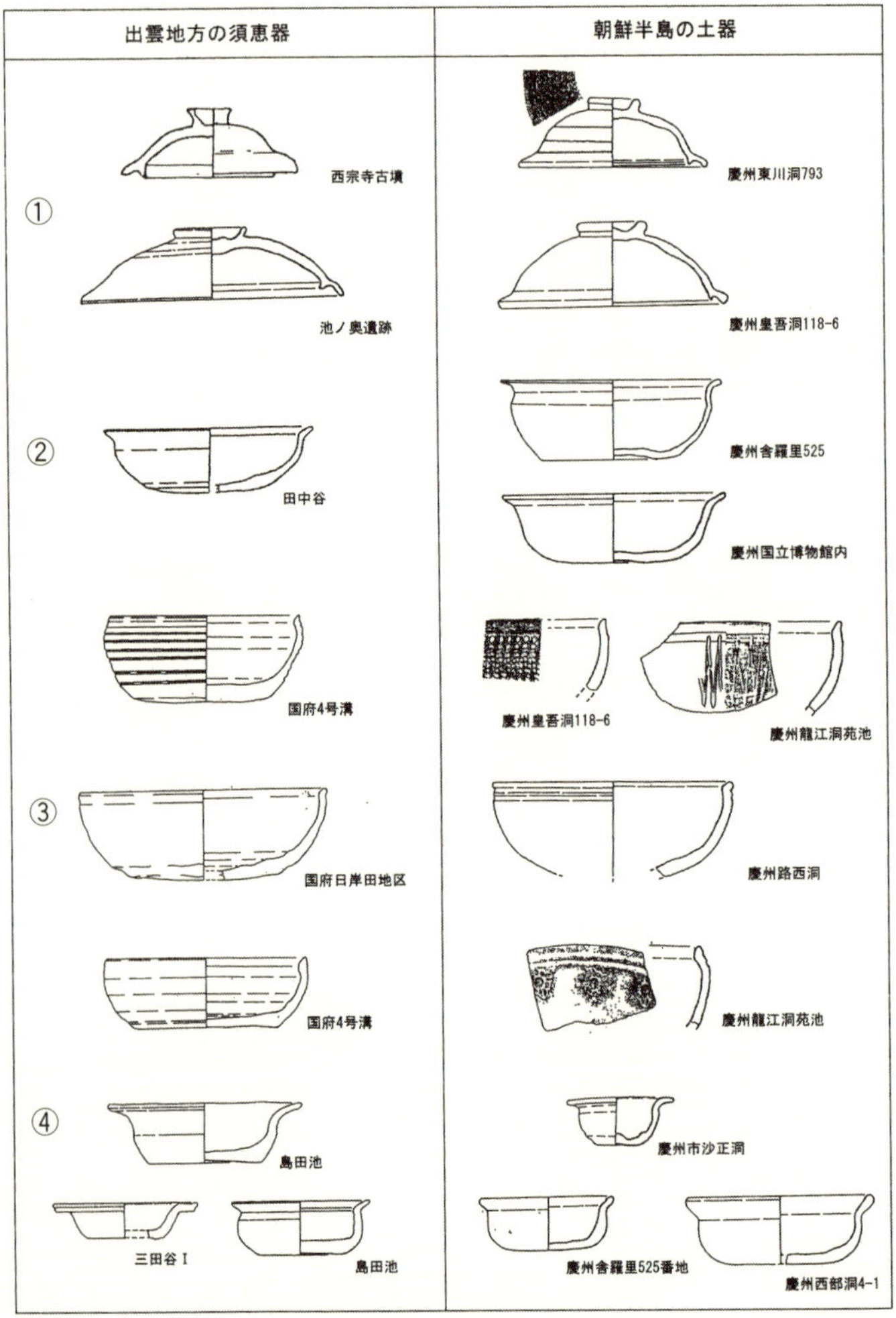

図６　新羅土器を模倣した須恵器

にでは見られない𤭯《はそう》、長頸壺にもあることから、全国でも最も盛んに糸切り技法を用いている地域と言えよう。この技法の出現については尾張・北陸・武蔵地方で考えられている瓦生産との関係が一般的である。飛鳥時代の平瓦製作技法である粘土板桶巻作りは、糸で粘土板を切り取る工程があり、その作業との関連が推測されている。出雲地方では糸切りが出現する七世紀末に建立された松江市山代郷北新造院から、創建時の桶巻き作りの平瓦が発掘調査で多量に見つかった。

また、桶巻作りの平瓦片が、松江市大井窯跡群のババタケ窯跡、岩汐窯跡からは見つかっている。さらに、山津窯跡では平瓦、鴟尾が数点出土しているとともに、坏蓋の天井部に静止糸切りの痕跡が残っているものがあった。そのことから、大井窯跡群で桶巻作りの瓦が生産され、糸切りが生まれたことが明らかになったのである。出雲の権力者は新羅と関わりのある瓦職人を呼び寄せ、須恵器の工人集団と一緒に大井で瓦造りを行わせたことが糸切り技法出現の背景にあったものと思われる。

3．律令時代の須恵器窯跡

松江市が発掘調査を行った大井古窯跡群の山津窯跡では、無台坏や輪状つまみの古い段階のものが出土していることから、出雲独自の須恵器は大井古窯跡群で生産されたものと思われる。

輪状つまみが消える八世紀の後半になると須恵器生産に大きな変化が現れてくる。いままで独占してきた大井古窯跡群は規模が縮小し、灯明皿形土器の新しいものは松江市湯峠窯跡で生産するようになる。この窯跡は、忌部神戸にあたり、『出雲国風土記』に「出雲の国造が、神吉詞を奏上するために参上する時、禊《みそぎ》をして天皇の康寿を祈るための清浄な玉を作る地である」と記されていることから、出雲国造家との関係が深い。このように新羅土器を模倣した須恵器は、出雲国造に関わりのある大井古窯跡群や湯峠窯跡で生産されていた。

そして、国司の勢力が強まってくる八世紀後半から九世紀なると出雲市木舟窯跡群、安来市廻田窯跡、松江市小松窯跡、奥出雲町大内谷窯跡などの窯跡が出現し、須恵器の生産は出雲各地に分散する。畿内系の須恵器は、寺院や官衙と関わりの深い鉄鉢形や硯がいち早く入り、鉢、瓶、壷、蓋等は、窯跡が分散化する八世紀後半から急増するようになる。

それは、出雲国府跡に国司の館が造られ、国造に替わり国司が出雲の支配体制を強化したことを示しているものと思われる。この両者の関係が八世紀から九世紀にかけての出雲を考える上で重要な鍵をにぎっていると言っても過言でない。

4．出雲地方と韓国との関係

出雲地方と韓国は日本海をはさんで、三〇〇㎞しか離れていない。地理的に非常に近いことから、縄文時代晩期から弥生時代にかけて孔列文土器、無文土器、三韓土器、陶質土器等の朝鮮半島の遺物が数多く出土している。ところが、律令時代に入ると新羅土器の模倣品を生産しているのにも関わらず新羅土器が出土していないのは不思議である。また、朝鮮半島との関係を示す文献は、わずかに、仏教関係の器物等が漂着した記述が『続日本書記』（七八一年）、『元亨釈書』（七八〇年）にある他、渤海に関する事柄が『日本後記』（八〇〇年）、『日本三代天皇実録』（八六二年）に記載されている。このほか、『出雲国風土記』の国引き神話に新羅の崎の土地を引き寄せたのが杵築の崎の地塊であると出てくる。この本は編集責任者である出雲国造出雲臣広島によって刊行したものであることから、新羅と出雲国造とは何らかの関係があったものと推測されている。

その他新羅との関係を知ることのできるものに古代瓦がある。出雲地方から出土している古代瓦は新羅系の多い地域として注目されてきた。出雲市の西西郷廃寺の文様塼は、九州豊前の新羅系の軒平瓦の文様とよく似ていることから九州経由で、その他の新羅系瓦は、九州のものとは系譜が異なるので別ルートで入ってきたものと考えられている。出雲地方の古代瓦と新羅との関係ついての論考がある亀田修一氏によると、安来市教昊寺等で出土している両端から中央に向かって唐草が伸びる均整唐草文軒平瓦、出雲国分寺等の外区に唐草文を廻らす軒丸瓦、花葉文の軒平瓦、それに出雲市長者原廃寺の四葉の軒丸瓦を新羅系の

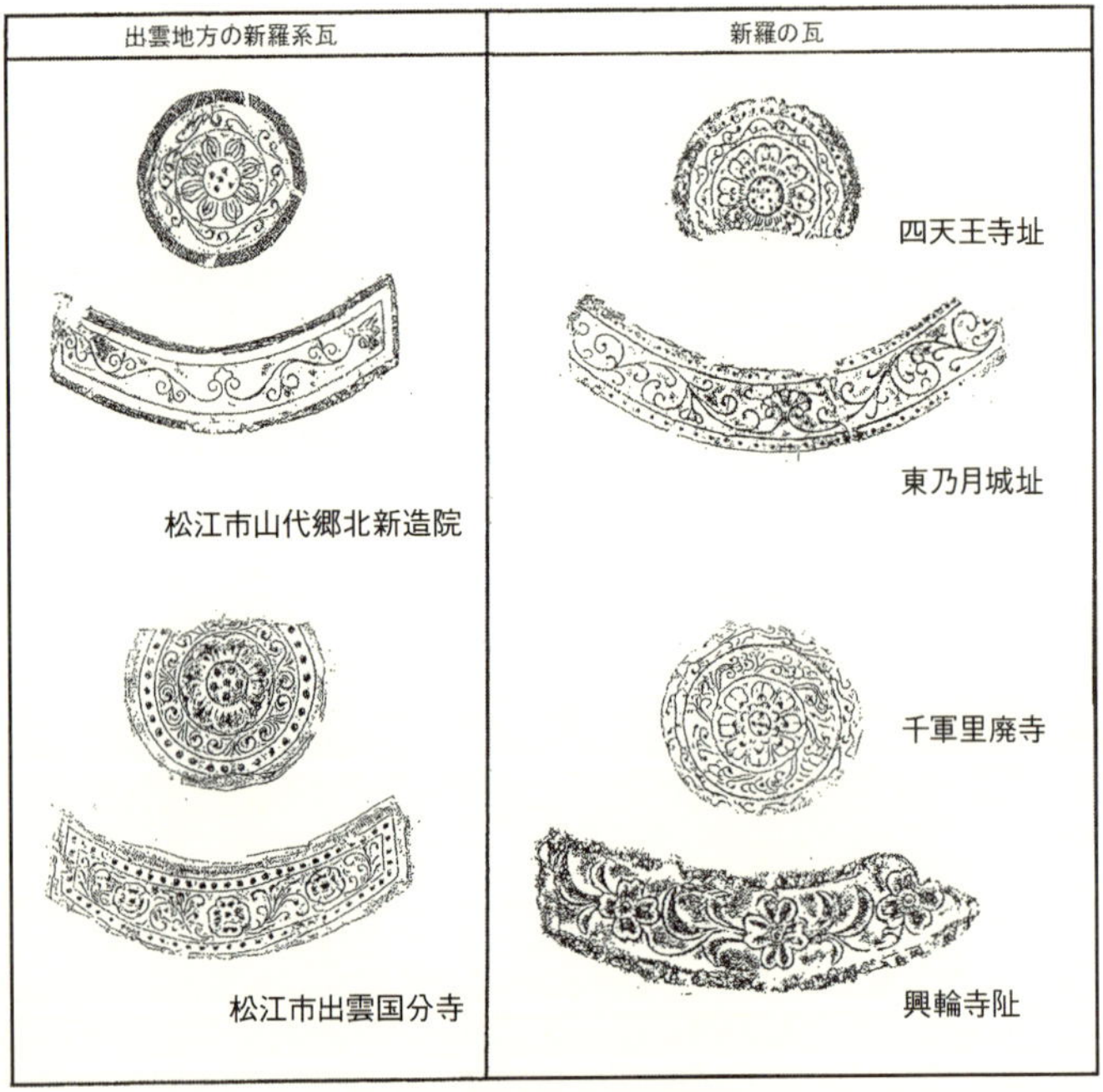

図７　出雲の瓦と新羅の瓦

瓦としている（図7）。これらの瓦は新羅と関わりのある工人によって作られたものと推測されているが、新羅に同じ文様がないのである。

新羅系瓦は新羅模倣土器とともに新羅の文化を取り入れ、出雲独自の文化を創出したものと考えられる。そのため、新羅土器の出土例がなく、新羅に存在しない瓦を造り出したものと思われる。

4 出雲の古代寺院

出雲地方の仏教伝来については、出雲市鰐淵《がくえん》寺に伝わる重要文化財の銅造観音菩薩立像の銘文に壬辰六年（六九二年）出雲国の若倭部臣徳太理なる人物が造立したとある。それに、天平五年（七三三年）に完成した『出雲国風土記』に五郡一〇ケ所の新造院が記載されていることから、七世紀末には寺院が造られていたものと考えられている（図8）。それらは、官寺である国分寺、尼寺が建てられる以前に私寺として造られ、建立者は、日置氏（三ケ所）、出雲氏（二ケ所）、その他、神門氏、刑部氏、額田氏等の権力者である。日置氏は意宇郡山代郷（現松江市）、同山国郷（現安来市）、出雲郡河内郷

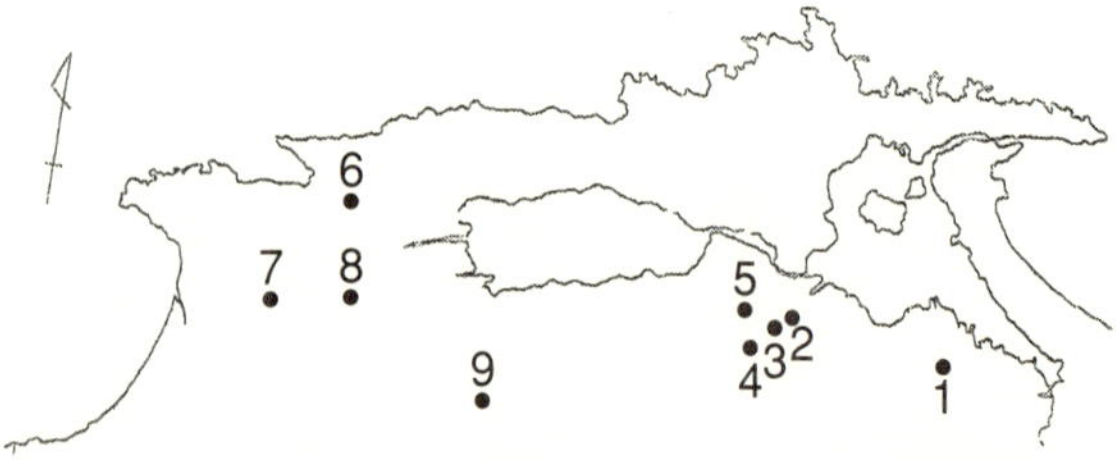

1. 教昊寺
2. 出雲国分尼寺
3. 出雲国分寺
4. 山代郷南新造院
5. 山代郷北新造院
6. 西西郷廃寺
7. 神門寺境内廃寺
8. 長者原廃寺
9. 木次廃寺

図８　主要な古代寺院

（現出雲市）に新造院を造っており注目される。また、『出雲国風土記』には建物の種類や僧のあるなしが書かれているが、寺院の大半は質素なものである。ただ、僧寺の名前がある安来市教昊寺は、他の新造院にはない塔が造られており、特別な寺であったと考えられている。

教昊寺は安来市野方町に所在し、安来平野を見下ろすことのできる丘陵の先端部に造られた塔の礎石が残っている寺院跡。『出雲国風土記』には「教昊寺。舎人郷の中にあり。郡家の正東二十五里一百二十歩なり、五層の塔を建立つ。僧あり。教昊僧が造りし所なり。」とある。ここの瓦は鳥取県の壁画が出土した上淀廃寺と同じ軒丸瓦で注目される。

写真9　山代郷北新造院

新造院と書かれている寺院の内、六ケ所余り場所がある程度分かっている。そのうち山代郷北新造院跡は発掘調査で全貌が明らかになった（写真9）。この寺跡は松江市山代町の丘陵斜面に造られたもので、『出雲国風土記』に「新造院一所。山代郷の中にあり。郡家の西北四里二百歩なり。厳堂を建立つ。僧なし。日置君目烈が造れし所なり」と記載されている。調査は島根県教育委員会が平成八年から一三年度にかけて行なった。その結果、七世紀末に三尊仏が置かれた金堂が建てられ、『出雲国風土記』完成後の八世紀後半に三重塔や講堂等の建物を設置して伽藍が整備されていたことが判明した。出土遺物には相輪《そうりん》と呼ばれる塔の一番上に取り付けられた石製の飾りや塔の四隅の軒に吊り下げた風鐸《ふうたく》等が見つかった。その他の新造院としては、山代郷南新造院や出雲市の神門寺境内廃寺、西西郷廃寺、長者原廃寺それに山間部の木次廃寺があり、出雲全域に広がっていた。

出雲国分寺は松江市竹矢町の低い丘陵先端に築造されている。ここは出雲国府がある意宇平野の東北隅にあたり、東側四〇〇mには出雲国分尼寺が存在する。昭和三〇年代から四〇年代に発掘調査が行われ、方五〇〇尺（一四九m）の寺域の主軸に南から南門、中門、金堂、講堂、僧坊が並び、南門と中門の間の東側に七重の塔が建つ伽藍配置が明らかになった（図10）。また、南門の南側には天平道と名付けられた参道があり、中門から金堂を囲むように回廊が廻らされていた。国分尼寺は部分的な調査が行われたが伽藍配置は明かになっていない。

その他、瓦を使わない草ぶきの村落寺院と呼ばれている小規模な寺が松江市宍道町堤平遺跡で検出されている。このように『出雲国風土記』が残っているので、出雲地方の古代寺院は寺の場所や創建者それに建物の種類、僧の有無などの詳細な実態が知られている全国でも唯一のところである。また、出雲国分寺をはじめ多くの寺で新羅系の瓦を用いていることも大きな特色の一つであると言えよう。

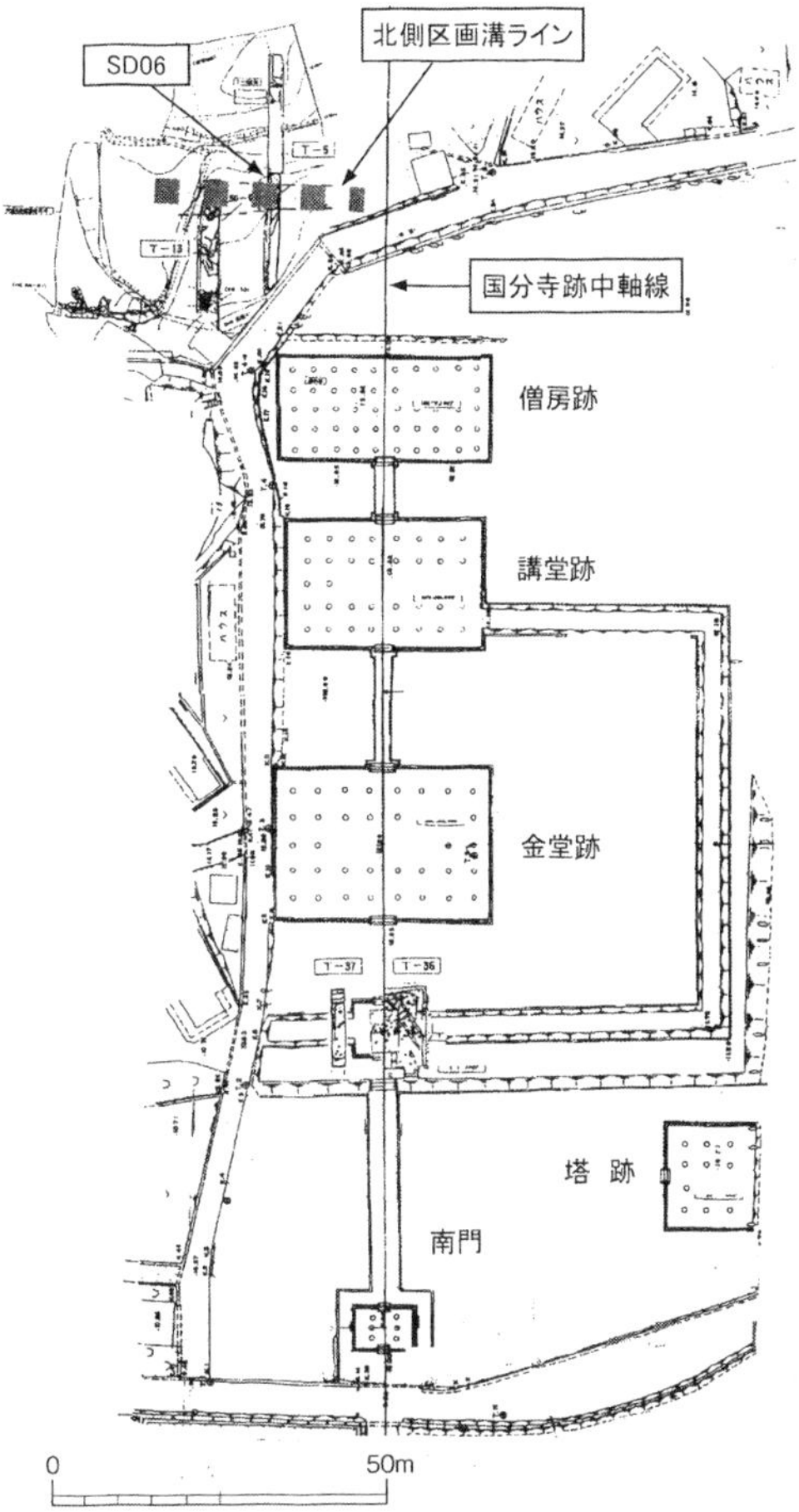

図10 出雲国分寺建立配置図

5　出雲国府跡

大宝元年（七〇一）に制定された大宝律令により、地方を国・郡・郷に分けて、国には国司、郡には郡司を配置し、地方行政を行わせた。また、行政の中心となる国府を置き、その中に国庁と呼ばれる地方行政の政務を行った建物群が建てられた。出雲の国庁は昭和三七年に恩田清氏が江戸時代の大草村検地帳に「こくてう」とある地名を見つけたことから、六所神社周辺が有力視された。そして、風土記の丘整備構想が決まった昭和四三年から四五年にかけて松江市教育委員会が発掘調査を実施し、役所にふさわしい建物群や木簡、墨書土器、硯、須恵器、土師器が見つかり、この場所が国庁と確定されたのである（**写真11**）。木簡には

写真11　出雲国府跡
（左下が国庁跡、中央の山は茶臼山）

大原評《こおり》という大宝律令以前の地域を表す言葉が使われていたので、奈良時代以前から役所が存在していたと考えられている。

八世紀前半の建物は政庁の後殿や後方官衙《かんが》で、区画溝が東西南北を向いており、本格的な造営が開始された時期である。この地区は昭和五〇年に国庁跡の環境整備事業を行って、一般の人に公開されている。整備地区の北側は平成一一年から平成二三年にわたって島根県教育委員会が発掘調査を行った。その結果、八世紀前半には、後方官衙の北側に二間×三間ないし四間の建物が建てられるとともに漆、玉、金属製品を造った工房地区が検出された。それにより、この時期は六所神社脇が政庁、後ろが国レベルの政務を行ったところで、その北側には文書行政、工房、祭祀など複合的な機能を持っていた所と分かった。北側地区では八世紀後半に八〇m×九〇m以上の方形の区画溝が現われ、国司の館と思われる庇付の建物が建てられる。それが、礎石を持つ建物にかわり、漆工房等があった地区は政治的な業務の建物が並ぶようになる（図12・13）。ところで『出雲国風土記』には「至國廳意宇郡家」とあり、中央の役人が仕事を行っていた出雲国庁と国造が入っていた意宇郡家が同居していたかという問題がある。多くの研究者が検討しているが、未だに結論にいたっていない。ただ、奈良時代前半期には新羅の文

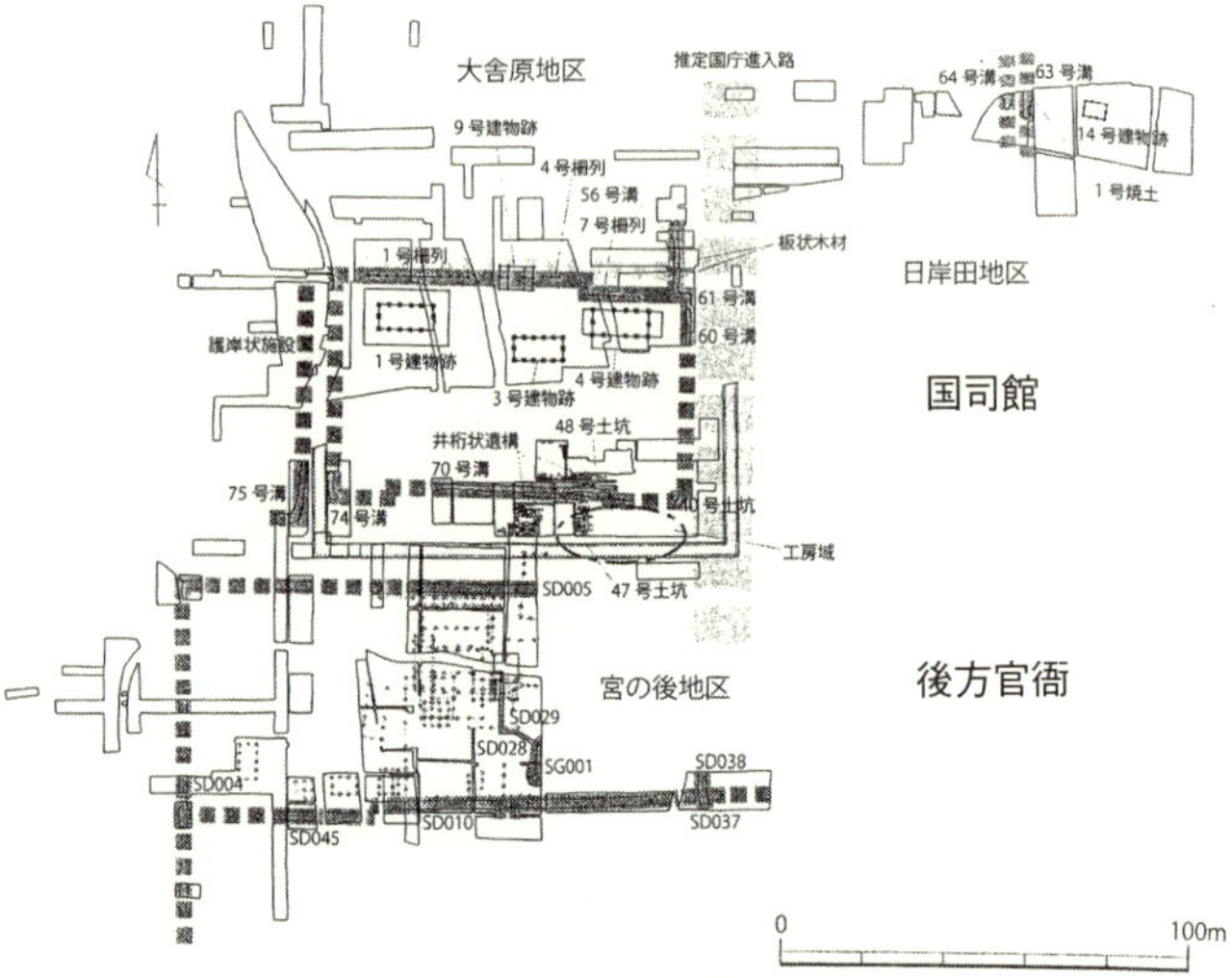

図12　出雲国府遺構配置図

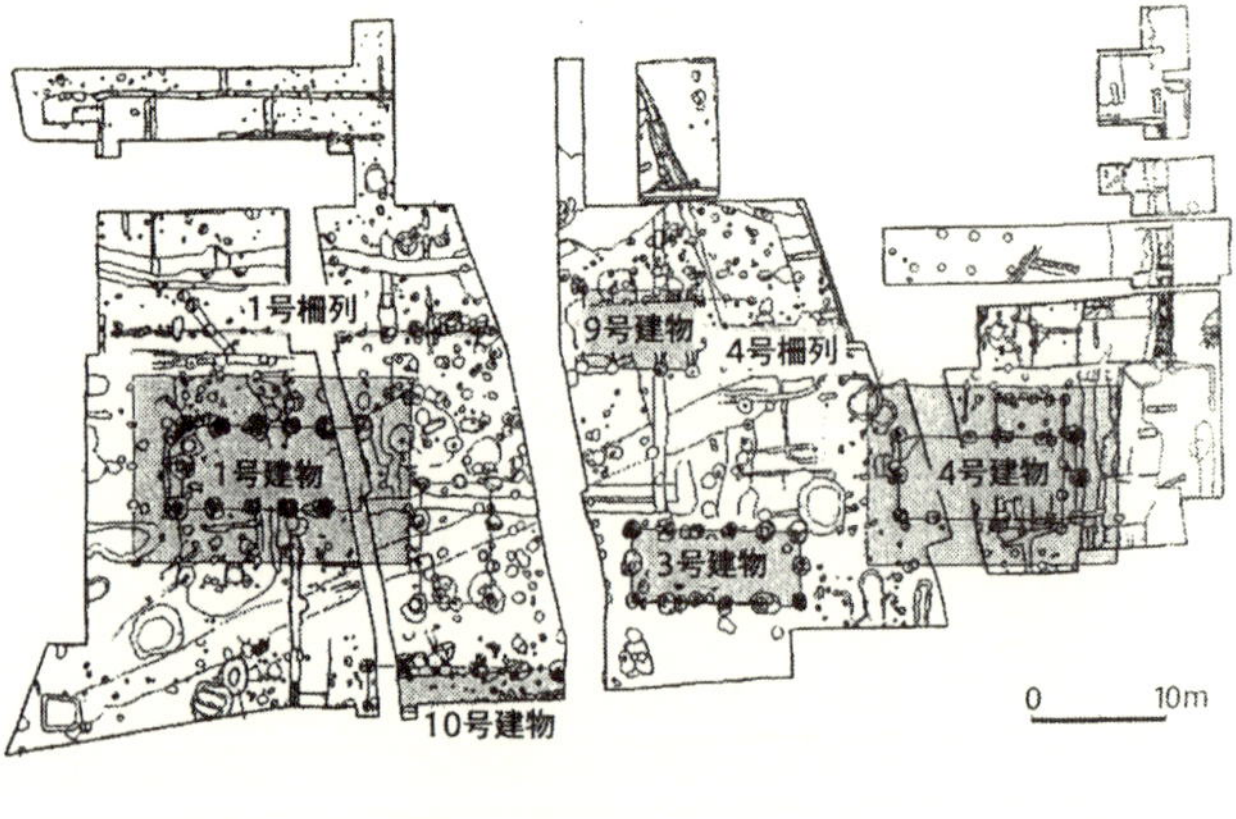

図13　国司館の実測図

化を盛んに取り入れていることから、国造の力は国の役人をもしのいでいたものと思われる。ところが国府に国司の館が建つようになると、大井の須恵器窯跡からも分かるように国造の力に限りがみられるようになるのである。

6 火葬墓

火葬した骨を納める骨蔵器には石製と須恵器があり、出雲地方では石製骨蔵器五ケ所、須恵器骨蔵器四ケ所が知られている。それらは、出雲の中心地から離れた出雲市および安来市に存在し、出土例は少ない。しかし終末期古墳と同じような墳丘を持つものや石製家形骨蔵器の古墓があり注目される地域である。

出雲市光明寺三号墓は終末期古墳と同じ、山の斜面を造成して造っている一辺八m、高さ一mの方形のマウンドを持つ火葬墓である（写真14）。石製骨造器を置くため径六〇cmの浅い穴を掘り、そのまわりに炭を敷いていた。骨造器の身は一辺七五cmの正方形で、厚さ三九cmあまり、中央に深さ一六・五cmの骨を納める穴が開けられ、蓋は方形の端を面取りした斜めの加工が見られる。火葬骨は熟年の男性で時期は七世紀終わりから八世

写真14　光明寺３号墓

紀初めと考えられている。

また、安来市中山火葬墓は全国的にもめずらしい排水溝を持つ古墓である。この墓は一辺一二〇㎝の正方形の穴を掘り、その中に大形の石製家形骨蔵器を納め、南東隅に長さ一七〇㎝あまりの排水溝を設けている。骨蔵器は整美な四注式の家形をした凝灰岩製、身は六六㎝×五八㎝のやや縦長の方形を呈し、蓋は七九㎝×七一㎝である（図15）。納骨用の穴から水晶の玉片と鉄くぎ一本が見つかり、周辺からは八世紀後半の須恵器が出土している。排水溝はないが、これと同じ構造・造り方の石製骨蔵器は出雲市の朝山火葬墓にやや小ぶりのものが存在する。その他、出雲市小坂古墳石室内石製骨蔵器は、一一二㎝×六一㎝の長方形を呈し、その中央に径

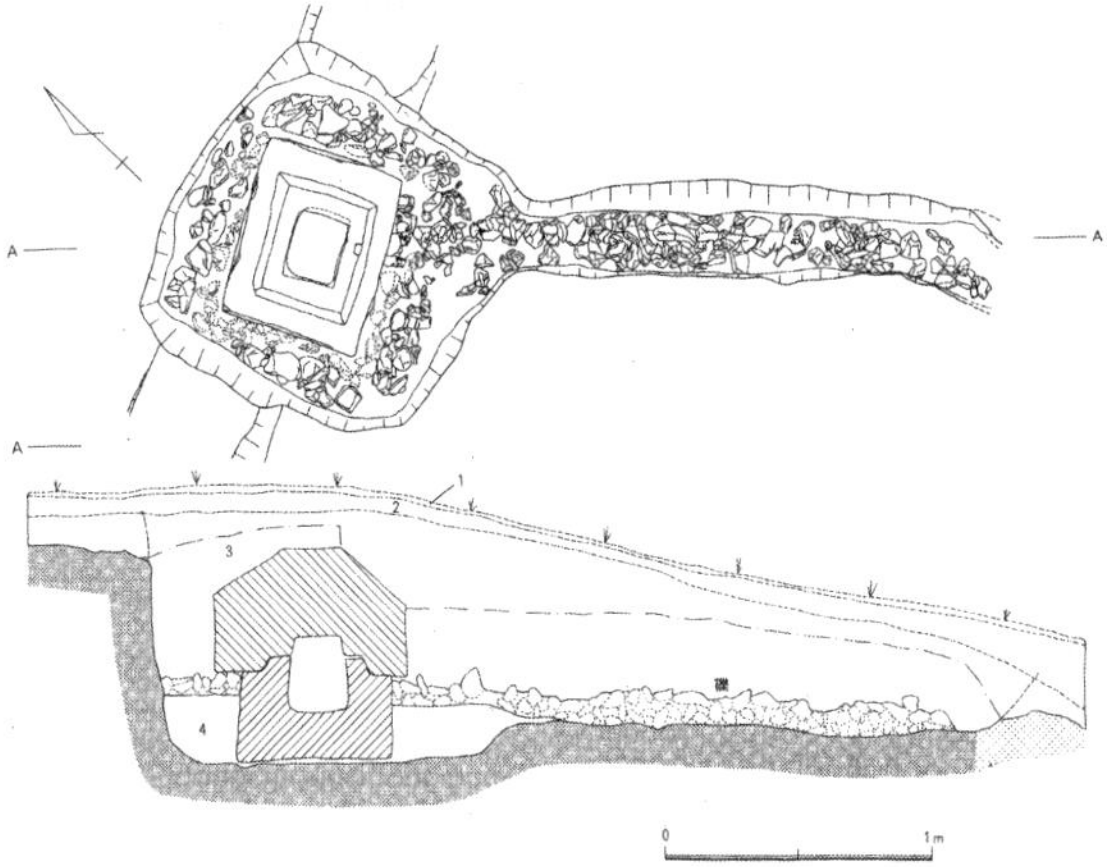

図15　中山火葬墓実測図

二八㎝、深さ二一㎝の穴が半球状に穿たれている身が残っていた。この納骨用の穴には緑青が付着していたので、銅製の骨蔵器が納められていたと考えられており、周辺から八世紀前半の蕨手刀が出土している。

さらに、出雲市菅沢火葬墓は自然石を粗く加工した石製骨蔵器、出雲市西谷火葬墓、安来市小久白火葬墓には須恵器壺の骨蔵器がある。その他、須恵器の坏を使った小形の骨蔵器が出雲市杉沢Ⅲ遺跡、築山火葬墓で見つかっている。後者は成人女性の火葬骨一部が納骨されているもので、時期は八世紀前半である。須恵器骨蔵器は、日常使っている須恵器を転用しているが人骨の一部しか入らない小型の杯を用いているのは当時の葬送儀礼を知る上に重要なものと思われる。

このように、出雲地方では、終末期古墳の墳丘と同じ造りの古墓や石製骨蔵器を持つ火葬墓が存在する一方、須恵器製の骨蔵器が少なく火葬墓そのものがあまり普及しなかった。それは、神に仕える出雲国造の本拠地である松江市周辺に存在していないことが大きな要因と考えられる。

7 『出雲国風土記』からみた奈良時代の出雲

1．行政・道路・軍団

出雲地方の奈良時代は九郡六二郷からなり、郡には郡家を置き、郡司等の役人が配置されていた。道路は旧山陰道の他、国府から隠岐に向かう道、宍道湖北側を東西にはしる道、そして玉湯から大原郡、飯石郡を通って備後に行く道等が造られ、出雲全体を官道で網羅している。旧山陰道には六ヶ所の駅家を置き、一三ヶ所の橋、二ヶ所の渡しがあった。当時、橋が存在していたのは驚きである。安来の飯梨川に架かる野城橋は長さ九一m、広さ（幅）七・七mと記載されている。一方、西の大河である斐伊川・神戸川には橋がなく「渡しで船一つ」と出てくる。また、国府から隠岐に向かう道には大橋川の朝酌渡しがあり、千酌駅家から隠岐に向かっては「渡船あり」と書かれている。橋はその他、松江市乃白川の野代橋（長さ一八ｍ、幅四・五ｍ）同来待川の来待橋（長さ二四ｍ、幅四ｍ）そして同佐陀川の佐太橋（長さ九ｍ、幅三ｍ）が存在。

非常時の連絡手段である烽火《とぶひ》は五ヶ所、軍団は国府が置かれた中心地と出雲平野及び奥出雲町熊谷に設置されている。熊谷の近くには「城名樋山。所造天下大神大穴持命が八十神を伐たむとして城を造りたまひき。故、城名樋と云ふ」とあり、奥出雲の要衝の地として認知されていたところである。また、警備する人を置いていた戍《まもり》は石見国との境の宅伎《たぎ》や日本海を監視していた瀬埼《せざき》に設置していた。さらに、中海の中のある大根島には軍隊用の馬を飼育する牧場があった。このように、行政、道路、軍隊等の施設が整えられていたことが分かる。

２．自然環境・祭祀

当時の自然環境については、薬草をはじめ、檜、杉、松、桐、楠、椎等の樹木やワシ、タカ、ヤマドリ、ヒバリ、キジ等の鳥、そしてクマ、イノシシ、オオカミ、シカ、ウサギ、キツネ、サル等の動物が山野に棲んでいたことが記載されている。また、川にはアユ、サケ、マス、ウグイがおり、中海はイルカ、サメ、ボラ、スズキ、ナマコが、宍道湖にはボラ、スズキ、クロダイ、エビ等の魚の他、オオハクチョウ、マガン、カモ等の鳥が生息していた。そして、日本海にはマグロ、フグ、サメ、サバ、イカ、タコ、アワビ、サザエ、ハマグリ、ウニ、カキ等がいる。嶋根郡の沖の御前島にはトドが棲み、島根半島東部の宇井浜、福浦、長浜、海崎、美保関の人はマグロを捕っていた。このように、現在では絶滅したオオカミや生息していないトドがおり豊かな自然であったと思われる。また、当時すでにマグロ漁を行っているのは驚きである。

神社は三九九ヶ所記載されているが、その内、一八四ヶ所には神官がおり、出雲全域に広く分布している。寺院は教昊寺の他、新造院が九ヶ所、それに村落寺院も発掘調査で確認されていることから、神や仏教が住民に浸透していたことが伺える。

『出雲国風土記』に神の宿る山として松江市の茶臼山（神名樋野）、朝日山（神名火山）、や出雲市の大船山（神名樋山）、それに仏経山（神名火山）の四カ所が出てくる。大船山には「峯の西側に石神あり　この石神は滝の神で　日照りになって雨を願えば、必ず降らしてくれる」とあることから、雨乞神事を行っていたものと思われ、現在でも大船山に雲がかかれば雨が降ると言い伝えられている。

3. 庶民の生活

庶民の生活を知ることのできる記述として特筆すべきは「神の湯」、「薬湯」がある。前者は現在の玉造温泉。『出雲国風土記』には「川の邊《ほとり》に湯を出す。—略—、男も女も老いたるも少《わかきも》—略—日《ひ》集《び》ひて市を成し、うちむれてうたげあそぶ。ひとたびすすければ形容端正《かたちきらきら》しく、再たび浴《ゆあみ》すれば、萬病《よろずのやまい》悉《ことごと》に除《のぞ》こる。古より今にいたるまで、験《しるし》を得ずということなし。故《かれ》、俗人《くにひと》神湯と日ふなり。」と書かれている。また、「薬の湯」は現在の雲南市木次湯村温泉で、「漆仁川のそばに薬湯あり一たび浴すれば即ち身體が穏やかになり、再びすすければ即ち満病をとりのぞくことができる。老人も若い人も、一日中人がくる。験《しるし》を得ずということなし。故、俗人なづけて薬湯とふ。」とある。温泉の効果で肌が美しくなり、病に利く「神の湯」と、病気にきく「薬の湯」に分けて奈良時代の人が呼んでいたのは、庶民にとって温泉がいかに大事な存在であったかを知ることができる。その他の温泉としては雲南市大東町の潮温泉等が記載されている。また、神の湯では市が開かれ、人々が酒を呑んで歌って踊って楽しんでいる様子が伺え、当時のおおらかな生活の一端を知ることができる。

「神の湯」以外で酒を呑んでいる記述は、嶋根郡邑美冷水《おふみのしみず》の「男も女も老いたるも少きも。時々に叢《むらが》り集いて、常にうたげをする地なり」。また、前原埼には「男女時によりてつどい、或いはたのしみて帰り、或いはゑらぎて、帰ることを忘れ、常にうたげをするところなり。」。さらに、楯縫郷には「佐香の川内に百八十《ももやそ》神等集《かみたち》ひ坐《ま》して、御厨立てて（食物の調理所）酒を醸させ給ひき。即ち百八十日《ももやそか》喜《さか》みづき（酒宴）解散け坐しき。」とあり、この佐香神社が酒の神様として著名になるのである。

また、万葉集にも酒に関わる歌が多く出てくるとともに、出雲国府跡から「酒坏」と書かれた現在の茶碗ぐらいの大きさの墨書土器が出土している。当時のお酒は口の中でかみ唾液によって発酵させて作った噛み酒が有名であるが、大半は麹菌によって作られていた。アルコールの度数が低かったので、大きな容器でがぶ飲みをしたようである。

4. 漁村・農村の状況

漁村の状況が記載されているのが嶋根郡朝酌促戸渡《あさくみのせとのわたり》である。ここは大橋川岸にあたるところで、「東に通道《かよいぢ》（官の渡し場）西には平原《ひら》あり、中央は渡なり（一般の渡し場）。筌《うへ》（魚をとる竹で編んだ道具）を東西にわたす。―略― 或いは日魚となりて鳥に捕らる。大き小さき雑の魚にて濱さわがしく、家にぎわひ、市人（売買の人）四《よ》より集う。自然にいちくら（店舗・住居）を成るせる。」とあり漁村集落の活気が伝わってくくる。また、秋鹿郡の女心高野（今の本宮山）は「豊にこえて、百姓のうるほひの園んなり（肥沃豊穣で豊かな生活をしている）」、出雲郡の出雲大川には「斐伊の河下なり、河のあたりは土豊の肥えて、穀物・桑・麻がたわわに茂り、百姓はゆたかな生活をしている。河にはアユ、サケ、マス、ウグイ、ウナギなどがいる。初春から晩春まで皮付きの木材を検査する船が登ったり下ったりしている」とあり、農民も土壌が肥えて豊かな生活を送っていたと思われる。また春には斐伊川の上流から材木を筏にして下流に運んでいたことが分かる。さらに、沿岸部の質留比浦（現七類）は「広さ二百二十歩あり。南に神社あり（質留比社）北に百姓の家あり。三十の船泊つべし」と出てくる。島根半島の浦には民家が存在し、舟を留める港があることから、漁業が盛んであったことが伺える。

5. 鉄関係等の産業

仁多郡の条には「諸々の郷より出す所の鉄、堅くて雑具つくるに堪ふ」と記載されている。雲南市の六重城南一号墳から鍛冶工人の祭祀用具である五世紀の鉄鐸と毛抜き状鉄器が見つかっているので、古くから奥出雲地方で鉄製品が造られていた可能性がある。それが八世紀後半になると雲南市三刀屋町の瀧坂遺跡で製鉄し、その鉄材を鉄穴内遺跡に運び、鉄を製錬して鉄製品に加工する体制が整えられていることが発掘調査で明らかになった。鉄穴内遺跡からは鍛冶炉を伴う工房四棟、鍛冶に使う木炭を焼いた炭窯二基、それに鍛冶道具の鏨《たがね》、鉄鉗《てつかん》（はさみ）材料の鉄鋌《てつせん》が出土し、鎌、刀子、鋤、鋤先、くぎ等の製品が見つかっている大規模な鍛冶工房である。また、当時の役人が使っていたベルトの鉄製帯金具（巡方）が検出されていることから、この鍛冶工房は郡による公的なものと考えられている。このように、奥出雲地方では五世紀後半には鉄製品を作っている可能性があり、それが、八世紀後半になると鉄の生産、加工体制が整えられるまでに発展した。そして、中世以降たたら産業が盛んに行われ、国内有数の製鉄の産地となるのである。その他の産業としては、嶋根郡大井浜の条に「陶器を造れり」とあり、松江市大井の窯跡群について記述がある。また、神門郡、飯石郡、仁多郡、大原郡の山野には楮《こうぞ》があり、意宇郡では苦参《くらら》という根は薬に用いられ、葉、茎は布ないし紙を漉いた植物の記載がある。これらのことから奈良時代に出雲では盛んに紙を漉いていたものと思われる。出雲国府の調査で奈良時代の漆に染まった紙が検出されているとともに、奈良の正倉院には出雲から提出した文書が残っていることがそれを裏付けている。

このように出雲地方は『出雲国風土記』が残っているので、奈良時代の状況について具体的に知ることのできる所として重要な地域といえよう。

8　出雲独自の文化と出雲国造

出雲国造の先祖は、六世紀後半〜七世紀中葉にかけて独占的に生産していた出雲の玉作りを掌握して勢力を増し、その後、出雲国造として天皇の面前で、神話を語り出雲の玉を献上した「神賀詞奏上儀礼《かみよごとそうじょうぎれい》」を行うようになって絶対的な権力を持った。この儀礼は、古代王権の宗教的世界観に基づいて行なわれた天皇の国土支配を保証する儀礼であったと考えられている。記録としては、霊亀二年（七一六）出雲臣果安（続日本紀）〜天長十年（八三三）出雲臣豊持（続日本後紀）までが残っているが、七世紀後半にはすでに行なっていたと考える研究者は多い。

出雲は大和政権の要請で始まったと思われる「神賀詞奏上儀礼」や「古事記」「日本書記」に出てくる出雲神話で再び大和政権から認められるようになった。そのことが独自の文化を創造したと考えられる。その第一弾として七世紀後半に他の地方にはない輪状つまみ及び坏を創り出し、第二弾は八世紀前葉〜中葉に出雲国分寺の新羅系瓦の文様、灯明皿形土器を生み出したのである。出雲国分寺から出土している新羅系瓦は、国分尼寺、出雲国府跡、山代郷北新造院、山代郷南新造院等、国衙及び官寺・准官寺に使用されており、専用の瓦窯が作られている。この新羅系瓦の文様は洗練された整美なもので、新羅の工人が関与していたものと思われる。また、出雲国造家の本拠地である意宇平野には、畿内の文化である終末期古墳や火葬墓が造られていなく、独自の文化を堅持していた。そのため、他の地方には見られない須恵器や瓦の文様を創造することにより、出雲の一体化をめざし、国造の権威と誇りを示したものと推測される。

ところが、絶大なる権力を持っていた出雲国造も八世紀後半になると徐々に衰退し、延暦一七年（七九五）の国造郡領兼帯の禁止が出た後、政治の場から身を引き、出雲大社の奉仕に専念するようなる。出雲大社の造営については『日本書紀』斉明天皇五年の条に出雲国造に命じて「神之宮」を修造させたことが載っているが、この神之宮は熊野大社か杵築大社か定かでない。その後、天平五年（七三三）に勘造された『出雲国風土記』縦縫郡の条に「神魂命が大神の宮を御造営申し上げよと仰せられ」とあり、この時期には出雲大社が確実に存在していた。ところが、『出雲国風土記』の出雲郷の条に出雲臣が出てこないことから、この時点では出雲国造は意宇平野に居住していたものと推測されている。

国造家の杵築移転を考える上で重要な遺跡が出雲市大社町にある。出雲大社の近くに存在する鹿蔵《しかくら》山遺跡は、漆塗りの櫃《ひつ》（箱のこと）、多口瓶の奈良三彩、金銅製の腰帯金具（蛇尾）硯、墨書土器等貴重な遺物が出土しており、墨書土器には「家」「三家」「宮」もあるので出雲大社に関わる館があったところと考えられている。出雲国造家は鹿蔵山遺跡の中心が八世紀末〜九世紀であるとともに、八世紀末には国造郡領兼帯の禁止が出ているので九世紀前後に意宇から杵築へ移っていたと思われる。

ともあれ、律令時代における須恵器や瓦に見られる出雲地方の独自性は、「古事記」「日本書記」の歴史書を編纂するにあたって、大和政権誕生に出雲が大きく関わってきたことが神話という形で再評価されたため、出雲国造が特別な力を持つことができたと考えられる。古代出雲は三世紀から四世紀にかけて行なってきたことが、八世紀になって再び評価されるという他の地方ではみられない歴史性を持つ地域として注目される。

コラム18

「漢字はなぜ普及しなかったのか」

邪馬台国は中国の魏に親書を携えて遣いを派遣していることから、その段階にすでに漢字を使える人がいたと思われる。それは、対中国との関係では絶対必要なことである。ところが、国内では大和政権が連合政権として誕生したため、地方と中央との関係は対等であった。そのため、命令等の文書を地方に出す必要がなかったと思われ、地方の人が中央政権に行ったことは主に人を派遣する「人制」と呼ばれたものであった。しかし、熊本県の江田船山古墳や埼玉県稲荷山古墳、それに島根県岡田山古墳等の畿内で作ったと思われる鉄剣には銘文が書かれていたので、中央には漢字が普及していた。このように六世紀後半まで地方と中央の関係は緩やかな関係であったが、七世紀になると、律令社会実現に向け、大和政権の圧力が強固なものとなり、地方では大形古墳が造られなくなる。この時代は戸籍の作成にむけて村落を再編成した時期で、それを優先したため、地方は一部の人をのぞいて漢字が普及しなかったのである。そして、六六三年に朝鮮半島で起きた白村江の戦いに大敗した倭国は、漢字が普及していなかったことが負因であった。それを受け、大和政権は中央で漢字教育を行うようになり、その教育を受けた全国の多くの人が、漢字の読み書きができるようになった。(花谷浩氏は出雲地方の転用硯から、中央で漢字教育が行われていたという考えを発表している。)そして律令社会で必要な伝達や記録の保存がスムーズになり律令社会が発展してくるのである。

コラム19
「律令時代の須恵器に蓋がなぜ多いのか」

古墳時代には葬送儀礼に用いた蓋坏という須恵器の器種があるが、それは主に古墳から出土している。ところが、古墳を造らなくなった七世紀末から八世紀にかけて須恵器の蓋が集落等の遺跡からかなりの割合で見つかっており、なぜ、蓋がこんなに必要なのか長年疑問に思っていた。しかも、七世紀末から八世紀前半の蓋はつかみにくい輪状のものが大半を占めている。この蓋は硯に転用されているものも多く、硯は作らないが、蓋は多量に作っているのである。

そもそも蓋ってどんな用途があるのだろうか。現代では湯呑茶碗、茶わん蒸の容器、吸い物の椀等、温かい食べ物や飲み物を冷やさない食器に使われ、食器全体から見た割合はそんなに多くない。しかも湯呑茶碗の蓋は普段は使っていなく、法事等の特別な日に特別の人が使うことが多いものである。

蓋が多いという疑問を解くカギが『出雲国風土記』にあった。風土記には三九九ケ所の神社が記載されている。その内一八四ケ所は神官がおり、出雲全体に広がっていた。出雲には五〇戸からなる郷が六二あり、その中に普通三つの里が存在する。一つの里に一六戸、三二〇人前後の人が住んでいたものと思われ、その集落に二つの神社があり、一つは神官がいる神社なのである。これは当時、神に対する信仰がかなり浸透していたことを示している。そのため、各家では食べ物をまず、神様棚に供え、それを下して家族全員で食事をしていたため蓋が多いものと考えられないだろうか。

コラム20
「酒と宴会について」

お酒は縄文時代に山ぶどう等の自然発酵させた果実酒があるが、本格的な酒は弥生時代に米が入ってきてからである。この時代になると米を発酵させて作るようになり、魏志倭人伝に「人生酒を楽しむ」と書かれている。そして、奈良時代になると人はおおらかになり、『万葉集』や『出雲国風土記』に酒に関する記述が数多く出てくるようになる。宮中の儀式に使われる酒は「白酒」と「黒酒」を神前に供えていた。それに対し、出雲大社の古伝新嘗祭で使われているのは「一夜酒」と「玄水」の水である。「玄水」に代わる宮中の「黒酒」は白酒に灰を混ぜて黒くし、出雲の「一夜酒」は堀江修二氏によれば、お粥に麹菌を混ぜて作ったお酒で、朝鮮半島の新羅から入ってきた出雲だけの製法らしい。一夜酒はその初汲みを神に供え、残りの酒は皆で飲む。それは神と同じ酒を飲んだことになるから、神からパワーをもらったことになる。ところが大勢の人が娯楽として酒をたしなむようになるのである。『出雲国風土記』には「男も女も老いたるも若きも時々集まって宴会をするところ」と出てくることから各地で宴会を行って酒を飲んで楽しんでいた。当時のお酒はアルコール度が低いので，燗《かん》をせずがぶ飲みしたと思われる。そして、万葉集の大伴旅人のうたにあるように「価《あたい》なき宝というとも一杯の濁れる酒にあにまさめやも」と値段がつけられえないほどの宝よりも酒一杯のほうが貴いと言わせるまでになるのである。

引用・参考文献

青木　敬　二〇〇三『古墳築造の研究』六一書房

赤澤秀則　二〇〇二「Ⅳ、小結」『奥才古墳群第八支群』鹿島町教育委員会

池淵俊一　一九九七「大形方墳は何を意味するのか」『図録古代出雲文化展』島根県教育委員会

石野博信　一九八五『古墳文化出現の研究』学生社

出雲考古学研究会　一九八五『荒島墳墓群』

出雲考古学研究会　一九九五「出雲地方における後期古墳文化と石棺式石室」『石棺式石室の研究』

出雲市教育委員会　一九九七『遺跡が語る古代の出雲―出雲平野の遺跡を中心として―』

伊藤　実　二〇〇五「四隅突出型墳丘墓と塩町式土器」『川越哲志先生退官記念論文集』

岩本　崇　二〇〇三「棺内礫石をもつ組合式箱形木棺」『大手前大学史学研究室紀要』三

岩本　崇　二〇一〇「三角縁神獣鏡と前方後円墳出現期の社会」『比較考古学の新地平』同成社

岩本　崇・角田徳幸　二〇一二「各地の古墳Ⅲ」『古墳時代研究の現状と課題（上）』同成社

内田律雄　一九八七『「出雲風土記」と考古学』『出雲古代史の諸問題』

内田律雄　一九九〇ａ「中国地方縄文～弥生時代の漆」『考古学ジャーナル』三一四

内山敏行　二〇〇一「関東の須恵器製作技法」『古代の土器研究第六回シンポジウム資料』

梅原末治　一九二三「出雲国八束郡岡田山古墳調査報告」『中央史壇』七―五・六

江浦　洋　二〇〇八「難波津と新羅土器」『発掘された大阪二〇〇七』大阪府立弥生博物館

江川幸子・内田律雄　一九九八「石台遺跡の試掘調査―炭化米を出土した縄文晩期の土坑」『季刊

文化財』六二
江崎靖隆　二〇一一「三雲・原井遺跡」『考古学ジャーナル』六一一
岡林孝作　二〇〇七「出現期の竪穴式石室」『二〇〇七年度共同研究成果報告書』（財）大阪府文化財センター
岡村道雄　二〇一〇『縄文の漆』同成社
小田富士雄　一九七九『九州考古学研究・古墳時代篇』学生社
小田富士雄　二〇一二『古代九州と東アジア一』同成社
小田富士雄　二〇一五「白村江戦の戦後処理と国際関係」『古文化談叢』第七三集　九州古文化研究会
小田富士雄　二〇一七「西日本先史時代の祭礼儀礼」『広島大学考古学研究室五〇周年論集・文集』
小野山節　一九七八「古墳と王朝のあゆみ」『古代史発掘』六　講談社
尾野善裕　二〇〇一「東海地方における須恵器制作技法の転換とその背景」『古代の土器研究第六回シンポジウム資料』
角田徳幸　二〇〇四「三瓶山の噴火物と縄文時代」『島根考古学会誌』二〇・二一合併号
春日真実　二〇〇一「北陸の様相」『古代の土器研究第六回シンポジウム資料』
勝部　昭　一九七五「御崎山古墳」『八雲立つ風土記の丘周辺の文化財』島根県教育委員会
勝部　昭ほか　一九七六「安来・安養寺古墳群」『菅田考古』一四
加藤義成　一九九二『修訂出雲風土記参究』今井書店
門脇俊彦　二〇〇二『山陰地方における横穴群と地域社会』島根県古代文化センター

亀田修一　一九九三a「朝鮮半島から見た出雲・石見の瓦」『八雲立つ風土記の丘』一一六
亀田修一　一九九三b「考古学から見た渡来人」『古文化談叢』三〇（中）
川原和人　二〇一四『出雲の考古学』同成社
河　仁秀　一九九二（甲元眞之訳一九九四）「嶺南地方支石墓の型式と構造」『古文化談叢』三三一
韓　永熙　一九九一「遺跡解説中島石積塚」『日韓交渉の考古学』弥生時代編　六興出版
漢陽大学博物館　二〇〇〇『富川古康洞先史遺蹟第四次発掘調査報告書』
菊地照夫　一九九五「出雲国造神賀詞奏上儀礼の意義」『出雲世界と古代の山陰』名著出版
北九州市立歴史博物館編　一九七五『図録　新羅古瓦塼』
金延鶴編　一九七二『韓国の考古学』河出書房新社
栗山信司　一九八九「弥生時代の漆製品」『生産と流通の考古学　横山浩一先生退官記念論文集』
芸備友の会　一九九六「広島県の弥生時代墳墓」『芸備』二五
洪　潽植　二〇一〇「韓半島の倭系遺物とその背景―紀元後四～六世紀前半代を中心に―」『古文化談叢』六三
甲元眞之　一九八〇「朝鮮支石墓の再検討」『古文化論攷　鏡山猛先生古稀記念』
是川遺跡ジャパンロード調査実行委員会　二〇〇四『是川遺跡ジャパンロード「漆の道」報告書』
近藤喬一　一九八六b「弥生時代青銅器の性格」『歴史手帖』一四一四
近藤義郎　一九八三『前方後円墳の時代』岩波書店
近藤　正　一九七八『山陰古代文化の研究』近藤正遺稿集刊行会
佐原　真　一九七一「平瓦桶巻作り」『考古学雑誌』五八一二

山陰考古学研究集会　一九九六『山陰の横穴石室』
山陰考古学研究集会　一九九七『四隅突出型墳丘墓とその時代』第二五回山陰考古学研究集会資料集
山陰考古学研究集会　二〇〇二「山陰の前期古墳」第三〇回山陰考古学研究集会資料集
山陰横穴墓研究会　一九九七『出雲の横穴墓』
重見　泰　二〇〇八「奈良県における百済土器・新羅土器」『発掘された大阪二〇〇七』大阪府立弥生文化博物館
島根県教育委員会　一九七五『八雲立つ風土記の丘周辺の文化財』
島根県古代文化センター　一九九五『古代文化研究三』
島根県古代文化センター　二〇〇四『古代出雲における玉作の研究Ⅰ』
島根県古代文化センター　二〇〇五『古代出雲における玉作の研究Ⅱ』
島根県古代文化センター　二〇〇六『島根県のおける弥生時代・古墳時代の木製品集成』
島根県古代文化センター　一九九五「島根県古代史目録」『古代文化研究』三
島根大学法文学部考古学研究室　一九九二『山陰地方における弥生墳丘墓の研究』
島根大学法文学部考古学研究室　二〇一二「島根県松江市廻原一号墳発掘調査概要報告Ⅰ」『山陰研究第五号』島根大学山陰研究センター
車　順喆　二〇〇七「韓国漆文化の特色」『是川遺跡ジャパンロード「漆の道」報告書』
仁田坂聡　二〇一一「末盧国国邑千々賀遺跡」『考古学ジャーナル』六一一
千　羨幸　二〇〇八「西日本の孔列土器」『日本考古学』二五　日本考古学協会
(財)中原文化財研究院　二〇〇四『安城盤諸里遺蹟発掘調査』概報

高橋照彦　二〇〇五「鹿蔵山遺跡出土の奈良三彩について」『鹿蔵山遺跡』大社町教育委員会
高松雅文　二〇〇五「竪穴式石室の編年的研究」『待兼山考古学論集』大阪大学考古学研究室
武末純一　二〇〇〇「居館」『古墳発生期前後の社会像』九州古文化研究会
武末純一　一九九〇「墓の青銅器、マツリの青銅器」『古文化談叢』二二
但馬考古学研究会編　二〇〇四『台状墓の世界』
田中義昭　二〇一一『弥生時代集落址の研究』新泉社
千葉　豊　一九八九「縁帯文土器群の成立と展開」『史林』七二―六
次山　淳　一九九七「初期布留式土器群の西方展開―中国地方の事情から―」『古代』一〇三　早稲田大学考古学研究室
寺沢　薫　二〇〇八『王権誕生』講談社
中村大介・藁科哲男　二〇一一「朝鮮半島における玉類の産地同定と流通の復元」『平成二三年度保存科学研究集会発表資料』
永山久夫　二〇〇〇『和食の起源』青春出版
仁木　聡　二〇〇三「出雲」『季刊考古学』八二　雄山閣
仁木　聡　二〇〇七「四隅突出型墳丘墓の出現その背景」『四隅突出型墳丘墓と弥生墓制の研究』島根県古代文化センター
西　弘海　一九七六『土器様式の成立と展開』真陽社
難波洋三　二〇〇〇「同范銅鐸の展開」『シルクロード学研究叢書』三　シルクロード学研究センター

花谷　浩　二〇一四「矢刃の兵から刀筆の吏へ」『荒神谷博物館定例講演会発表資料』
馬淵久夫ほか　一九九六「神庭荒神谷遺跡出土青銅器の非破壊分析と鉛同位体比測定」『神庭荒神谷遺跡』　島根県教育委員会
林　健亮　二〇〇〇「灯明皿型土器から見た仏教関連遺跡」『出雲古代史研究会』一〇
原田大六　一九六六『実在した神話』学生社
春成秀爾　一九七九「古墳出現前後の出雲と吉備」『松江考古』二
藤沢一夫　一九七〇「火葬墓の流布」『考古学講座』六　雄山閣
藤田憲司　二〇一〇『山陰弥生墳丘墓の研究』日本出版ネットワーク
堀江修二　二〇一四『酒から見た古の出雲』今井出版
前島己基　一九八五「日本古代遺跡二〇島根」保育社
松前　健　一九七〇「天穂日命の神話と出雲国造家」『日本神話の形成』塙書房
松本岩雄　一九九二「出雲・隠岐地域」『弥生土器の様式と編年』山陽・山陰編　木耳社
松山智弘　二〇〇二「出雲地方における墳墓の変遷」「神原神社古墳埋納坑出土の土器について」「石室天井石上面出土土器」「神原神社古墳出土の円筒形土器について」『神原神社古墳』加茂町教育委員会
松山智弘　二〇一〇「最後の四隅突出墳丘墓」『古代文化研究』一八　島根県古代文化センター
三浦　清　一九八四「土質調査」『史跡今市大念寺古墳保存修理工事報告書』出雲市教育委員会
宮本長二朗　一九九六『日本原始古代の住居建築』中央公論美術出版
村上勇・川原和人　一九七九「出雲市原山遺跡の再検討」『島根県立博物館調査報告』二

村上恭通　一九九八『倭人と鉄の考古学』青木書店
森　公章　二〇〇五「評司・国造とその執務構造」『東洋大学文学部紀要』五八
山田昌久編　二〇〇三『考古資料大観』八　小学館
山田康弘　二〇〇二「中国地方の縄文集落」『島根考古学会誌』一九
山本　彰　一九九八「七世紀の古墳文化」『図録大化の薄葬令』大阪府立近つ飛鳥博物館
山本　清　一九七一『山陰古墳文化の研究』山本清先生退官記念論集刊行会
山本　清　一九七五「出雲の四隅突出型方墳」『日本のなかの朝鮮文化』二八
山本　清　一九八九『出雲の古代文化』六興出版
由良大和古代文化研究協会　二〇〇八「奈良県における百済土器・新羅土器」『発掘された大阪二〇〇七』大阪府立弥生文化博物館
渡辺貞幸　一九九三「弥生墳丘墓における墓上祭儀―西谷三号墓の調査から―」『島根考古学会誌』一〇
渡辺貞幸　二〇〇一「古代出雲の栄光と挫折」『大和政権の道』日本放送協会
渡辺貞幸　二〇〇三「四隅突出型墳丘墓の「突出部」」『新世紀の考古学―大塚初重先生喜寿記念論集』

報告書
島根県教育委員会および市町村教育委員会刊行の発掘調査報告書

出典

第1章
図一　山崎順子　一九九九「飯石郡頓原町五明田遺跡発掘調査概報」『島根考古学会誌』第一六集　島根考古学会
写真二　島根県教育委員会　二〇〇八『原田遺跡（四）第一分冊』
写真三　島根県教育委員会　二〇〇七『南外二号墳・勝負遺跡』
写真四　国土交通省中国地方整備局・島根県教育委員会　二〇〇八『オロチのいぶき　総集編』
写真五　国土交通省中国地方整備局・島根県教育委員会　二〇〇八『オロチのいぶき　総集編』
写真六　国土交通省中国地方整備局・島根県教育委員会　二〇〇二『志津見ダム地内の遺跡』
図七　島根県教育委員会　一九九八『板屋Ⅲ遺跡』
図八　島根県教育委員会　二〇〇五「出雲地方における突帯文土器・扁平打製石斧―出雲市保知石遺跡を中心に―」『山陰自動車道鳥取益田線（宍道～出雲間）に伴う埋蔵文化財発掘調査報告書二』
写真九　国土交通省中国地方整備局・島根県教育委員会　二〇〇二『志津見ダム地内の遺跡』

第2章
図一　著者作成
写真二　島根県埋蔵文化財センター　二〇一四『西川津遺跡』
写真三　島根県埋蔵文化財センター　二〇一四『西川津遺跡』
写真四　島根県埋蔵文化財センター　二〇一四『西川津遺跡』に加筆
写真五　島根県埋蔵文化財センター　二〇一四『西川津遺跡』

図六　出雲市教育委員会　二〇一〇『矢野遺跡　自然河道・包含層編（第二分冊）』
図七　鹿島町教育委員会　二〇〇五『堀部第一遺跡』

第3章
図一　松江市教育委員会　一九八三『松江圏都市計画事業乃木土地区画整理事業区域内埋蔵文化財包蔵地発掘調査報告書』
写真二　島根県埋蔵文化財センター　二〇一四『西川津遺跡』
図三　松江市教育委員会・松江市教育文化振興事業団　二〇〇五『田和山遺跡』
図四　松江市教育委員会・松江市教育文化振興事業団　二〇〇五『田和山遺跡』
写真五　島根県教育委員会　一九九五『出雲神庭荒神谷遺跡』
写真六　島根県教育委員会　一九八六『荒神谷遺跡発掘調査概報二』
写真七　島根県埋蔵文化財センター　二〇〇二『加茂岩倉遺跡』
写真八　島根県埋蔵文化財センター　二〇〇二『加茂岩倉遺跡』

第4章
図一　島根県立古代出雲歴史博物館　二〇〇七『図録　弥生王墓誕生』を参考に作成
写真二　島根県埋蔵文化財センター　二〇一二　山持遺跡Vol.八（六、七区）
写真三　島根県埋蔵文化財センター　二〇一二　山持遺跡Vol.八（六、七区）
図四　島根県埋蔵文化財センター　一九九九『姫原西遺跡』に加筆
図五　島根県埋蔵文化財センター　二〇〇一『上野Ⅱ遺跡』に加筆修正
図六　川原和人　二〇一二「出雲地方における弥生時代中・後期の漆について」『古文化談叢』六八

九州古文化研究会に加筆

図七　川原和人　二〇一二「出雲地方における弥生時代中・後期の漆について」『古文化談叢』六八　九州古文化研究会に加筆

図八　川原和人　二〇一二「出雲地方における弥生時代中・後期の漆について」『古文化談叢』六八　九州古文化研究会に加筆

図九　川原和人　二〇一二「出雲地方における弥生時代中・後期の漆について」『古文化談叢』六八　九州古文化研究会

図十　川原和人　二〇一二「出雲地方における弥生時代中・後期の漆について」『古文化談叢』六八　九州古文化研究会

図一一　川原和人　二〇一二「出雲地方における弥生時代中・後期の漆について」『古文化談叢』六八　九州古文化研究会

図一二　川原和人　二〇一二「出雲地方における弥生時代中・後期の漆について」『古文化談叢』六八　九州古文化研究会

図十三　川原和人　二〇一三「四隅突出型墳丘墓の起源について」『古文化談叢』七〇　九州古文化研究会に加筆

図一四　三次市教育委員会　二〇〇一『陣山古墳群・日野目遺跡』

図一五　韓　永熙　一九九一「遺跡解説中島積石塚」『日韓交渉の考古学』弥生時代篇　六興出版

図一六　川原和人　二〇一三「四隅突出型墳丘墓の起源について」『古文化談叢』七〇　九州古文化研究会

図一七　川原和人　二〇一三「四隅突出型墳丘墓の起源について」『古文化談叢』七〇　九州古文化研究会

図一八　川原和人　二〇一三「四隅突出型墳丘墓の起源について」『古文化談叢』七〇　九州古文化研究会
図一九　川原和人　二〇一三「四隅突出型墳丘墓の起源について」『古文化談叢』七〇　九州古文化研究会
図二〇　出雲市教育委員会　一九九九『西谷墳墓群』
図二一　出雲市教育委員会　二〇〇〇『西谷墳墓群』
図二二　安来市教育委員会　一九七二『仲仙寺古墳群』
図二三　島根県教育委員会　二〇〇一『布志名大谷Ⅲ遺跡』

第5章
図一　著者作成
図二　川原和人　二〇一四「出雲地方における前期古墳について」『古代文化研究』二二　島根県古代文化センター
図三　川原和人　二〇一四「出雲地方における前期古墳について」『古代文化研究』二二　島根県古代文化センター
図四　川原和人　二〇一四「出雲地方における前期古墳について」『古代文化研究』二二　島根県古代文化センター
図五　川原和人　二〇一四「出雲地方における前期古墳について」『古代文化研究』二二　島根県古代文化センター
図六　日本道路公団中国支社・島根県教育委員会　二〇〇一『上野遺跡・竹ノ崎遺跡』

第6章

図一　著者作成

図二　岡崎雄二郎　一九七六「松江市井ノ奥四号墳の調査」『考古学ジャーナル』No.一二〇　ニューサイエンス社

図三　島根県古代文化センター　二〇〇七『北光寺古墳発掘調査報告書』

図四　島根県古代文化センター　二〇一二『松江市廟所古墳発掘調査報告書』

図五　島根県古代文化センター　二〇〇八『大垣大塚古墳群』

図六　島根県教育委員会　一九八九『古曽志遺跡群発掘調査報告書』

図七　大谷晃二　二〇〇七「東百塚山・荒神谷後谷・椿畑古墳群の測量調査」『八雲立つ風土記の丘』No.一八八

図八　松江市教育委員会　一九九〇『西尾地区農林漁業用揮発税財源身替農道整備事業に伴う埋蔵文化財発掘調査報告書』

図九　著者作成

図一〇　島根県埋蔵文化財センター　二〇〇四『古代出雲における玉作の研究一』

写真一一　島根県立八雲立つ風土記の丘提供

写真一二　島根県立古代出雲歴史博物館　二〇一四『図録　倭の五王と出雲の豪族』

図一三　島根県埋蔵文化財センター　二〇〇七『南外二号墳・勝負遺跡』に加筆

図一四　島根県埋蔵文化財センター　二〇〇七『南外二号墳・勝負遺跡』

図一五　著者作成

図一六　島根県立古代出雲歴史博物館　二〇一四『図録　倭の五王と出雲の豪族』に加筆

第7章

図一　出雲市教育委員会　一九八八『史跡今市大念寺古墳保存修理事業報告書』に加筆
写真二　出雲市文化財課『国指定史跡今市大念寺古墳』パンフレット
写真三　出雲市教育委員会　一九八八『史跡今市大念寺古墳保存修理事業報告書』
図四　島根県教育委員会　二〇〇一『山代二子塚古墳整備事業報告書』
写真五　島根県教育委員会　二〇〇一『山代二子塚古墳整備事業報告書』
図六　出雲市教育委員会　一九八四『史跡今市大念寺古墳保存修理工事報告書』に加筆
図七　著者作成
図八　著者作成
図九　勝部衛　一九八六「八束郡玉湯町林古墳群第四三号古墳の調査」『八雲立つ風土記の丘』No.七九に加筆
図一〇　島根県教育委員会　一九六二『薄井原古墳調査報告』に加筆
図一一　島根県教育委員会　一九八七『出雲岡田山古墳』
図一二　勝部昭　一九七五「御崎山古墳」『八雲立つ風土記の丘周辺の文化財』に加筆
写真一三　出雲市文化財課『国指定史跡上塩冶築山古墳』パンフレット
写真一四　出雲市文化財課『国指定史跡上塩冶築山古墳』パンフレット
図一五　島根県教育委員会　一九八〇『出雲・上塩冶地域を中心とする埋蔵文化財調査報告』に加筆
図一六　島根県教育委員会　一九六四『妙蓮寺山古墳調査報告』に加筆
写真一七　出雲市教育委員会『放れ山古墳』パンフレット
図一八　中濱久喜　一九八二「仁多地域の古墳文化と『出雲国風土記』」『風土記論叢』創刊号
図一九　松江市教育委員会　一九九八『向山古墳群発掘調査報告書』

図二〇　出雲横穴研究会　一九九七『出雲の横穴墓』より作成
図二一　岡崎雄二郎　一九七五「十五免王横穴群」『八雲立つ風土記の丘周辺の文化財』
図二三　松江市教育委員会・財団法人松江市教育文化振興事業団　二〇〇六『大井窯跡群　山津窯跡・山津遺跡発掘調査報告書』を参考に作成
図二四　松江市教育委員会　一九九〇『池ノ奥A遺跡・池ノ奥窯跡群』
図二五　日本道路公団中国支社・島根県教育委員会　二〇〇一『堂床遺跡』に加筆
図二六　島根県教育委員会・島根県古代文化センター　一九九九『上塩冶築山古墳の研究』
渡辺貞幸　一九八三「松江市山代二子塚古墳をめぐる諸問題」『山陰文化研究紀要』二三

第8章
図一　島根大学法文学部考古学研究室　二〇〇六『廻原1号墳発掘調査報告書』
出雲考古学研究会　一九八七『石棺式石室の研究』
図二　著者作成
図三　著者作成
図四　蓮岡法障　一九八六「島根県仁多町無木古墳群の横穴石室」『山陰考古学の諸問題』
写真五　出雲市教育委員会　二〇〇〇『光明寺三号墓・四号墳』
図六　著者作成
図七　著者作成
図八　著者作成
写真九　島根県教育委員会　二〇〇九『史跡山代郷北新造院跡整備事業報告書』
図一〇　松江市教育委員会　二〇〇四『出雲国分寺跡発掘調査報告書』

写真一一　島根県埋蔵文化財センター　二〇一三『史跡出雲国府跡九　総括編』
図一二　島根県埋蔵文化財センター　二〇一三『史跡出雲国府跡九　総括編』に加筆
図一三　島根県教育委員会　二〇〇四『史跡出雲国府跡二』
図一四　出雲市教育委員会　二〇〇〇『光明寺三号墓・四号墳』
図一五　建設省松江国道工事事務所・島根県教育委員会　一九九四『中山遺跡・巻林遺跡』

コラム
七　著者作成
八　著者撮影
一〇　島根県教育委員会　二〇一一『山持遺跡 Vol.七（六区）』
一一　島根県教育庁文化財課／島根県埋蔵文化財調査センター　一九九九『姫原西遺跡』
一二　島根県教育委員会　二〇〇九『山持遺跡 Vol.五（六区）』
一三　島根県立古代出雲歴史博物館　二〇一四『尾道松江線発掘物語』
安部榮四郎記念館提供
一四　小学館　二〇〇三『考古資料大観　第三巻』
松江市教育委員会　一九八三『松江圏都市計画事業乃木土地区画整理事業区域内埋蔵文化財包蔵地発掘調査報告書』
一七　日本道路公団中国支社・島根県教育委員会　二〇〇一『岩屋遺跡・平床Ⅱ遺跡』

あとがき

私は別府大学で小田富士雄先生から考古学を学んだ。小さな大学だったので考古学特講の受講生は私ひとり、授業はいつも研究室で行っていた。この一対一の授業で考古学研究の基礎を教わった。「常識にとらわれず、人の真似はせず、自分で考え、自分で確かめること。」「研究には縦の歴史の流れと、横の広がり（地域・分野）が重要。」「集めた資料の分析はその視点が大事。」「常に問題意識を持っていること」等である。そして、大学を卒業して、島根県の教育委員会に就職がきまった時には、これから県内の発掘調査を担当するようになるので、どの時代にも対応できるよう勉強しなさいと指導されたのを覚えている。これらの教えが私の考古学の基礎となっているのである。

最初の論文で、故山本清先生と異なった考えを書いてしまった。当時、多くの人から批判を受けたが、山本先生は色々な考え方があるので気にすることはないと言われ、研究を続けることができたのである。そして二・三本の論文を書いたころ、恩師の小田先生が、来松され山本先生の教え子である故門脇俊彦氏に川原君は島根で考古学研究を行っていくので、山本先生に日本考古学協会員の推薦人になってもらえないかと頼まれた。これで私は三名の推薦を受けて協会員になれたのである。恩師の温かいご厚情に胸を撃たれ、死ぬまでには一冊の論文集が出せるよう精進しなければと、その時、こころに誓った。

しかし、三五歳の時、糖尿病になり、思うように論文が書けなくなった。県を退職する年に最近の発掘調査成果について埋蔵文化財センターで毎月連続講座を行い、その時に検討したことを論文にまとめてやっと論文集を出すめどがついたのである。恩師の教えや妻久美子の激励があったからできたと感謝している。久美子は結婚する前から論文集をだしてほしいと願っていて、文章能力のない私を常に励ましてくれていた。恩師の紹介で東京の出版社から本を出すことが決まった時にはすごく喜んで「小田先生に認められて初めて一人前の考古学者になったのですよ」といって称えてくれた。ところが家内は急死し、私の本を見ずに逝ってしまった。

この論文集（『出雲の考古学』）を基にした講演をあちこちで行っていたところ、反響があり、分かりやすい本を出してほしいという声が受講した人から上がってきた。そこで、今回本を出すことを決意したのである。出版するにあたり、最近、時代の流れと文化を重用視した出雲古代史の通史が出版されていないことから、縄文時代から律令時代までを取り扱うことにした。今まで私の論文の対象としていなかった弥生時代の青銅器と田和山遺跡の問題、それに古墳時代中期や律令社会の出雲等について自分の考え方を示すことができたと思っている。荒神谷の銅剣は常識を超える数が出土しているので、その使用等については常識を超えた発想で考えなければ真実に迫られないと思い、大胆な考えを示した。また、律令国家に向け七世紀代の出雲は、長い年月をかけて、庶民を対象にした墓地、集落、耕作地等の再編成を行い、支配体制を整えていったことが明らかになってきたのは大きな成果だと思っている。そして、『出雲国風土記』に記載されている庶民の生活を改めて読み返して見ると、きわめて大らかな生活ぶりが伝わってくるとともに、神社は各里に二つあり、そのうち一つは神官がいたことから、当時、神に対する信仰がかなり普及していたことが伺える。それが、律令時代になると須恵器の蓋や灯明皿形土器が多くなる要因と考えられ、文献の必要性を改めて再認識したのである。

この本を出版するにあたって恩師の小田富士雄先生や巻頭言を書いてもらった藤原義

光氏をはじめ多くの方に世話になった。記して感謝の意を称するとともに、私の良き理解者でいつも支えてくれた亡き妻久美子にこの本を捧げたいと思う。

二〇一七年九月一日

川原和人

【著者略歴】

川原　和人（かわはら　かずと）

一九五一年　島根県生まれ
一九七四年　私立別府大学卒業　島根県教育委員会文化課勤務を経て、
二〇〇九～一二年　島根県埋蔵文化財調査センター所長
現在　別府大学大学院非常勤講師、江津市文化財審議会委員

著書
『出雲の考古学』同成社（二〇一四）

主要論著
「出雲西部における横穴石室の形態および築造工程について」（『賀川光夫先生還暦記念論集』一九八二）
「島根県における縄文晩期突帯文土器の一考察」（『島根考古学会誌』第一集、一九八四）
「出雲地方における律令時代の須恵器の特色とその背景」（『出雲国の形成と国府成立の研究』、二〇一〇）
「出雲平野における弥生時代後期の集落について」（『古代文化研究』第二〇号、二〇一二）
「出雲地方における弥生時代中・後期の漆について」（『古代文化談叢』第六八集、二〇一二）
「四隅突出型墳丘墓の起源について」『古代文化談叢』第七〇集、二〇一三）
「出雲地方における前期古墳について」『古代文化研究』二二、二〇一四）

山陰文化ライブラリー
12

古代《こだい》出雲《いずも》繁栄《はんえい》の謎《なぞ》

二〇一七年九月七日　初版発行

著者　川原《かわはら》　和人《かずと》

発行　ハーベスト出版
〒六九〇—〇一三三
島根県松江市東長江町九〇二—五九
TEL　〇八五二—三六—九〇五九
FAX　〇八五二—三六—五八八九

印刷・製本　株式会社谷口印刷

定価はカバーに表示してあります。
落丁本、乱丁本はお取替えいたします。

Printed in Japan
ISBN978-4-86456-251-5 C0020

山陰文化ライブラリーシリーズ

1. 伝利休茶室とその周辺
——復原された松江最古の茶室—— 和田　嘉宥著

2. 野口英世の親友・堀市郎とその父櫟山
——旧松江藩士の明治・大正時代—— 西島　太郎著

3. やさしく学べる古事記講座
——原文を読むと神話はもっとおもしろい—— 森田喜久男著

4. 松江城と城下町の謎にせまる
——城と城下の移り変わり—— 石井　悠著

5. 中海宍道湖の科学
——水理・水質・生態系—— 石飛　裕　神谷　宏　山室真澄著

6. 旧石器が語る「砂原遺跡」
——遥かなる人類の足跡をもとめて—— 松藤和人　成瀬敏郎著

7. 古代出雲ゼミナール
——古代文化連続講座記録集—— 島根県古代文化センター編

8. 古代出雲ゼミナールII
——古代文化連続講座記録集—— 島根県古代文化センター編

9. 古代出雲ゼミナールIII
——古代文化連続講座記録集—— 島根県古代文化センター編

10. 発掘された出雲国風土記の世界
——考古学からひもとく古代出雲—— 内田　律雄著

11. 松江城をつくった堀尾一族のあしあと
石井　悠著

12. 古代出雲繁栄の謎
川原　和人著

「山陰文化ライブラリー」刊行のことば

人類は言語をもち、文字をもち、思考と記憶の伝達手段を手に入れて発達を遂げてきました。そして紙を発明し、約五百五十年前には活版印刷を発明し、知識の伝達は飛躍的に増大しました。

近年では、インターネットなど電子的メディアが急速に進歩し、これらは人類にとってさらに大きな恩恵をもたらしています。しかし、これら新しい情報伝達手段は、従来の方法にとってかわるものではなくて、むしろ選択肢を増やしたというべきです。紙の本は、依然として欠くことのできない媒体であることには変わりがありません。

人が住む地域それぞれには、アイデンティティがあり生活や文化、歴史が存在します。山陰にもこの地域ならではの生活や文化、歴史が存在します。この連綿とした人々の営みを書物という媒体に託して伝えていきたい。このシリーズの刊行にあたり、この地域を愛し、この地域のことを知りたいと思う読者に末永く愛されることを願ってやみません。

平成二三年十月一日

谷口博則